公路景观建筑学

HIGHWAY LANDSCAPE ARCHITECTURE

乔 翔 古旋全 余长春 等 著

人民交通出版社股份有限公司
China Communications Press Co.,Ltd.

图书在版编目(CIP)数据

公路景观建筑学 / 乔翔等著. —北京 : 人民交通出版社股份有限公司, 2019.11
ISBN 978-7-114-16028-8

Ⅰ. ①公… Ⅱ. ①乔… Ⅲ. ①公路景观—景观设计 Ⅳ. ①U418.9

中国版本图书馆CIP数据核字 (2019) 第253662号

Gonglu Jingguan Jianzhuxue
书　　名: 公路景观建筑学
著 作 者: 乔　翔　古旋全　余长春　等
责任编辑: 郭晓旭
责任校对: 张　贺　宋佳时
责任印制: 张　凯
出版发行: 人民交通出版社股份有限公司
地　　址: (100011) 北京市朝阳区安定门外外馆斜街3号
网　　址: http: //www.ccpress.com.cn
销售电话: (010) 59757973
总 销 售: 人民交通出版社股份有限公司发行部
经　　销: 各地新华书店
印　　刷: 北京印匠彩色印刷有限公司
开　　本: 880×1230　1/20
印　　张: 18
字　　数: 352千
版　　次: 2019年11月　第1版
印　　次: 2019年11月　第1次印刷
书　　号: ISBN 978-7-114-16028-8
定　　价: 98.00元

本书编著人员

乔　翔　古旋全　余长春

单超一　肖富昌　陈曼莎　刘奕辉　王立君

蔺惠茹　肖　鹰　罗新才

序

PREFACE

2012年党的十八大报告首次提出了“美丽中国”的概念，强调建设“美丽中国”，并把生态文明建设放在了突出地位，与此同时，习近平总书记对交通运输发展作出了一系列重要论述，诠释着党中央对交通运输工作的关心和重视。2017年10月18日，习近平总书记在党的十九大报告中，明确提出了建设“交通强国”，标志着建设交通强国已经由行业愿景上升为国家战略。建设交通强国的重大决策部署，是以习近平同志为核心的党中央对交通运输事业发展阶段特点和规律的深刻把握，是全国人民对交通运输工作的殷切期望，也是新时代全体交通人为之奋斗的新使命。提高公路建设数量和交通运输速度的同时，注重提升交通运输的服务水平已经成为新时代大势所趋、民心所向，这就需要把“美丽中国”和“交通强国”有效结合，共同促进，在新时代奋力开启建设交通强国的新征程。

基于以上背景，在时代文化思想的引领之下，公路景观建筑学应运而生。公路景观建筑学是关于公路本身及其沿线区域环境所组成的综合景观体系的研究，是在公路的规划、设计、管理全过程中加入艺术要求与景观协调的学科，期望通过公路景观建筑学达成工程技术、景观生态、艺术的完美呈现。在我国现状公路的设计中缺乏工程技术、建筑、景观、生态等多学科系统的合作，从而导致了公路沿线的景观千篇一律、缺乏地域特色，甚至某些公路建设还对当地自然景色和生态环境的强破坏等诸多问题，这与新时代的“美丽中国”理念相违背，也不符合我国传统的“天人合一”有机宇宙观。公路景观设计存在的问题，反映出了其理论和方法研究的滞后。尽管近年来很多专家学者都对公路景观建筑学的相关理论和设计方法进行了研究，但是这些专业人员通常是从各自专业角度，在不同领域独立地进行研究，缺乏一定的综合性和系统性。

公路景观的研究中涉及两个研究对象：景观客体的自然属性和景观主体——人的内在特征，后者往往会被忽略，实则两者缺一不可。一直以来公路景观的传统设计方法将景观设计简化为绿化、美化、装饰，只是着眼于沿线路侧、中央分隔带等处栽种植物的造型、色彩设计以及沿线构造物的造型，而实际上公路景观设计的内容远不止这些。公路景观建筑学属于广义的景观艺术设计，属于一种艺术创作，生理与心理、精神与物质、艺术与科学、传统与现代，从地质构造到社会文化、从环境生态到景物审美，这些都需在设计过程中进行综合考虑，同时也需要多学科参与合作，与建筑设计、平面设计、环境设计、工业设计等艺术创作相互结合，共同发展。

本书的写作团队有着丰富的高速公路规划设计和建设管理经验，同时具有建筑与园林景观规划设计与施工的基础，并且在高速公路景观规划设计与施工方面积累了一定的经验，总结提炼成书是希望为公路景观建筑探索出一条新路。当然，公路景观建筑学的设计理念与方法仍存在可提升与创新的空间，本书旨在加强各学科之间的综合和交叉联系，将建筑学的方法融合进来，借鉴和运用景观美学、景观设计学、建筑设计学、景观生态学、环境心理学等学科的设计理论及方法，同时融合中国传统美学和园林设计理念等，在东西方美学思想结合的基础上，对公路景观建筑学的设计理念和方法进行研究。

公路景观建筑学科研究实践虽然时间不长，但其工作已大范围开展，我们共同期望这一研究实践越来越兴旺、越来越成熟，为公路行业的高质量发展提供基础保证与理论支持，为公路景观与功能的结合提供更多的帮助，期望景观建筑之路越走越繁荣。

交通运输部总工程师

2019年9月

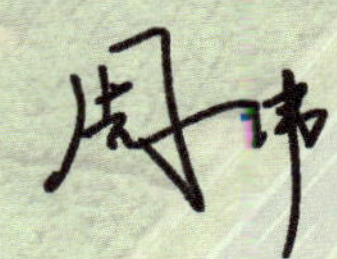

前言 FOREWORD

对于公路景观建筑学，我们给出的明确定义是这样的，它是研究公路及沿线景观综合艺术表现的学术，是工程技术与景观生态及艺术的综合呈现。其实它一直都存在，只是我们一直没有明确它的定义。

公路景观本身就是一个跨界学科，多少年来人们总是羞羞答答地面对，原因无非两点，一是缺少投资，二是缺乏研究。如果说景观投资很重要，那么景观建筑研究更是重中之重。对于景观来讲，有钱做有钱的景观，无钱可以做无钱的景观，无论钱多钱少，景观都会在那里。随着时代的发展，人们对精神追求越来越高，同时对公路景观要求也大幅度提高，那么对公路景观的研究就势在必行。

公路景观建筑学的提出具有时代意义，我们期望给公路景观建筑学一个明确的定位，那就是与“公路建筑学”相当，甚至高于它。我们期望它是统领公路总体的先行理念，指导所有公路工程，也期望它与每项公路工程相融相生，真正实现景观功能化规划与功能景观化实施。总之，与单纯的公路景观相比，我们不仅多用了“建筑”两个字，更给了它与建筑艺术相结合的思想，这个思想就是把工程技术与景观艺术实现完美融合，不仅用功能去要求工程，更用美学观点去规划、去欣赏工程，所以这里“建筑”所包含的不只是思想，也包含了方法与要求。总之，这种提法，一是期望明确它的位置，二是明确了它的责任，三是明确了它的方法与要求。

《公路景观建筑学》是基于广东省南粤交通投资建设有限公司（以下简称“省南粤

交通公司”）建成通车1000多公里高速公路的景观提升管理实践，由参与管理与设计的人员共同编写。本书是在依托具体工程并总结提高的基础上，通过作者的共同努力，用了近一年的时间整理与写作，终于得以和大家见面。

全书共分为7部分，包括了公路景观建筑学的定义、理论体系、景观规划、景观设计、前沿技术介绍、现场实施管理以及实际案例等内容。其中，第1章由古旋全编写，第2章由单超一编写，第3章由肖富昌编写，第4章由陈曼莎编写，第5章由王立君编写，第6章由刘奕辉编写，第7章由余长春、肖富昌编写。全书由乔翔策划、统稿、主编，蔺惠茹校稿，在编写过程中还得到了肖鹰、罗新才的大力支持，在此一并感谢。在写作过程中还大量引用了省南粤交通公司的工程示例与图片，同时也参考了一些相关书籍，在此对所有参考书籍的原作者深表感谢，对省南粤交通公司的大力支持深表感谢。

第1章　概论：主要介绍了公路景观建筑学的基本概念、发展及研究的意义。

第2章　公路景观建筑学的理论体系：分析、论述了公路景观建筑学的理论体系框架。

第3章　公路景观规划：主要讲述公路景观规划的原则与要点。

第4章　公路景观设计：着重论述公路不同区域的各种景观设计原则与手法。

第5章　前沿理念的技术与应用：主要介绍了低影响开发和太阳能光伏发电两种前沿技术。

第6章　公路景观实施与管理要点：主要讲述公路景观施工中的工艺工法和控制要点。

第7章　高速公路景观的实际案例：公路美景展示和典型案例分享。

本书从理论体系到应用体系，深入浅出地讲解了公路景观建筑学的研究内容，着重阐明了“大地景观”“景观功能化、功能景观化”“景观先行”等指导思想，旨在为广大公路建设者提供理论参考及实操经验借鉴。

公路景观建筑才刚刚起步，书中的理论、方法甚至实践都会有这样那样的不足，期望读者能及时给予指导，我们希望它能早日成熟，但还需要大家的共同努力。如有反馈意见，请寄电邮：43442576@qq.com，我们将不胜感激。

本书编写组

2019年9月

致读者

TO READERS

放下书稿，窗外夜色正浓，一身的疲惫，满心的欢喜，无限感慨。总是想着表达点什么，那么，就静下来，讲一讲关于此书的故事。

2005年左右，在经历了多年高速公路设计、建设管理等过程之后，我发现关于公路（特别是高速公路）的总体规划设计中似乎少了什么，每每工程完工之时，感触良多，总是感觉工程存在这样那样的缺憾，于是回想所有的过程——规划、设计、施工等，虽然我们都很认真，但所有的工程都存在遗憾，所以不觉要问，这中间我们少了什么？

与其他工程比较，特别是建筑业工程，经对比发现，公路行业少了“公路建筑学”设计的环节，这个环节的工作在粗放式的公路规划设计中被纳入了“总体”设计中，而对总体设计的认知，在当时（甚至是现在）的公路设计行业，大家还只是知道有“总体”设计这个过程，不知道该做什么，多是口头说了，没有落到实处，更关键的设计则留到了路线设计及其他的具体设计中，所以直到现在所有的教课（科）书中，也没有关于总体设计的内容。

那么，总体设计应该包含什么？要做什么？经研究发现，公路总体设计的内涵是相当宽泛的，凡是需要做的，都可以放入“总体设计”中，如果与建筑业相比较，公路的总体设计则应包含建筑业内的“总图”“公路建筑学”以及景观园林规划等专业相关内容，甚至还包括政治、经济、环境、企业文化等综合因素，由此而组成的“总体”设计，内容多到我们几乎无从下手，于是这个“总体”似乎应该有它自己的名称，而不是只用“总体”这个非专用的名称。

于是就想到建筑业的“建筑学”概念，只有它与公路的“总体”几近相同（当然会有不同，它还不足以包含“总体”的全部），所以当时就与蔺惠茹合作以“公路建筑学”为名，列出写作提纲，并开始收集素材、写作，经过两年多业余时间的写作，几易书稿，得到不齐全的20万字左右的初稿，但之后因工作繁忙而放下，从此书稿便沉寂下来。

不知不觉，十几年的斗转星移、时光荏苒，我们所从事的公路行业不仅增加了公路通车里程，更随着时代变迁改变了思想，改变了公路的建设管理理念，同样也改变了个人对公路“总体”的认知。我也认识到个人能力的有限与机缘，有些东西不是可以一蹴而就的。所以，“公路建筑学”的内容就被分解成诸多内容计划分开完成，比如这本“公路景观建筑学”作为其中一本来写作，这样就可以集中精力把小事做好。

关于本书的写作背景，前面已做了交代，这里不再赘述。想说的是，很难得！难得有一些朋友和同事支持我的思想；难得有很好的公司平台来实现了其中的部分价值；难得大家一起努力完成此书。不知是公路人的福气还是我的运气，我都要感谢，感谢所有人的付出，如果本书算得上是一点成就的话，成就是大家的。我们写此书的目的只是想把这种思路传达给想知道的人，仅此而已！并且，我们会一直努力。

当然，方法与思路虽然已明确，而技术与学术会不断更新，我们会一直关注、一直改进，如果有必要进行更正与交流，请及时联系我们。我们的态度是积极的、认真的，欢迎指正！

公路“总体”设计，我们所给予的内含还远远不够，要做的事还很多！同样，公路景观建筑一定要从绿色实践中成长起来，恢复它应有的名分与位置，起到应有的作用，这是我们所期望的！

2019年10月

CONTENTS

第 7 章　高速公路景观的实际案例　/　247

第1章

概论

1.1 公路景观建筑学的基本概念

1.1.1 景观建筑学

在西方发达国家，景观建筑学已经发展良久，但近年来才作为一门相对独立的学科被引入我国。其研究范围涉及城市规划、传统建筑学等诸多领域，学科内容不仅跨度范围广，而且综合性强，并逐渐成为与建筑学和城市规划相辅相成、共同发展的一门重要学科。

从学科专业角度而言，建筑学、城市规划、景观建筑学经过近百年的飞速发展，已发展成各有侧重、分工明确的三位一体。与建筑学、城市规划相比，景观建筑学的目标也是创造人类聚居环境，三个专业的核心都是将人与环境的关系落实在具有空间分布和时间变化的规划设计上。所不同的是专业分工：建筑学侧重于聚居空间的塑造，专业分工重在空间实体；城市规划侧重于聚居场所（社区）的建设，专业分工重在以用地、道路交通为主的人为场所规划；景观建筑学侧重聚居领域的开发整治：在大范围，是土地、水、大气、动植物等景观资源与环境的综合利用与再创造；在中、小范围，是都市开放空间的规划设计。

对于景观建筑学的具体定义，国际权威机构维基百科提供了比较全面的解释：景观建筑学是一门关于土地艺术的学科，它不只涵盖了土地的管理、规划、设计、改造与保护，还包括对人工建、构筑物的设计。其所涉及的领域非常广泛，包括从场地规划到环境设计的各个方面，主要有环境的利用保护、土地的开发管理、城市和园林等人居环境的规划设计、建筑设计等多项内容。对于景观建筑学的学科内涵，概括起来主要包括以下几点：

（1）学科性质是一门跨专业、多领域的综合性学科，不仅具有设计专业的属性，还具备工程学、美学、历史学、自然科学、计算机技术、社会政治学、哲学等多学科性质。

（2）研究对象是与土地相联系的自然景观要素和人文景观要素，从宏观的城市整体格局、区域总体形态到微观的公园、绿地、广场、街道和建、构筑物，甚至包括城市家具、导视牌、雕塑、小品等附属设施，皆是景观建筑学的研究范畴。

（3）研究内容是对上述的自然景观和人文景观进行利用、规划、设计、保护、改造和管理等。

（4）研究目的是改善与优化人居生活环境，为人类创造一个更宜居舒心、更健康便民的户外空间场所。

（5）该专业涉及学科范畴虽然广泛，但并不尽全面，专业人士需要结合场地实际情况，对具体项目提出建设性意见。

（6）景观建筑师在进行设计工作时，需要结合相关专业知识，充分利用基地现状地形和地貌条件，综合考虑气候、绿化、土壤、水体、道路、建筑等各自然要素和人工要素对景观环境营造的影响，并妥善处理建筑物与周边环境的关系，创造一个与自然环境协调发展的景观环境。景观建筑师所提供的服务，其作用具体体现在四个方面：①宏观环境规划。包括对土地使用和自然土地地貌的保护以及美学和功能上的改善强化。②场地规划/各类环境详细规划。重点是所有除了建筑、城市构筑等实体以外的开放空间，如街道、广场、田野等，通过美学感受和功能分析的途径，对各类构筑、道路交通进行选址、营造及布局，并对城市及风景区内自然游步道和城市街区、广场、公园系统、植物配植、绿地灌溉、照明、地形平整改造以及给排水进行设计。③各类施工图、文本制作。④施工协调与运营管理。

1.1.2 公路景观建筑学

1.1.2.1 公路景观的内涵

（1）公路

道路是将同一定目的的交通活动紧密联系在一起的公共设施，道路是最主要的交通设施，可以分为公路和城市道路。位于城市外围的城镇间道路一般可称为公路，包括高速公路（主要联系城市与城市的快速交通通道）和一般公路。

（2）景观

“景观”最初的含义更多体现在视觉、美学方面，即与“风景”“景物”同义或近义。景观，在webster’s英语大词典中的定义为“能用一个画面来表示，在某一视点上可以全览的景象，尤其是自然景象”。当代景观学或景观设计学研究者们对景观的专业定义为“土地及土地上的空间和物体所构成的综合体，是复杂的自然过程和人类活动在大地上的烙印”。随着社会发展和全球环境问题日益严重，越来越多的人开始用社会和生态的眼光关注生存环境，人们对景观内涵的认识和理解也随之拓展，不再把它当作仅供人欣赏的视觉关照对象和毫无生机的地表空间景物，而认为景观同时体现人对环境的影响以及环境对人的约束，是人类文化与自然的交流和融合，是由地貌运动过程和各种干扰作用特别是人为作用而形成的，是具有特定的社会和生态结构功能和动态特征的客观系统。景观是客观存在的景物、景色，通过人们主观感受的描述，在人们心目中产生的感受和印象，是客观和主观的结合，即客观景物在人们感受中的体现。

（3）公路景观

公路景观是由公路本体（含公路相关的各种设施，如服务区等）与其周围区域的自然环境（气候、水文、土壤、地质、地貌、生物等）、人文环境（各种建筑、农田、人工植被、人工构造物等）所共同组成的景观综合体，是公路本身和公路沿线所有其他视觉因素所组成的具有特定功能和特征的集合体，是大地景观的重要组成部分。现代公路景观，不同于传统认知的单纯形式的钢筋混凝土的堆砌，而是结合美学原则和美感体验，同时具有实用功能性和形象美观性的空间环境体系。

1.1.2.2　公路景观的分类

公路景观可以按照不同的研究方法和不同的研究角度进行分类。概括起来有以下几种：

（1）按公路景观客体的构成要素分类

这种分类方法包括了高速公路自身及沿线一定区域内的所有视觉信息。公路景观客体的构成要素包括：

①自身景观：公路线形（平、纵、横），公路构造物（挡墙、护栏、路缘石、边沟、边坡、桥涵、隧道、互通等），以及公路绿化服务性设施（休息服务区、加油站、收费站、观景台和标志牌等）。

②沿线景观：公路沿线景观是指公路所处的外部行驶环境，是构成公路整体景观的主体，同时也是乘客在行驶过程中的主要观赏对象。

（2）按公路景观的处理方式分类

公路景观的处理方式包括保护、利用、创造和设计等，按照公路景观的处理方式来分类，可以分为保护利用景观和设计创造景观。这种分类方法适用于公路景观的规划，设计者和建设者可明确哪些景观需在公路规划设计中予以保护和利用，哪些景观则需要改造和设计。

（3）按公路景观的属性分类

按照公路景观的属性分类，可分为自然景观和人文景观。

①自然景观：主要指自然形成的地形、地貌、植物景观、动物景观、水体景观以及四季气象时令变化带来的景观，这些景观恰恰又属自然生态系统，也可称为生态景观。

②人文景观：主要指公路沿线的风土人情、沿线生活的人们用自己的智慧、勤劳的双手创造出的各种社会、民族、宗教、文化、艺术等特殊工程景物以及公路自身。

（4）按公路景观主体的活动方式分类

这种分类方法适用于研究景观主体处于车辆高速行驶状态或慢行、静止状态时，人对景观的生理、心理感受及视觉观赏特征。因此，按此种方式进行分类，公路景观可分为动态景观和静态景观。

①动态景观：驾驶员和乘客在行驶过程中所见到的连续变化的公路线形、边坡以及植被绿化等，称为动态景观，也可称为线性景观。

②静态景观：从休息设施、观景台或独立景点以及桥梁等处所见到的相对静止的景观，称为静态景观，也称点式景观。

1.1.2.3 公路景观的特点

公路景观既不同于城市景观、乡村景观，也有别于自然山水、风景名胜。它有其自身的独特性质与特点，概括起来主要表现为以下几个方面：

（1）组成元素的多样性

公路景观是由多种元素共同构成的综合体系，包括自然景观元素、人文景观元素以及公路实体本身。公路本体作为一种人工构筑物，处于自然景观的环境背景当中，因此，公路景观需要充分尊重自然环境并对其加以巧妙利用；同时，公路所经地域又赋予公路景观一定的人文内涵，这就需要把人文景观融入自然景观当中，两者相互协调，形成统一的整体。

（2）景观属性的多重性

公路景观既有为满足交通运输功能的实用性，又具有一定观赏价值的艺术性。并且，它还具有社会属性、自然属性、人文属性、美学属性等综合属性。

（3）时空的多维性

从空间上来说，公路景观属于超长带状景观，呈延绵起伏的连贯性分布，跨越不同的疆域范围，产生风格迥异的景观空间，具有前后相随的空间序列变化。同时，由于天象时令的不同，公路景观还存在着季相（一年四季）和时相（一天中的早、中、晚）的变化，具有时间上的多维性。

（4）景观的地域性

公路的长距离运输决定了公路景观的跨地域性。不同区域的自然环境、人文环境皆有其独特性，与周围环境协调发展并突出地域特色，是对公路景观的深层次需求。

（5）景观的动态观赏性

现代的公路景观是一种动态的系统，其有别于一般意义上的景观，后者通常是从静态的角度来欣赏，而公路景观则是在动态条件下的观景模式，因此，在视觉上和心理上都存在着很大的差异。所以在公路景观的设计当中，必须充分考虑高速运动的过程中人的视野范围和观赏时间，以及观赏者对沿线景物的心理反应。

（6）景观感受的多主体性

任何一种景观，都很难取得一致性的评价，高速公路景观更是如此。感受的主体不同，主体所处的位置、活动方式不同，其出发点必有显著的差别。如观赏者、旅行者多以个人的体验和情感出发；经营者、投资者多以维护管理、经济效益等方面甄别；沿线居住者多以出行是否便利、生活环境是否受到影响等方面考虑；公路设计者、建设者考虑更多的则是行驶的技术安全要求及建设的可行性等问题。

1.1.2.4 公路景观建筑学释义

（1）公路景观建筑学的内涵

在不同的时期和发展阶段，公路有不同的功能需求。早期人们对公路的需求为运人载物；随着时代的发展和社会的进步，人们对公路的需求慢慢转变为保证安全条件下的出行；到如今，人们的生活质量不断提高，人们对公路的需求也正从最初的尽快解决基本出行问题逐渐转向追求满足设施与自然和谐情况下的乘车舒适方向发展。这就要求公路在满足自身交通功能的同时，更需要兼顾旅游、赏景等附加功能。在这种需求下，公路建设者们也逐渐改变了以往只满足最基本的实用功能而忽略与周边景观环境相协调的做法，设计要求更加以人为本。

同时，随着人们生态意识的逐渐加强，越来越多的人开始用生态的眼光关注生活环境，公路建设的发展为全球经济发展和交通运输作出了巨大的贡献，并为人们出行带来极大方便，但与此同时对环境的影响也日益严重。如何解决在公路建设中对生态、环境带来的负面效应，已成为公路建设者们考虑的一个至关重要的问题。

随着时代的发展，我国政治经济形式与发展方向也在发生变化。2012年党的十八大报告首次提出了“美丽中国”的概念，强调建设“美丽中国”，并把生态文明建设放在了突出地位，尤其强调了在经济建设、政治建设、文化建设、社会建设中生态文明的融入。“十三五”是交通运输基础设施发展、服务水平提高和转型发展的黄金时期。“先行官”“黄金时期”“交通强国”，无一不诠释着中央及国家层面对交通运输工作的关心和重视。2017年10月18日，习近平总书记在党的十九大报告中强调建设“交通强国”，标志着建设交通强国已经由行业愿景上升为国家战略。提高公路建设数量和交通运输速度的同时，注重提升交通运输的服务水平已经成为新时代大势所趋、民心所向，这就需要把“美丽中国”和“交通强国”有效结合，共同促进，公路工程技术与艺术并轨，与理念同行，与时代合拍势在必行。这样才在新时代奋力开启建设交通强国的新征程。

因此，公路景观建筑学的研究迫在眉睫。公路景观建筑学是关于公路本身及其沿线区域环境所组成的综合景观体系的研究，是对公路景观的规划、设计、管理以及对相关人工构筑物进行设计的学科。其强调从美学观点出发，在满足交通功能的同时，充分考虑公路空间的美观性、路用者的舒适性以及与周围景观的协调性，让使用者感觉安全、舒适、和谐。它包含了公路自身景观设计和路域景观设计，是在景观美学、建筑学、交通工程学、景观生态学、园林学、视觉心理学等众多学科知识相互交叉、相互渗透的基础上建立起来的，是一门涵盖多专业知识的综合性设计理论。

（2）公路景观建筑学的研究内容

公路景观建筑学首先研究的是公路与大地景观的空间关系，即从大地美学角度勾绘公路整体景观与大地的关系，期望形成山川河流与公路的综合景观。其次，公路景观建筑学的具体研究内容即对公路用地范围内及公路用地范围外一定宽度的带状区域内的自然景观、人文景观以及公路本身的规划、开发、设计、利用、保护与完善。

其中，在对自然景观方面，主要侧重保护、利用与开发。自然生态的差异对道路景观的各具内涵和构建方式有着极大的影响，例如严寒地带的景观布局与热带、亚热带地区的布局就有着明显的差异。在进行设计时，要对地形、地质、土壤、植被、气候、水文、生态环保等方面进行充分考虑与分析。

公路景观设计不仅要理解沿线环境的自然特征，而且也要理解人与人相关的文化“磁场”，也就是人文特征，然后才能根据一个区域的地域特色和社会人文风俗，并结合项目的特定需求，进行合适的、具有相应功能属性的、关系协调的公路景观设计。

对公路本身的规划、开发、设计、利用与完善包括公路构筑物（挡墙、边坡、隧道洞口、桥梁、休息站场、堆弃土场、停车场等）、建筑物、公路绿化美化、公路配套附属设施（道牙、栏杆、路灯、隔音屏、防抛网、标识牌、文字、置石、装饰物、提示砖、划线等）、标牌指示等风格形式、质感色彩、比例尺度、协调统一等方面内容。在不同路段、不同工程项目的景观规划、设计、开发、保护与利用中，不同的景观内容，处理手段、轻重与深度当不尽相同。

公路景观设计应力争使自然景观、人文景观与公路工程结构物和谐统一，通过对公路所经区域的自然、人文景观进行统一规划形成新的完善的公路景观系统。所以，公路景观设计不仅应从使用者的视觉、心理出发研究公路的功能、美观及经济的一致性，同时还应综合考虑通视、导向、协调、绿化的作用。

本书论述的公路景观，侧重高速公路景观内容，对其他类型的公路景观同样具有重要借鉴意义。

图1-1　公路隧道洞口景观施工

1.2 公路景观建筑学相关学科理论基础

公路景观建筑学是一门综合性学科，涉及各门类的学科体系，本书把注意力多放到这些相对介入较新的学术方面，而对于工程设计、结构设计、功能规划、交通心理学等相对成熟的理论不再列入，但这不代表它们不重要，只是限于篇幅，不再列出。

1.2.1　美学理论

人类从实践经验中得出关于美的基本规律和法则，是公路景观美应具备的基本要素，探讨美学的基本理论，有助于提升公路景观的美学效果。

（1）形式美的表现形式

公路景观有着与其他艺术形式一样的关于形式美的特点和规律，具体包括统一与变化、对比与调和、主从与重点、均衡与稳定、节奏与韵律等方面内容。

①统一与变化：统一与变化是景观美学基本规律的总原则，统一代表着各部分间的共有特征或内在联系；变化则代表着它们之间的差异。缺乏统一，组合会显得杂乱无序；缺乏变化，组合则会显得枯燥死板。统一与变化，体现着事物内在的和谐关系，使艺术形式既具有本质上的整体性，又表现出鲜明的独特性。

②对比与调和：采用“总体调和、局部对比”的设计手法，达到对比与调和的统一，在整体上表现出统一和相互依存的关系。对比是异中求异，将差别显著的事物设置在一起，互相衬托，让观赏者形成强烈的视觉冲击，留下深刻印象。相似是异中求同，在变化中保持一致，具体实践中常把两个相似或相近的事物排列在一起，营造温和、统一的氛围。

③主从与重点：在一个有机统一的整体中，应当有主与从、重点与一般的差别，做到“主从分明、重点突出”，达到整体统一。

④均衡与稳定：外在形态上的协调与稳定，在视觉艺术中，不仅给人形式美感，还应具有动态感。

⑤节奏与韵律：节奏和韵律是指同一视觉要素有规律地连续重复时所产生的律动感。条理性、重复性、连续性是韵律的特点，常见的韵律类型有：连续韵律、渐变韵律以及交错韵律等。

（2）审美与美学设计

审美心理作为一种心理活动，不仅是感受美、享受美，从中获取愉快的情感活动，同时也是发现美、创造美的认知活动，从中获取美的价值观进而去缔造美。审美心理是个互相关联、渐次深化、逐步推移的过程。首先是对美的形式上的感知，产生生理上的愉悦，然后才是审美情感的活动。情感是支撑审美心理活动具有可持续性的最重要因素。情感是审美产生的基础，也是审美展开的动力，同时还是强化审美弥散和升华审美心理的催化剂。当面对陌生、新颖的审美对象时，新奇感和期待感便增强审美主体的注意力，强化感知，产生强烈的第一印象。当审美对象较为熟悉时，原有的感知和记忆就会影响情感心理，使审美主体产生一定的情绪反应，转过来支配感知的方向选择。

美学设计不同于审美活动。美学设计是对美的再传递，审美活动则是对美的发现和再创造，而且审美主体的心理过程不一定与设计者的心理过程相匹配，获得的美感可能不同于美学设计者的初衷和体验，因此，两者不能简单互逆。在景观的美学设计中，应留给欣赏者足够的审美心理空间和再创造的余地，让观赏者自己去感受和体验，作出自己的心理诠释。

1.2.2 景观设计学方法论

景观设计学是关于园林景观的分析、规划布局、设计、改造、管理、保护和恢复的科学和艺术，也是一门关于如何安排土地及其上的物体和空间来为人创造安全、高效、健康和舒适的环境的学科和艺术。它是人类社会发展到一定阶段的产物，也是历史悠久的造园活动发展的必然结果。现代意义上的景观设计，因工业化对自然和人类身心的双重破坏而兴起，以协调人与自然的相互关系为宗旨。

（1）理解人，尊重人，规划人的体验

人们规划的不是场所，不是空间，也不是物体。人们规划的是体验——首先是确定的用途或体验，其次才是随形式和质量的有意识的设计，以实现希望达到的效果。场所、空间或物体都根据最终目的来设计，以理解人、尊重人、服务人为前提，重视功能性的景观表达，合理规划人的体验，达到最佳设计效果。

（2）理解自然，理解人与自然的相互关系，尊重自然过程

景观设计同时也服务于自然系统，它常年受到人为活动的干扰和破坏，所规划的人的体验必须通过物质空间要素才能体现出来，既有纯粹的自然要素如地形、地貌、气候、水分、动植物等，也有人工要素如构造物、道路、建筑等。景观设计中对诸要素的综合考虑必须以人与自然相互作用为前提，了解自然系统本身的以及在人类作用下的发展和演变。

（3）理解景观设计的社会环境，尊重人类文化

景观设计所处的社会环境中，人们的价值观、审美观、哲学取向都会对其产生深远的影响。不同国家、地区和民族的景观差异很大，就是相同的国家、地区和民族，在不同时期里，景观设计也会呈现出很大的异质性。同时，社会在前进，时间像一条永不停息的河流，将人类文明慢慢沉积下来，正如景观设计的作品一般。人类是相互影响的，景观设计只有把握住对人类社会文化的理解，才有可能创造出拥有生命力并得到大众认可的作品。

1.2.3 建筑设计学理论

公路景观设计包括公路本体及其附属构筑物的景观设计。我国公路景观的设计仍处于起步阶段，存在许多不足，例如：公路的造型较为重复，绝大多数仍以三类五型为主，缺乏创新；公路的景观设计元素一般只是主体完成后的局部包装，在设计初期并未融入；公路重视结构计算，而缺少与建筑设计的融合，绝大多数公路设计均由结构计算完成。因此，需对公路的建筑设计做相应的研究和探讨。

通过分析与归纳，总结出建筑设计的三个切入：建筑设计理念、立体构成方法、材质与色彩搭配。

（1）建筑设计理念

设计理念是一种原始的、概括的思想构架，是对设计条件分析后的反馈并将其转换为设计决策的过程。通过对项目进行分析，确定各种有待解决的问题，以最终将其逐一解决。

①场地法：从分析场地环境的地形地貌、气候资源等特征出发，可以成为构思的突破点。通过与当地自然环境、风土气息等的融合，创造出与场地相和谐的作品。

②立意法：建筑构思既不是毫无依据的天马行空，也不是设计说明中的一板一眼，它是限制条件下选择性的结果，同时也是建筑师意识的表达。立意不能凭空臆想，它是特定环境下所产生的特定产物。功能主义的建筑就以组织功能为立意，以此为出发点进行设计，代表建筑有勒·柯布西耶的萨伏伊别墅；而纪念性的建筑则应将关注点放在其纪念价值上，其纪念意义远大于自身的形式和功能，例如南京大屠杀纪念馆。

③技术法：任何建筑都是以结构为基础的，如大跨径结构及巨型支撑体系的高层建筑等。除了结构技术，还需要考虑材料、构造技术以及声、光、电等建筑物理的技术等，由此还衍生出现代建筑设计的一个流派——高技派，从构思阶段就充分考虑结构等技术因素的方案，从逻辑上显示出较高的可实施程度。

④功能法：如果说场地法和立意法侧重分析的都是建筑外部条件，试图由表及里地推进设计概念，那么功能法则是从功能出发，分析空间的组合形式来进行设

计。经初步分析后，再思考整体架构与具体的平面布置，进而再与其他要素结合。构思时可借鉴合理的分区与配置模式，从而避免发生重大的功能紊乱。

（2）立体构成方法

任何优秀的建筑，其形必盛。一座好的建筑不仅要满足切实的功能需求，更应在细节上做到尽善尽美，通过重复与变化、解构与变形、组合及加减等创造出令人惊叹的空间形式。这也正是空间艺术最为人们所欣赏的原因。对于一座建筑，在起草方案的阶段，立体构成方法能为其空间起到不小的作用。具体而言，立体构成有如下几个典型的手法：镂空设计、组合设计、解构设计、仿生设计。

①镂空设计：又叫减法设计，通过对物体进行镂空，能使其脱离原有的朴素形态而形成一种特殊的空间效果，从而给人视觉和心理上不同的感受。镂空的设计能为内外空间增添更多的流动性，使建筑的内外不再相对独立，从而给使用者一种更亲切的感觉。

②组合设计：又叫加法设计，通过将两个以上的对象以某种特定的规律组合起来．为空间增添和谐美或者韵律美。除了类似镂空对几何形态进行组合以外，人们越来越关注功能方面的组合，随着思想和技术的进步，越来越多的组合型建筑应运而生，其中通过商业、办公、休闲、居住等多项功能的组合进而设计出综合性的超大建筑——城市综合体，便是组合型建筑的典范。

③解构设计：解构主义建筑是一个从20世纪80年代晚期开始的后现代建筑思潮，它的特点是把整体破碎化（解构）。解构主义是对结构主义的反叛，解构主义是极端的新现代主义，是新现代主义的演变。解构主义将建筑形式进行了系统的消解，一切传统形式上的美学原则不复存在，取而代之的是非美学，通过消解秩序，以残缺代替完整，在解构的过程中找到对建筑进行最终形态的表达。

④仿生设计：仿生学是通过研究生命系统的结构、特点、功能，模仿设计出新的工程应用的过程。建筑也一样，通过对生物的学习，学习其形式与功能，以及与环境相适应的特点。

（3）材质与色彩搭配

材质与色彩是很神奇的东西，有时人们即使没有通过触觉来感知墙体或者其他构建对空间的划分，但是通过它们，依旧可以产生很明显的心理感受，由此得到对不同的环境的印象。这说明材质肌理与色彩能够引起微妙的心理变化，使人们对建筑的形象不仅停留在“形”的概念上。

建筑通过不同的材质与色彩的组合，展现出最直观的设计语言。如木材和石墙、玻璃和土墙、玻璃和木材。这些对比都形成了绝妙的细部组合。色彩对于建筑而言，同样是一个值得深入研究的元素。在建筑环境中，色彩要比其他要素对人有更微妙的影响。建筑的表达不能局限于结构表现，表皮的形式和色彩也很重要，它们可以隐藏真正内容而凸显其象征性。

▲ 图1-2 公路声屏障景观

1.2.4 景观生态学理论

公路廊道的形成，在一定程度上降低了景观的生态功能稳定性，作为明显异质性的镶嵌体，影响区域环境的演化和开放性，并形成累积效应，导致一系列的环境问题，因此，需要针对公路景观建设的生态性进行分析研究。景观生态学结合了生态学和地理学理论，以不同尺度上的景观空间变化为研究对象，分析环境与资源的承载力，评估各种开发活动的时空合理性。景观生态学既包含了生态学的思想和原则，又重视景观时空特色，适合不同尺度下的高速公路景观规划设计的需要。

（1）景观生态学基本原理

景观生态学中的基本原理，概括如下：

①景观异质性原理：景观异质性是指景观要素及其属性在空间分布上的不均匀性和复杂性，主要来源于自然干扰、人类活动以及植被的演替。景观异质性由景观斑块的类型数、所占的比例、形状、空间布局以及斑块的邻接状态所决定。景观异质性高，能够提高景观的多样性与复杂性，有利于景观的稳定和持续发展。

②景观结构和功能原理：景观结构是景观功能得以实现的基础。景观是异质性的，景观结构的不同会导致物质、能量和物种分配和作用的不同。

③景观生态流及源—汇系统：生物物种、营养物质和其他物质、能量在各个空间组分间的流动，既影响景观异质性，也受景观异质的制约。源—汇系统，即存在物质迁移源和聚集场。源—汇模型可解释生物个体在景观生境斑块的各个部分具有不同分布特征的原因，并成为研究种群动态和稳定机制的基础。

④景观变化原理：在外界干扰逐渐减弱的条件下，景观结构也逐渐向同质性方向发展，适度干扰可增加景观异质性，而干扰过大会使异质性降低。

⑤景观稳定性原理：稳定性指景观结构受干扰后的恢复能力。

⑥景观整体性原理：概括为以下两个方面，一是从整体性角度研究景观系统结构、功能与变化是研究景观生态学的基本方法，二是自然要素具有演化的不可逆性，人文要素是景观演化的主导，应突出自然—人文综合体的景观整体及其空间异质性，致力于发挥景观的综合价值。

（2）公路的景观生态学特性

景观要素是公路景观的组成单位，按照各种景观要素在景观中的地位和形状，将其分为三种类型：

①斑块：斑块是景观尺度上最小的均质单元，在外貌上是与周围本底不同的一块非线性地表区域。高速公路由于分割作用会产生大量斑块，如植物景观斑块、地貌景观斑块、水体景观斑块、人文景观斑块等。

②廊道：高速公路本身就是分割、连通景观斑块的带状廊道，其主要影响有通

道作用，物质、能量、信息交换、源—汇作用。

③基质：基质是景观的背景，在景观要素中面积最大、连接度最高，在景观动态功能中起优势作用。高速公路切割自然基质，可能使基质的异质性加强，异质种群数量增加，破碎化加剧，生境斑块的岛均效应加强也可能增强基质的亲和性，减轻环境对生境斑块的压力。

1.2.5 环境心理学理论

环境心理学是一门新兴的综合性学科，研究环境与行为之间的相互关系，它从心理学和行为的角度，研究审美心理和行为的环境影响。在公路景观设计中，环境心理学的分析有助于研究用路者与公路景观环境之间的相互关系，提升公路景观设计品质。

（1）景观环境心理影响因素

①环境特征

从审美心理上来看，道路属性和景观元素相结合，决定着驾乘人员的心理，因此，不同的环境特征，路用者的感官体验是不同的，同时，环境特征的充分认知又与心理的多方面需求相呼应。

②个体差异

面对相同的景观环境，人们往往会根据自身特征来过滤一般信息，然后选择符合自身审美情趣的景观来欣赏，并产生相应的行为心理反应。因此，由于选择方式的不同，道路使用者对周围环境的认知存在很大的差异。

③环境应激

环境应激实际上是人与环境的信息交流，道路使用者面对不同的景观会产生特定的心理环境，由景及物、由物及人、由人及情，产生不同的心理感受，如道路景观单调、枯燥，会造成使用者的情绪低落；景观环境过于复杂、花哨，会造成心理的烦躁，影响行车安全。

④动态特征

高速运动和环境变化影响着路用者视觉和心理，道路景观应保持动态特征下的连续性和自然性，确保效果良好。

（2）环境—行为关系基本理论

①不定性、唤醒与舒适性理论

柏莱恩认为：人的唤醒水平随着环境不定性的增加而提高，两者呈直线关系；而人在环境中体验的舒适性与环境的不定性却呈倒U形曲线关系图（图1–3）。据此推论：完全确定性的环境较少引起和维持兴趣，完全无确定性的境地也不是人们愿意的，具有中等强度不定性的环境是维持兴趣、诱发探索动机的最佳环境。

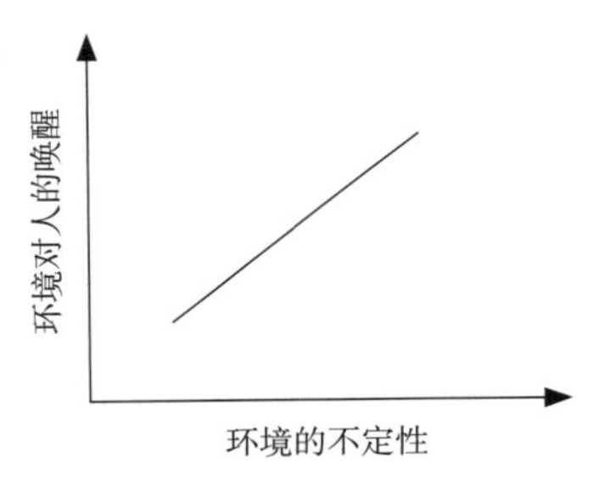

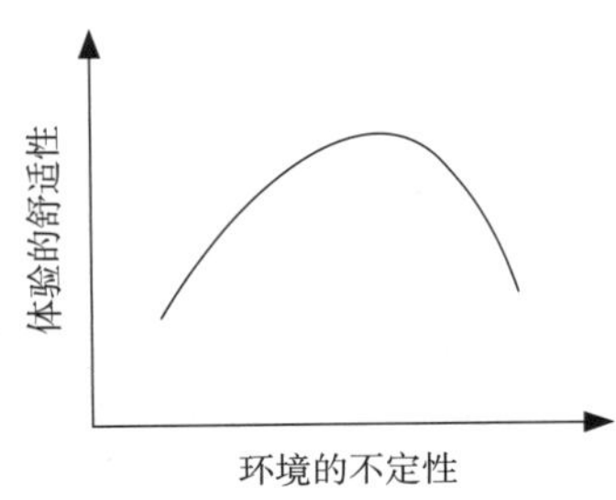

◀ 图1–3 环境的不定性与唤醒及体验舒适性的关系

②环境适应性理论

环境的适应能力是人与环境相互协调的结果，环境刺激水平与个人适应水平相差越远，个人对环境的反应就越明显，适应也就越困难。影响个体环境适应性因素有：新旧环境差异、个人适应能力以及在新环境中体验的时间量。个体与环境的平衡可通过两种方式获取：一种是改变自身去适应环境，另一种是改变或选择环境顺应自己的感觉需要。

③环境信息负荷理论

高速公路环境不同，刺激信息的种类和数量也不同，就会对路用者产生信息饥渴或信息过量的心理影响，这种影响往往取决于个人所接收的感觉信息量的大小。信息饥渴，驾驶员容易感到疲乏，反应时间增长，工作可靠性降低；信息过量，吸引驾驶员注意力的事物密度超过人的接受能力，会导致事故。因此，在高速公路景观规划设计时，应控制道路周围的信息刺激数量。

（3）景观审美心理反应

在公路上，用路者的注意力一般比较分散，只有当符合审美意境和心态的客体出现时，主体的审美意识才会重点集中。此时，主客体之间不断地进行交流，形成对该景观的认知和再认知，通过对景观的价值判断，产生不同的心理感受。一般来说，审美心理过程大致可分为三个阶段，即审美期待、审美展开和审美弥散。审美期待，是处于“临美心理”状态；审美展开是审美实现阶段，既是审美期待的实现，又决定着审美弥散的效果和质量；审美弥散是审美心理得到某种满足后而产生的对审美经验的积聚和沉淀，对审美情境的探索和玩味，对审美理想的充实和提升。审美期待、审美展开、审美弥散是审美过程中三个既相互联系又相对独立的心理阶段，其所包含的各种心理形式也只具有相对的意义，因而实际上是三者共同构成了审美心理的综合的、动态的、复杂的完整过程。

1.3 公路景观建筑学的研究目的与意义

公路景观建筑学的研究目的与意义主要有以下几个方面：

（1）是经济发展的必然，是时代发展的需要

社会文明的进步拓宽了人们的审美视野，人们对美的追求不仅局限于绘画、音乐、建筑等艺术品，而是广泛地存在于人们的日常生活当中。党的十九大以来，中国特色社会主义进入了新时代的关键时期，我国社会主要矛盾已经转化为人民日益增长的美好生活需要和不平衡不充分的发展之间的矛盾。公路景观作为当代人创造的人文景观，既具有形、色、声、光等使用方面的物质环境，也有视觉感受、场所特征、社会生活、形象符号等精神方面的文化环境。随着人民对美好生活的需要日渐广泛，公路景观愈发成为一种具有美学理念的艺术作品，不仅需要满足基本的交通实用功能，还需满足人们的审美需要，因为这是时代所驱、社会所需，“公路景观功能化，公路功能景观化”正在升温，说明公路景观与功能已经到了不可分割的情景，公路景观的提升对人民生活质量的提高具有重要促进意义。它同建筑一样，是一部用钢筋混凝土书写而成的人类文明进化史。它凝聚着时代的文明，体现着不同地域的自然风光、文化特征和民族风格，体现出人类文明与科学技术的进步。因此，对公路景观的研究与探讨，是历史文脉延续和经济社会发展的必然需求。

（2）有利于构建环境友好型、资源节约型交通模式，实现公路建设的可持续发展

随着时代的发展和社会的进步，人口、资源与环境之间的矛盾愈发突出，人们越来越意识到社会、经济与自然协调发展、共荣共生乃是实现整个人类社会可持续发展的必由之路。习近平总书记在党的十九大中明确提出，“坚持人与自然的和谐共生。建设生态文明是中华民族永续发展的千年大计。必须树立和践行绿水青山就是金山银山的理念，坚持节约资源和保护环境的基本国策，像对待生命一样对待生态环境，统筹山水林田湖草系统治理，实行最严格的生态环境保护制度，形成绿色发展方式和生活方式，坚定走生产发展、生活富裕、生态良好的文明发展道路，建设美丽中国，为人民创造良好生产生活环境，为全球生态安全作出贡献。”[①]公路建设也必须加强对自然生态景观、沿路资源的永续利用、开发与维护。公路景观的建设大多是以绿化景观结束，它可以调节气候、净化空气、降低噪声、保持水土、诱导视线、防眩遮光，同时还能够修复公路建设过程中被破坏的生态系统。因此，公路景观具有多重功能，可以帮助国人缓解日趋紧张的土地资源和能源环境问题，构建全新的绿色交通模式。公路建设只有保持稳定的、良好的前进态势，才能够实现当代人乃至后代人的可持续发展。由此可见，在我国开展公路景观建筑学相关工作的研究及探讨，是非常必要和紧迫的。

（3）有利于提高公路景观视觉质量及服务水平

美给人们留下的印象是美好的、崇高的、欢乐的和令人向往的，同样优美的公路景观也能够给驾乘者们提供一个较为舒适、愉悦的驾乘环境，缓解旅客旅途疲劳，保证驾驶员在驾驶过程中的兴奋度，从而提高整个公路行驶过程中的舒适性与安全性。然而随着公路建设项目的不断进行，诸多譬如砍伐树林、填沟削山、破坏生境等现象屡屡发生，公路景观构筑物多数千篇一律、缺乏个性，严重影响公路沿线区域景观视觉质量及绿色服务水平。鉴于此种发展趋势，有必要在我国开展公路景观的研究。

---

① 习近平．决胜全面建成小康社会　夺取新时代中国特色社会主义伟大胜利——在中国共产党第十九次全国代表大会上的报告［N］．人民日报海外版，2017-10-28（2）．

（4）为将来进一步研究公路景观提供指导和平台

我国关于公路建设的景观规划设计规范还较为匮乏，大多数都是参考与借鉴园林景观规划建设过程中的规范标准。本研究明确提出了公路景观特别是高速公路景观设计的理论和方法，并建立了系统设计框架，对公路景观的各组成要素进行了详细探讨和研究，这些工作必将为后续研究者提供基础和进一步研究的平台。通过理论指导实践，应用到实际工作案例中，为我国公路景观设计的发展积累宝贵的实践经验。

1.4 公路景观建筑学的研究现状

1.4.1 国外研究现状

公路景观随着地域、文化、时代的不同而表现出很大差异，深刻反映出人类文明和经济社会的进步。一些发达国家对公路景观的研究起步较早，在高速公路出现时就融入了景观设计的理念。

20世纪30年代初，德国建成了世界上第一条高速公路（科隆至波恩线）。在这个工程中，就采用了线形模型来检查和修正空间线形，将平、纵面线形综合设计，使其达到舒适的程度。此外，还在建设中考虑了高速公路与周围天然景物的协调搭配。这是德国高速公路视觉环境设计的初始阶段。而后，在大量实践积累的基础上，德国最早提出道路景观设计的理念，并制定了新的道路设计规范——《道路景观设计规范》（RAS-LG1980）。德国的公路设计者认为，景观是公路的一大要素，景观设计应与道路的总体设计有机地协调，以尽可能降低对其周围环境的破坏程度。在该理念指导下，德国道路在设计时密切结合所穿越地域的地形，以求能最大限度地展示出通过区域的自然风貌和城市人文，成为现代化道路设计的典范。在公路与周围自然环境的协调问题上，德国逐渐形成了系统的道路线形理论。

美国是当今世界上高速公路（除我国14.26万km外）最多、设施最完善、路网最发达的国家。在建造高速公路之前，美国在道路工程的实践中，就提出了公路美学理论。1965年，美国国会通过了《道路美化条例》（Braun，BlanquetteJ1965）。1970年，美国各州公路工作者协会（AASHTO）编制了《公路景观和环境设计指南》。他们注重从选线阶段就将景观设计纳入高速公路的设计中，在规划时尽量避免高填深挖，减少对原地形地貌的破坏，为路用者提供一个舒心愉悦的行车感受。如在施工过程中不可避免地对环境造成了破坏，他们会就近采取补偿措施。总体而言，美国高速公路景观设计主要包括以下几个方面：高速公路绿化设计、施工期间污染控制设计、防噪设计、防水污染设计、恢复被破坏的天然生态资源、人文景观保护等。

日本在1958年设计名神高速公路时，把景观设计融入其中，取得了很好的效果，既体现了当地的人文景观，又具有时代感，也能与自然环境有机协调、相互适应。1976年，日本制定了《公路绿化技术基准》，主要内容为：将景观要素融入高速公路的建设中，满足人们对乘车舒适功能的需求，而不局限于解决基本的出行功能，建成与自然环境相协调的高速公路网络，为路用者提供更优质的服务。日本道路工团认为，从满足顾客需求出发，可将公路看作商品。在硬件上，高速公路应具有安全性、可驶性、便利性及耐久性；在软件上，高速公路应具有舒适、意趣、优美及娱乐的特性。目前，日本在高速公路景观学研究领域，非常注重高新绿化技术的开发研究。1985年，日本制定了《高速公路绿化技术五年计划》，其中包括公路边坡绿化技术、特殊空间绿化技术、景观仿真技术、植被恢复技术等。随后又制定了高速公路绿化的十年计划及长期发展规划。一些具体的措施有：为了融入自然景观，不破坏山体结构，减少填挖方工程，桥梁采用与周围环境相协调的桥型；挡土墙、隧道洞口采用特殊工艺；设置“动物专用通道”，努力保护动物的栖息场所；绿化区栽植与周围环境相同的树种等。

在其他欧美发达国家中，高速公路网络比较发达完善的还有加拿大、法国、英国等。总体而言，他们都有着较为相似的发展历程和特点：比如会集中主要力量去研究开发和保护自然资源的协调统一；注重将景观设计纳入高速公路的布线阶段，从而给高速公路的使用者提供一个赏心悦目的经历；将道路融合到周围环境，充分利用自然环境景观，力求将公路设计对周围环境的影响降到最低，加强对自然资源的保护，加强生态环境保护，通过景观美学设计为使用者提供有辨识度的视点等。

国外关于公路景观研究的发展进程　　表1-1

时间	国家	研究重点	研究成果
20 世纪 20 ~ 40 年代	德国	道路设计强调密切结合所穿过地区的地形，显示出通过区域的自然风貌和城镇的最佳景观，成为现代化道路设计的典范，并逐渐形成系统的道路线形设计理论	建成世界上第一条高速公路； 提出道路景观设计理念并制订新的道路设计规范——《道路景观设计规范》（RAS-LG1980）
20 世纪 50 年代后	美国	逐渐重视改善原有公路的景观，并在新路设计中考虑景观或者专门进行景观设计，减少对原有自然环境的破坏，并制定了相应的规范和有关的法规	国会通过《道路美化条例》（Braun, Blanquette J1965）；各州公路工作者协会（AASHTO）编制了《公路景观和环境设计指南》
20 世纪 60 年代后	日本	公路建设重视对公路生态环境的保护和恢复，把景观绿化建设摆在了与路基、路面工程同等重要的地位，并取得显著成就	制定了《公路绿化技术基准》，详尽论述公路园林设计理念； 制定了《高速公路绿化技术五年计划》，注重高新绿化技术的开发研究
20 世纪 70 年代至今	欧美等其他发达国家	景观设计在公路设计中的地位日趋重要，公路建设中广泛采用了景观设计的基本原则，并在有关设计规范的条文中对景观设计加以规定	各国相继修改并颁布了相关规范和条例，景观设计在公路设计中的应用渐趋成熟

1.4.2　国内研究现状

我国对于公路景观的研究工作起步较晚，最早是在1978年，在陕西汉中地区公路管理中运用公路美学原理，在道路设计中融入景观元素，对道路外观进行改善，使路段平整、顺畅、行道树挺拔葱郁，达到道路自身线形与周围环境相互协调的和谐美感，为路用者提供舒心的行车感受。在对长期实践经验进行总结的基础上，1983年，我国交通部制定颁发了《公路标准化美化标准》（GBM工程），提出道路需通畅、整洁、绿化，与路景物交叉协调，构成安全、流畅、舒适、优美的道路环境。但是，《公路标准化美化标准》仅停留在一般的环境绿化与美化上，并未深层次地解决公路的景观问题，此外我国公路景观设计尚不具备系统性的理论体系，故在实际的公路景观建设中还存在不少问题，如对公路景观设计认识不足，造成经济上的浪费；一味追求公路景观的形式美而忽略了其功能性；公路景观设计方法千篇一律，缺乏辨识性和地域特色等。

对于公路景观的研究，已经逐步引起国人的重视，并取得了一些初步成果。在理论研究层面，东南大学熊广忠提出了道路美学概念，分析道路与周围环境随时间变化的四维空间景观，以及用动视觉原理研究公路绿化原理。孙丙湘编著的《道路绿化和美化工程》介绍了道路环境美化工程类型的选择和布局设计。屈永建《公路景观设计》中提出了公路景观设计原则，并对公路景观结构、道路空间和道路景观序列进行了探讨。崔搭等从美学质量、景观阈值、景观敏感度、特殊价值四个方面研究了对高速公路两侧景观的评价方法。长安大学张阳的《公路景观学》对公路景观相关理论、景观设计、公路协调性做了论述。长安大学许金良对公路景观视觉的三维动态仿真技术进行了探索性研究，从理论和实际操作上为高速公路景观的动态分析和评价提供了经验借鉴。江南大学林琪等对高速公路景观的文化、生态等内容进行了初步探讨。长安大学的陈红从环境的公路设计方案选择和对环境影响进行补偿设计两个方面对生态公路进了探讨，架构了生态公路设计的基本框架，并提出基于环境的公路设计方案的优选指标和方法。此外，众多高校的博士、硕士也参与进来，对公路景观进行了专项研究。如王淑芳的博士论文《公路景观规划设计理论与方法研究》对公路景观序列的布局艺术、公路景观对交通安全影响以及公路边坡绿化等内容进行了重点研究。黄江波的博士论文《高速公路景观生态综合体系研究》从高速公路景观生态特征、环境心理分析以及生态恢复等方面对高速公路景观生态系统进行分析研究。魏中华的《公路景观设计理论研究》提出了“张池式”景观序列模型、顺直路段单一景观段的长度以及路侧结构物空间形态关系的“半银杏叶”模型，具有重要的工程实践指导意义。这些研究成果都推动了我国公路景观理论的巨大发展。

法规条例方面，为了规范和指导公路景观营造，1983年，我国交通部颁发了《公路标准化美化标准》首次以标准的形式明确要求公路要绿化、美化，构造优美、舒适的公路环境。1998年《中华人民共和国环境保护法》、1993年《环境影响评价技术导则》《天然保护区类型与级别划分原则》（GB/T 14529—1993）、1996年《公路建设项目环境影响评价规范》（JTJ 005—1996）、1998年《公路环境保护设计规范》（JTJ/T 006—1998）、2002年的《中华人民共和国环境影响评价法》、2003年《规划环境影响评价技术导则》（HJ/T 130—2003）等法规条例的相继出台，进一步明确了如何在公路建设中对生态环境保护与利用。2005年交通运输部公路司出版了《新理念——公路设计指南》一书，提出了公路设计新理念以及在新理念指导下的要素设计指南及其景观处理手法，为公路景观设计提供了直观的、操作性很强的设计指导。

工程实践方面，我国在道路早期建设中，只重视道路工程设计，道路景观设计通常只是模式化地栽植草树。公路景观工程实践则开始于20世纪80年代中期，即交通部实施的公路标准化和美化工程，对公路环境改善仅体现在“路侧植树”“平地种花”一般式的环境绿化与美化上，并没有深层次地解决公路景观的问题。随着公路建设的迅猛发展，公路景观日益受到人们的重视，公路建设逐渐向生态性、景观化方面发展，近些年来国内也出现不少成功的案例。

川主寺至九寨沟公路位于四川省西北部，是交通部重点建设工程。项目区海拔高，人烟稀少，生态环境脆弱，生态保护和恢复是该工程的中心内容，通过制定完善的生态保护原则并贯彻于设计和施工中，有效地保护了沿线的生态环境。采用常规绿化技术和创新的生态恢复技术，使川九公路路域内植被恢复率达到90%以上，建造了我国第一条舒适、美观的高原生态公路，营造了良好的旅游环境（图1-4）。川九公路生态环境的保护与恢复，一方面有助于落实公路建设的可持续发展，创建安全、舒适、环保、美丽的行车环境，使得在合理开发利用自然风景资源的同时，工程建设和生态保护实现良性循环；另一方面也有利于提升四川旅游的对外形象，为生态脆弱区旅游公路建设树立典范。

◀ 图1-4 川主寺至九寨沟公路

云南思小高速公路是昆明思茅到小勐养的高速公路，途经国家级热带雨林自然保护区——西双版纳国家自然保护区，沿线自然资源丰富、风光优美，在进行高速公路景观设计时，有效做好了对森林区原始植被的保护和恢复工作，成为中国首条

◀ 图1-5 思小高速公路穿越森林区

◀ 图1-6 思小高速公路隧道洞口

▼ 图1-7 思小高速公路服务区

穿过热带雨林的高速公路（图1–5）。同时，设计者还匠心独具，结合民族文化特色和项目的地域特色，巧妙地设计了傣族公主帽形状的隧道洞门以及傣族民居特色的服务区建筑（图1–6、图1–7），体现浓郁的民族风情和人文历史积淀。该条高速公路景观设计运用现代的景观语言，将抽象的文化历史通过特定的场所加以展现，形成一个个可以被触摸、感知的文化景观载体。通过独特的热带雨林植物和版纳民居中典型的建筑符号在服务区的运用，让驾乘人员品味沿线多彩绵长的热带雨林景观和版纳文化。

除此之外，还有龙怀高速公路、京珠高速公路、沪宁高速公路、渝堪高速公路、广梧高速公路、宁杭高速公路等，都是近年来对景观公路的实践探索，为公路景观建设积累了宝贵的经验。如结合宁杭高速公路环境景观设计，钱国超编著了《高速公路环境景观设计》；根据广东渝堪高速公路“生态环保”建设理念，黄小军等编撰了《生态公路研究与实践》等。

公路景观规划设计是一个国家经济发展和人们精神生活不断提高的产物，是包含多重因素、满足多元化需求、技术含量高、综合性强的一项系统工程。西方发达国家在发展过程中形成了较为系统的公路景观设计理论体系。发展中国家可借鉴其研究成果，结合自身实际，探索出适合本地的方法。我国公路景观设计也经历了模仿、探索、改进、发展等过程，特别是进入21世纪以来，各相关领域的专家学者都开始对我国公路景观设计的理论体系进行了探索研究，并取得了一定进展。但很多成果仍处于理论输出阶段，并未很好地利用到实践当中。公路景观建设缺乏完整的系统性方法指导，使得我国公路景观一直存在着盲目性和盲从性，直接导致了工程实践中要么用简单的绿化代替景观设计，要么凭借设计人员的经验和主观意识来设计，缺乏较为科学、客观、严谨的设计程序和定量标准，致使设计不全面，设计成果空洞、乏力、难尽人意。因此，整理完善公路景观设计的理论体系，并以此为指导，将其应用于实际建设中，在实践中检验理论成果，是十分有意义的。基于以上国内外开展的研究工作基础及存在的问题，提出了本书的研究。

1.5 公路景观建筑学研究展望

公路景观建筑学融合了公路工程、美学、园林设计、建筑设计、环境学、心理学、生态学等多个学科的基础理论知识，体系庞大，内容复杂，国内外相关的研究也并不尽系统全面，因此，对其的研究仍具有一定的前景，在以后的研究过程中可以从以下几个方面展开，进一步加强和深入。

（1）进一步完善公路景观建筑学理论体系

公路景观建筑学研究需要继续汲取景观美学设计、建筑学理论、园林设计、中国传统艺术文化、人文社会科学等学科的知识，把这些学科中优秀成熟的观点看法应用到理论研究当中，并与公路工程等技术相结合进行实际运用，继续完善这一理论体系。

（2）加强理论指导实践，实践修正理论的方法研究

加强与实际工程案例相结合，将提出的一些理论成果在实际的案例中加以应用，检验理论的可行性，或对已完成的案例用本书提出的理念和方法加以分析对比，从实践中获得反馈和经验来对理论进行修正改进，力求为公路景观建筑学的发展积累丰富的实践经验。

（3）加强公路景观仿真技术研究

要实现公路本身与路域景观、环境的协调，需要加入实验的手段，选取典型路段进行景观设计仿真，安排大量实验人员对其进行景观评价，客观地获得其景观效果的优劣之处，然后将本书中所得理论和方法运用其中加以改进，再进行景观评价，可较好地检验理论的可行性。随着现代科学技术的发展，会有更先进的研究方法和实验设备应用于交通领域，以便进一步更深层次、更精确地研究交通问题。因此，有必要对公路景观的计算机仿真技术进行深入系统研究，建立三维动态模型对公路行车进行模拟，预估线形组合及路侧诸要素所产生的视觉效果以及对驾驶员的影响，进而对公路自身及其景观设计方案实施改进。模拟驾驶舱是研究交通问题先进仪器设备的代表，它可以最大程度上仿真道路状况，包括线形、路面、路侧景观等内容。模拟驾驶舱的出现对于研究公路景观问题将有重要意义，会使驾乘人员身临其境地在道路上行驶，通过视觉，甚至生理、心理反应研究公路环境对其影响，

进而寻求普遍规律。

（4）制定完善的公路景观设计规范及施工指南

通过对公路景观设计进一步的理论研究和实践验证，确定相关的设计指标和施工质量控制指标，并将其逐一量化，从而为公路景观设计规范和施工指南的制定提供参考资判和依据。同时还应对公路景观建设成果的评价方法进行研究，以便在工程完工后对景观设计质量和美学效果进行评定。

（5）加强公路绿化美化新技术、新方法研究

①路基边坡防护及绿化新技术、新方法

研究边坡防护的环保新技术、新方法，尽可能减少坡面的工程防护；研究有助于大面积快速绿化和有效防护高大险峻的挖方边坡的新技术；在混凝土平面上进行绿化，使之持久又便于维护是今后绿化领域的新课题。

②植被恢复技术

公路建设会对地貌、植被造成破坏，我们不仅要避免或减少这种破坏。还应在不得已影响了植被的情况下，及时进行补栽和植被恢复。通过研究植被栽植、表土保护技术以及特殊空间绿化技术，对施工过程中引起的植被破坏进行补偿、恢复。

综上所述，公路景观建筑学理论中许多问题还有待于在今后的进一步研究中不断细化。有些研究结果可能与实际还有一定的差距，这些都需要在今后的进一步研究中通过反复试验、检验及理论论证加以完善和优化。

第 2 章

公路景观建筑学的理论体系

2.1 公路景观建筑学的理论体系框架

公路景观是在风景园林建筑景观的基础上发展起来的，在继承的同时又有自己的特点，研究公路景观，把环境美学的原则和要求融入公路设计、建设和评价过程中，使公路与自然环境相协调，对于实现公路景观环境的可持续发展具有重要意义。

国际经济合作与发展组织（Organization for Economic Co-operation and Development，简称OECD）道路小组在1972年的报告中回顾七十年来道路发展史时指出，七十年来主要经历了三个阶段。第一个阶段是发展初期，为了防止泥泞、保证车辆正常行驶，需要提供有一定强度、平整度的晴雨通车路面。随着车辆的增加，行驶拥挤，事故增加，人们又在平纵横的几何设计、提高通行能力以及改善交通组织和减少交通事故等方面下了很大功夫，这就是第二阶段。然而世界性的汽车猛增，给社会、环境带来灾难性的影响，所以在美学上、社会上、环境上能够求得经济、协调、美观的道路系统，就是世界上道路发展的第三阶段。

▼ 图2-1 依山就势、山水相依的公路景观

因此，在设计上必须引用公路景观建筑学，以景观美学为指导进行工程设计，对项目的整体效果进行把控，以减少工程对人类赖以生存环境的破坏，把公路景观融入自然之中。道路工程建设中，如果景观效果不好，也会受到群众的普遍反对，所以应该利用公路景观建筑学的指导作用，通过工程建设为祖国山河增添亮色，工程建设者应成为环境设计师和建筑师，考虑社会的需要，保护自然环境，达到可持续发展。因此，尽早地进行研究并在工程上注意这些问题，便可以少走弯路，也避免今后为改善公路外观耗费国家财力与物力。

目前国内公路的绿化、路容和其他交通设施上的景观考虑，对改善道路交通环境起到了积极作用，有些桥梁在造型上具有特色而成为景点，甚至变成地方风貌或城市的象征。如延河桥和宝塔山在一起象征着革命圣地延安，这种例子值得推广，关键是从设计、施工直到养护部门都应重视公路景观问题。公路景观建筑学的主要理论框架可分为以下几部分。

（1）美学要素

道路作为一个构造物，它自身就应该具有美的特征，特别是在动态的环境中，在美学上有自己特殊的规律，这些有待我们进一步探索。单纯运用几何标准进行“烹调式”的设计在美学上必然得不到好的效果。这就要求项目管理人员具有景观审美的素养并善于同景观设计师协作，把公路不仅作为一个技术对象，而且作为一个景观对象进行研究。搞好公路景观可能需要增加一定的工程投资，但它的效益不是简单地用经济可以衡量的。在设计上，也并不是一定需要投资巨大的高等级公路才有景观问题，公路景观也不单纯只是三维或四维线形的问题，还有公路与环境协调问题等。

道路当然要满足行车上的要求，发挥它在交通功能上的作用。但它的作用应该是多维的，还应该考虑路线与环境协调，道路是带状环境，是重要的景观元素，把它作为风景的一部分，就是它多维的作用之一，要把功能与美观结合起来。环境、生态平衡是当今至关重要的大事，一条好的公路可以作为当地的特色景观，同时视觉上顺滑、优美、流畅的线形也可提高行车平顺性及增加安全度，并能为驾驶员和乘客提供舒适美观的行车环境。

安全、经济、美观是我们当前路线设计的基本要求，我们讲的美观除指道路自身的美以外还包括自然环境的美，也就是工程与环境的协调及对环境的保护。因此，道路环境的设计不在于等级的高低，而在于把美学放在什么位置，美学上的体现应提到议事日程上来认真对待。

▶ 图2–2 嵌入自然环境中的高速公路

（2）园林要素

公路作为一种线形构造物，其周边环境千变万化，山岭、坡地、河流，构成美丽的风景，四季更替的植被景观体现出一种自然美。设计优良的公路，与园林建筑美一样，虽由人作，宛自天开，借景、对景、框景、漏景等园林手法可以在公路景观中得以充分体现。

中国园林美学讲求师法自然，其组景和造景的手法之高超，在世界古典园林中已达登峰造极的地步。公路景观的设计是园林和建筑景观审美内容的集合，包括对动态美和静态美的双重体验。所以，一般对公路景观的评价围绕路用者对公路景观感知的决定因素来进行：首先，如园林景观一样，公路景观的欣赏也讲究情景交融，路用者不是从外部观望，而是将自己融入公路景观本身，并投入自己的感情，从而对公路及其沿线景观有所感受，所以路用者所处的时空状态和生理特征（地点、视觉角度、观察的速度、心理暗示等）是所要进行评价所考虑的因素；其次，任何类型的公路景观都是存在于一定的环境之中，因此，构成公路景观本身的要素

▲ 图2-3 采用园林手法改造路侧排洪沟

之间以及同周边整体环境之间能否形成某种协调统一，公路线形是否与地形相适应，平、纵面几何线形配合是否良好等均是首要考虑的评价因素，这正体现了园林学中因境成景的思想。

（3）功能与景观的一致性

◀ 图2-4 路侧绿化既能吸尘降噪，也能缓解驾驶员的视觉疲劳

公路景观有着改善城市环境、净化空气、防减噪声、调节气候等功能，遮阴、降温效果也显著，绿地还可用来分隔与组织交通，诱导视线并增加行车安全。功能与美并不矛盾，公路景观设计应力争使自然景观与公路工程结构物达到相对的协调，从使用者的视觉、心理出发研究公路的功能、美观及经济的一致性，建立起新的完整的公路景观系统。

公路景观设计与工程功能设计目前正处在高度的融合期，如何使景观设计与工程功能相结合，在众多的公路景点表现得百花齐放，但其研究与追求目标还没有统一性，一致性的路还很远。

▶ 图2-5　功能与景观结合的服务区标示

现代城市中，众多的人工构筑物往往使得城市景观单调枯燥，而公路景观尤其是公路绿化植被在视觉上能给人以柔和安静感，并赋予城市以树木、灌木、草地、花卉点缀城市的道路环境，它们以不同的形状、色彩和姿态吸引着人们，具有多种多样的观赏性，大大丰富了周边环境的景观层次。绿地除能成为地方特色之外，不同的绿地布置也能增加道路特征，从而使一些街景雷同的公路由于绿地的不同而区分开来。由于城市工业的发展，人口增长，特别是现代交通的发展给环境带来很大的冲击，污染了城市环境，影响生态平衡。

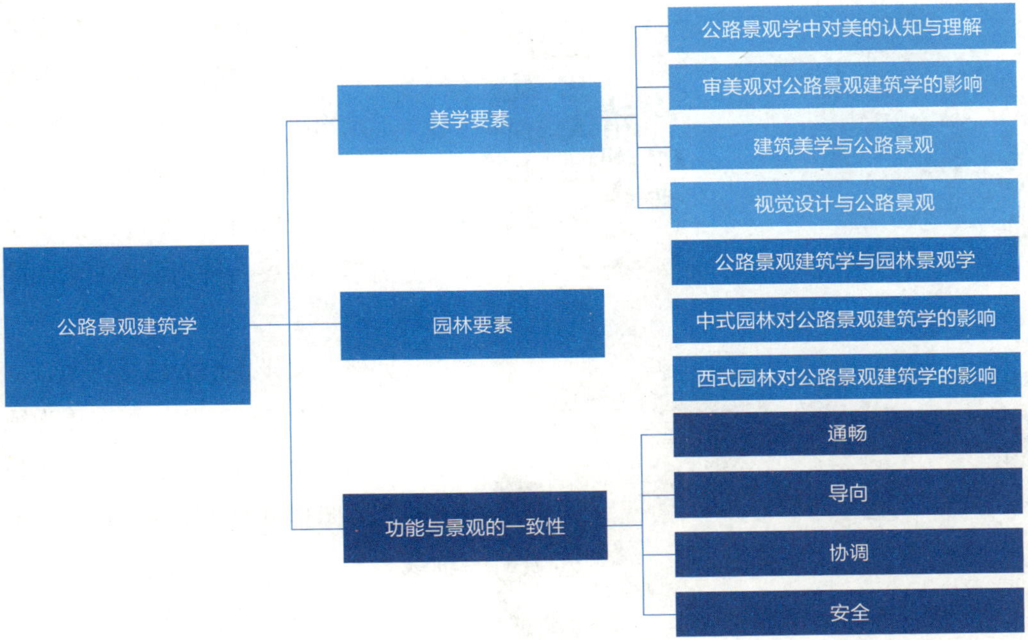

- 公路景观建筑学
  - 美学要素
    - 公路景观学中对美的认知与理解
    - 审美观对公路景观建筑学的影响
    - 建筑美学与公路景观
    - 视觉设计与公路景观
  - 园林要素
    - 公路景观建筑学与园林景观学
    - 中式园林对公路景观建筑学的影响
    - 西式园林对公路景观建筑学的影响
  - 功能与景观的一致性
    - 通畅
    - 导向
    - 协调
    - 安全

◀ 图2–6 公路景观建筑学的理论体系框架

2.2 公路景观建筑学的美学要素分析

在美学上、社会上、环境上对公路系统进行建设是当今公路交通发展的趋势。认为应用美学是搞修饰，为公路建筑涂脂抹粉，这是一种误解。我们所追求的是美观与功能的一致。流畅、顺适的线形，良好的视线诱导，科学的绿化栽植，本身具有实用性，也是交通功能的需要，而这些正是公路美学研究的基本内容。

2.2.1 公路景观建筑学中对美的认知与理解

评价园林或建筑景观设计，我们需要明确其所追求的生活品位、遵循的秩序和在这种秩序之下对自然美的认识程度。设计理念离不开一定的美学原则，而美学思想则又建立在深刻的文脉和哲学根源上。

东方文化讲究自然的特点，受道家及儒家思想的影响很深。孔子认为，自然之美在于比德，君子比德的思想对中国园林的发展有很大影响。如石峰代表坚贞、正

▲ 图2-7 天人合一的东方审美情趣——石涛松风涧水图（节选）

直，因此，堆石置石成为园林组景的重要手段。道家崇尚自然，企慕虚静，追求出世、无为和自然为万物之本，这种讲求自然无为的思想成为儒家有为思想的互补，促进并推动了东方美学的发展，特别是人文景观的发展。

另外，如代表东方禅文化的日本枯山水，更专注于永恒，形态更为纯净，意境更加空灵。与东方园林相比，西方园林更加抽象和写意，强调轴线、对称、平衡、整齐，发展出具有几何图案美的园林景观。而东西方景观美学中，对于美的主要标准有：

（1）天人合一的自然文化

自然是风景园林设计取之不尽、用之不竭的源泉。中国传统园林所追求的天人合一思想，在于寻求人与自然的和谐共存。自然文化是中国园林的核心与精华所在。所谓虽由人做、宛自天开，就是强调按照自然的客观规律来造园，要以自然景物为主体，更要强调人对自然的深刻认识和艺术再现。这与国际现代风景园林设计的发展趋势十分接近，表现出人类认知方式国际一体化的倾向。

（2）因地制宜的景观特色

景观设计的要旨之一在于充分利用地域的自然景观和人文景观资源，再现地域的自然景观类型和地域文化特色。与西方传统园林一样，中国传统园林也是再现本土自然景观典型特征的范例。对地域性景观的深入研究，因地制宜地营造适宜大环

▲ 图2-8 借巍巍群山为背景

境的景观类型，是现代风景园林设计的前提，也是体现其景观特色的所在。但关键在于继承因地制宜的思想，而不是山水园林的形式本身。

（3）巧于因借的设计手法

中国传统园林以自然山水为依托，通过借景、隐喻等手法将园林景物与周边景观相联系，起到扩大空间效果的作用，并使各个空间之间相互渗透、彼此呼应，形成整体。现代风景园林设计也要求将场地的视域空间作为设计范围，把地平线作为空间的参照，强调风景园林设计与地域性景观的融合，这与传统园林追求无限外延的空间整体不谋而合。

（4）小中见大的视觉效果

中国传统园林在相对局促的空间中，借助对比、突出三维空间、加强空间的深远效果、采用环形游线形成散点视点视线、避免一览无余的逼迫式景点布置，以及借助山体和屋顶起翘将人的视线引向天空等手法，达到扩大空间感的目的，获得震撼人心的效果。这对现代风景园林设计寻求的在有限的空间中表现广袤的地域性景观特征的手法不无启示。

（5）舒适宜人的环境塑造

园林是人类追求最理想的人居环境的产物，创造更加舒适宜人的小气候环境，是享受园林生活乐趣的前提。园林的叠山理水、植物配置、亭廊构建，乃至城市布局，都在很大程度上考虑到如何利用自然气候条件，在园林中营造出舒适宜人的小气候环境。在现代风景园林设计中，光影、气流、温度、湿度等影响人体舒适度的气候因子，也是十分重要的设计依据。

▶ 图2-9 服务区内高度适宜的树池也能作为休闲坐凳使用

2.2.2 审美观对公路景观建筑学的影响

公路景观的形成不能脱离社会审美观的要求而独立存在。由于道路的性质和功能，决定了公路景观可能凌驾于交通功能之上而成为首先考虑的方向，必须在满足其功能的前提下，以美学理论为指导，进行相应的规划与设计。

美就是产生于人生理或者心理的一种愉悦感受。美的产生可以是直接的触感，也可以是间接的想象。总之，美是使人产生愉悦的一种存在，唤起人在心理或生理上愉悦的感受。审美，在前面提到可以简单地表述为“关于美”，而实际上，审美是包括对美的认知、美的创造、美的欣赏、美学理论等系列相关活动及心理的统称，审美是美学的一个表现过程，也是美学的所有活动过程。研究审美，实际上就是从美学角度去观察与分析体现美的方式，对于美学至关重要。

上面说到，美是种愉悦的感觉，那么什么情况下才会产生这种愉悦的感觉?那就是因为对比。与什么对比？就是与人们心中的“常态”对比。常态是什么?就是平时大家都习以为常，不再觉得感动的认知水平。这里用“认知”，而不用“美”，是想说清“认知”所包含的内容远远大于“美”的范围，它是集个人的教育、文化、阅历、修为、道德水准、审美能力于一体的综合，在这个水平上，每个人都会有自己认为美的基本本原型，即“审美原型”。

在审美时，人们会自觉地把客观事物与此“审美原型”对比，由此而产生“不美、很美”的感观评判。所以说，美是人对一种事物的评判，评判基准是审美实践积累的“审美原型”。因此说，审美是个体感知与评价的过程。

由于人与人之间的感知与评价差异，从而产生了对美的认识上的差异。以摄影为例，具体表现在对摄影图片的评判上，如对一幅图片的评价：有的人认为具有审美价值，而有的人认为缺少审美价值；有的人认为是佳作，而有的人认为很一般。其中的关键就在于每个人的“审美原型”是不一样的，自然对于图片的衡量标准也不一样。

每个人的“审美原型”不一样，如何去做才可以得到认可？我们可以这样认为，一个社会在一段时期的审美是有一定的基础和方向的，这个方向就决定了群众的“审美原型”，那就是这个所基于的文化、道德、价值观、世界观等的综合，成为这一阶段的社会审美标准。当你的审美水平或作品表现美的水平高于这个群众级的“审美原型”时，美就会被大多数人所认可。

然而，学术上的审美原型可以是不同的，包括不同方向、不同内容、不同方式等，学术审美可以是试验性的，成功被认可的可以归为社会审美，不成功就会被社会摒弃。

由此可以看出，审美水平主要是来自人本身的社会实践所产生的综合文化意识。缺乏某种文化意识的人，就不可能在审美实践中感知美的深层意义和美的存在。

综上所述，“审美水平”决定了对美的认知与感受，同样也决定了美的表达方式与表现内容，更决定了项目设计的美学水平。而提高“审美水平”的基础工作就是提升自己的“审美原型”，即提高对美的要求，增加对美的理解，从一点一滴做起，从各方面培养，综合提高，这样才会有所收益。而当“审美原型”的层次提高后，自然地，对公路景观的认识和要求会完全不一样。

2.2.3 建筑美学与公路景观建筑学

“建筑”，在英语中原意为巨大的工艺，含有工程和艺术结合体的意思。所以，建筑具有双重功能，即同时满足人们的实用要求与审美精神需要，并是以实用为主导同审美相结合的艺术。传统意义上的建筑，如公共建筑或居住建筑，功能以使用为主导，即遮风挡雨、供人休息、饮食服务等实用功能；另外还有以景观建筑形式出现的风景游览建筑，包括具有风景艺术价值的其他类型的建筑，如风景区的寺庙道观、住宅别墅、文化纪念建筑、展览建筑等。这些景观建筑除具备一般的实用性之外，还具有审美性。安置合宜的建筑对于自然风景是锦上添花，而有些原本平庸的自然风光，则会因为适当的人工建筑的点染变得丰富生动起来。另外，随着文明的进步，人们审美意识的苏醒使建筑的功能也随之发生转变。譬如，古埃及的金字塔，原本为法老陵墓，在当时具有明显的使用价值，而在今天，它却成为世界景观观赏艺术的一个典型。

公路景观与景观建筑美一样，是技术和艺术结合而创造的，其功能性、实用性、观赏性和艺术性都将在路用者的旅程中得以充分体现。单从公路绿化功能来讲，如中央分隔带防眩绿化、转弯视线诱导绿化、服务区绿荫栽植绿化和防止边坡冲刷栽植绿化等，对创造安全运输环境和优美公路景观、保护与协调公路沿线生态环境均有重要贡献。

如美国的第一条现代风景公路布朗克斯河景观大道就将交通功能性与景观观赏性进行了很好地结合，为后来公路景观的发展起到很好的示范作用。

在使用公路的过程中公路使用者不仅应感到交通便捷与安全享受，而且在领略沿途自然景观和人工景色的同时还获得视觉上的愉悦和审美情趣上的满足，使得旅行变成一次愉快的经历。

◀ 图2-10 布朗克斯河景观大道实景

2.2.4 视觉设计与公路景观建筑学

公路景观的美学研究要点就是要在现代交通条件下，根据驾驶员、乘客的视觉特点（特别是动视觉特性），从动态角度来研究线形的连续性、可预知性、视线诱导以及路线与环境的配合等。

公路景观的美学要素大体上归纳为以下三个方面：

（1）不同视角的视觉特性的应用

传统的建筑美学是从静态角度来研究建筑物，即使是动态观赏也是指“步移景迁”，即从不同的观赏位置来研究观赏对象，而公路则不同，它是一个线形构造物，由于现代交通的发展，人们乘坐汽车，在一定运动速度下．连续地观察公路及周围的环境，驾驶员的动视力、动视野随车速而变化。当车速提高时，动视力随之降低，视野也变小，驾驶员的注视距离也随之变大，当大到一定程度时，就形成管状的隧道视。一般情况下，车速较低辨认距离较远，车速增加能够清晰辨认物体的距离相对缩短，因此，驾驶员分辨物体的能力也随之降低。对这种降低的原因说法不一，有的认为眼和大脑感受静止物体和运动物体分别有专门的细胞；有的认为是快速运动时人眼调节能力减弱所造成的；也有认为不同车速下辨认距离变化原因是人的生理与心理负荷不同，如车速增加，生理负荷加重，造成辨认距离降低。不论是上述何种原因，均说明在现代交通条件下，由于车速提高，动视觉特性的变化必然带来一些新的概念。如快速交通减少了距离感，道路两侧景物在行车中快速向后移动，乘坐汽车旅行已成为一种连续审美的体验，所以有必要应用这些新的概念去研究与评价公路景观设计。因此，研究动视力、动视野与高速公路、高等级公路、城市快速路、交通干道等设计的关系以及公路与环境的关系，均有着重大理论与实践意义。

路用者在公路上进行有方向的活动，驾驶员只有在行车不紧张的情况下，才有可能观察与公路交通无关的事物或注意两旁景物。行车过程中两侧景物在中等车速下，驾驶员或乘客看清目标需有1/16s的注视时间，视点从一点跳到另一点时，中间过程中所看见的景物是模糊的。行车时两侧景物向后移动得快时，一旦辨认不清，就失去了辨认的机会。同时，外界景物在视网膜上移动过快时，视网膜分辨不清，景物就会模糊。当注视的物体相对于眼睛以大于每秒72° 的回转角运动时，景物在视网膜上就会模糊不清。从以上论述中我们知道视野大小也随车速而变化。路面在驾驶员的视野中所占的比例也因车速提高而变大。

▶ 图2-11 高速公路线形的构成要考虑车速因素

有关研究表明，车速低时，路面在驾驶员的视野中所占的比例是8%，而根据地形与种植情况，此时公路两侧景物在视野中占80%以上。如车辆以40km/h的速度在6

车道公路上行驶时，路面占视野中的比例为20%；以90km/h的速度行驶时，视野缩小，路面所占的比例为50%，公路两侧景物所占的比例减少到20%以下，特别是平坦地形时还要降到5%。德国的德尔·卡默波认为，驾驶员长期注意的只是玻璃上10cm×10cm的正方形，视野角度在视轴左、右各为90°，合计180°。上述各种动视觉特性，是我们研究线形、视线诱导、标志设置（含尺寸）、路边绿化的位置及间距以及眺望路边景物的重要参考依据。对公路空间视觉特性的研究与分析表明，车辆低速行驶时（40km/h以下），路用者的视觉问题没有受到十分显著的影响。高等级公路由于车速快，则此影响显著。因此，景观空间的构成要考虑车速因素，根据动视觉特性的要求，车速加大则一切景观尺度需要扩大，建筑细部尺寸也需要相应扩大，道路上传统的园林绿化方式也需要改变，而且车速越高，这种变化越大。汽车时代产生的新的视觉问题要求设计人员用大尺寸来考虑时间、空间变化，同时公路环境中也需要有特殊的吸引人注意力的景观，这是技术进步带来的新概念，是对传统观点的冲击与挑战。用路者视觉特性已成为景观设计的主要依据，高等级公路环境设计要充分考虑行车速度的影响，才能创造出具有时代特点与风格的公路景色。

（2）公路线形自身的协调

从视觉特性出发，一条具有优美景观的道路，在美学方面有两个关键：一是要求公路线形自身的协调；二是要求公路线形与环境协调。

▼ 图2-12 优美的公路线形

公路本身在用路者视野中占有重要位置，是主要景观元素，因此，良好的公路景观必须要有优美流畅的公路线形，需有线形自身的协调。二维线形只能解决平面线形的配合或纵断面线形的配合，而三维线形亦即立体线形，则能解决平、纵线形的三维空间配合，可以用来评价道路的平顺性。目前研究的四维线形，还增加了路线随时间变化的因素，反映了行车时的运动感与路线随时间变化的韵律与节奏，它是衡量舒适性的重要标志。

一条好的公路线形各指标之间还必须有良好的配合，以使它具有优美的三维空间外观，线形平顺、流畅，行车舒适感好，并且具有连续性，同时线形有良好的视线诱导与可预知性。因此，要使一条公路具有优美的景观，首先要解决好线形的自身协调，这样才能使路线具有优美的外观，使用路者行车时感到舒适，而且富有安全感。

（3）公路线形与环境的协调

线形要与地形配合，这不仅是线形与环境协调的主要内容，也是公路景观建筑学首要解决的问题。线形与地形配合首先取决于合适的技术标准，地形特征是影响选择设计速度的主要因素。什么设计速度是适宜的呢？即在某种车速下，在工程造价与用路者的运营费用之间寻找平衡，只有在适宜的设计速度下，采用相应的技术指标才能更好地适应地形。适应地形另一个要注意的问题是公路不应支配环境，而要与环境融为一体，在环境中不刺目，要有合适的视觉比例（尺度），如视野中公路所占比例过大，也必然显得生硬单调。与地形不协调的路线极难形成优美的景观，因此，公路与环境协调第一位的工作是抓住地形特征，充分利用地形，避免对

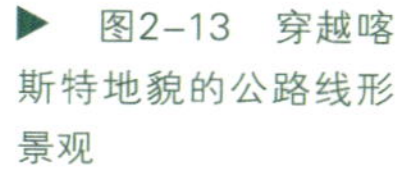

▶ 图2-13 穿越喀斯特地貌的公路线形景观

地形的任意切割，使路线与地形有机结合起来。沿河线、傍山线、越岭线均是很有特点的路线，只要处理得好，就能产生令人难忘的印象。当然公路与环境协调还包括充分利用当地的风景资源，使其成为路边富有吸引力的景观，以丰富旅行生活，有利于克服行车的单调感。

一条与地形配合良好的路线，必然会成为风景的一部分，不但用路者有舒适感，而且路外人对公路在宏观上也会有良好的印象。

路线与环境协调还应包括在不同等级的道路采用不同的绿化方式，路边的交通设施、建筑小品与公路环境的协调，以及对土石方工程的修饰等内容，在此不一一赘述。

（4）公路功能与人文相协调

人文素材就包含了人的审美观在内，审美具有地域性，公路功能也具有多样性，在公路景观建筑学内，可以说我们追求的目标是功能与景观的统一，而这种统一是永无止境的，每个地域都会有差别。

人文景观与功能相协调可以追求时代感、历史感、地域感、代表性等不同的表达方式，成为功能的外观形式而存在。设计的多样性有时也会因景观设计而提供其他的附属功能。

综上所述，公路美学的基本原理是：要充分考虑现代交通条件下的动视觉特性，解决好公路自身协调及公路与环境（包括人文）协调的问题，使公路功能与景观设计和谐统一，在美学上的要求美与公路的功能一致性表达。

◀ 图2-14 人文景观装饰的建筑外墙

2.3 公路景观建筑学的园林要素分析

2.3.1 公路景观与园林景观

公路与园林景观相比，在兼容了两者设计理念的同时，又具有自身的特点。公路景观的设计既讲究流畅、和谐的自然风格，又注重比例尺度的空间感。公路把不同的景点结成了连续的景观序列，使人产生一种累积的视觉强化效果，同时公路本身又成为景观的视线走廊。公路景观与园林景观的相通之处在于两者都是以顺应自然和与大自然的协调为基本前提。所以，在公路建设中，应该充分维护自然生态系统和社会系统的协调统一，尽量减少对自然生态环境的破坏和扰动，使自然景观及人文景观得到永续维护和利用，确保沿线景观资源的建设保持持续的、稳定的、前进的态势。公路景观是展示在公路使用者视野中公路线形、构筑物和周围环境的组合体，同建筑景观一样，讲求空间秩序。所以，只有将公路与景观空间联系起来进行统筹规划设计，如公路的线形与驾驶员视觉效果的关系、公路宽度与边界高度比例形成的空间领域等，才能创造出整体而有机的公路景观作品，这也正是遵从了建筑景观的空间艺术设计理念。公路景观的特点还在于引入时间成为一种四维动态空间景观，在三维线形空间的基础上更强调欣赏过程中时间的连续性、韵律感和美感。

2.3.2 中式园林与公路景观

园林，是人类出于对大自然的向往而创造的一种富有自然情趣而又可供人游玩、观赏的自然环境，是一种为人们提供审美享受的方式，而纵观浪漫园林史，中国古典园林无疑代表了东方园林的最高成就，其中所蕴含之艺术博大精深，是世界景观设计艺术中最丰富的遗产之一，充分展现了中国的传统哲学思想在园林中的广泛应用。

道家的哲学思想对中国古典园林的设计手法影响极其深远。尤其是老子的“道法自然”一说，更是被尊为中国古典园林中景观艺术和设计的指导原则。对于中国古典园林而言，正是以“道法自然”作为景观设计的指导原则，把景观设计的目标定位在将个人的情感以恰当的方式进行表达，在超越世俗的水平上享受自然之美。

图2-15　中式园林——小中见大的亭廊与假山

遥看中国古典园林，园中植物的种植方式都是严格依照大自然原始植被的分布方式，或三五成丛，或自由散聚于水池或山石之畔，野趣横生，景色苍润。设计和建造之中完全采用树无行次、石无定位的自然布局，从而展现出一幅峰回路转、水流花开的自然风光图。此外，即使是园林之中的建筑物本身，也总是按照山水的总体走势、高低曲折、参差错落来建造园林景观，进而充分体现自然山水的艺术情趣。相比于西方园林，这是中国古典园林的一大特色。

图2-16　中式园林——利用月门形成框景

在设计理念上，中国建筑最讲究风水，风水是中国传统建筑文化的重要内容，其可贵之处在于把人看成自然的一部分，认为人与自然是一个有机整体，人类居住的建筑空间应与周围环境相协调，这种大地有机自然观即风水思想的核心，也是东方传统哲学的精华。风水追求自然的情怀，提倡人之居处，宜以大地山河为主，要求建筑要与周围的自然环境融为一体，主张整个环境在形式和功能上要有机结合。风水的这种整体有机自然观，不仅造就了中国传统建筑和城市景观的独特风格，而且得到近代西方建筑设计思想的认同乃至升华，使得风水关于人、建筑、自然环境的合理关系得到科学发挥和有效利用。另外，不同地区和不同民族的建筑，通常受到当时当地的自然环境、材料工艺、宗教习俗等的影响，各具特色的地域风格往往成为建筑的一种文化符号。

▲ 图2-17 隧道口的艺术图案与群山相映成趣，形成对景

现今倡导的建设绿色生态公路，打造公路品质工程，不仅是环境的可持续发展，究其实质都是追求人与自然的和谐。这种和谐哲理，充分体现在儒家的仁义和道家道法自然及天人合一的理论，这与园林景观的儒道释思想不谋而合。这些关于自然的秩序与和谐的思想，最终目的都是使社会生活与自然（道）的力量和谐相处。在公路的规划与建设中，避让自然保护区、生态脆弱敏感区，或生态恢复、生态整治等措施，力求与周围生态环境相协调及维持生态平衡，无不采用设计遵从自然的园林设计理念，这也正是建筑风水学在公路规划设计中的体现。另外，我们也提倡将地域文化符号体现到公路景观，增强公路的地域性和识别性。

2.3.3 西式园林与公路景观

园林，在英文中为landscape garden，在法语中为payage，在德语中为ladachaft，其原意都是表示带有自然风光、地面形态和风景画面的花园。西方园林主从分明，重点突出，各部分关系明确、肯定，边界和空间范围一目了然，空间序列段落分明，给人以秩序井然和清晰明确的印象。主要原因是西方园林追求的形式美，遵循形式美的法则显示出一种规律性和必然性，而但凡规律性的东西都会给人以清晰的秩序感。另外，西方人擅长逻辑思维，对事物习惯于用分析的方法以揭示其本质，这种社会意识形态大大影响了人们的审美习惯和观念。

◀ 图2-18 西式园林——规则对称的轴线空间

中西园林间形成如此大的差异是什么原因导致的呢？这只能从文化背景，特别是哲学、美学思想上来分析。造园艺术和其他艺术一样要受到美学思想的影响，而美学又是在一定的哲学思想体系下成长的。从历史上看，不论是唯物论还是唯心论都十分强调理性对实践的认识作用。公元前6世纪的毕达哥拉斯学派就试图从数量的关系上来寻找美的因素，著名的“黄金分割”最早就是由他们提出的。这种美学思想一直顽强地统治了欧洲几千年之久。强调整一、秩序、均衡、对称，推崇圆形、正方形、直线等。欧洲几何图案形式的园林风格正是这种“唯理”美学思想的影响下形成的。

18世纪的英国自然风景园，是欧洲古代园林艺术一次重要变革。英国自然风景园是风景园林重要起步之一，取消了园林的围墙，让建筑附近的园林环境同更远的乡野风景联系起来。进而，很多园林环境注重田园情趣。

20世纪60～70年代以来，人们从工业时代的富足梦想中逐渐醒来，开始意识到环境和能源危机，风景园林设计流露出了对人与自然关系的关注，这是对自然和文化的一种全新认识。1969年麦克哈格《设计结合自然》的问世，将生态学思想运用到风景园林设计中，产生了“设计尊重自然”，把风景园林设计与生态学完美地融合起来，开辟了生态化风景园林设计的科学时代，也产生了更为广泛意义上的生态设计。生态主义的设计早已不是停留在论文或图纸上的空谈，也不再是少数设计师的实验，生态主义已经成为风景园林设计师内在的和本质的思考。尊重自然发展过程，倡导能源与物质的循环利用和场地的自我维持，发展可持续的处理技术等思想贯穿于风景园林设计、建造和管理的始终。生态学思想的引入，使风景园林设计的思想和方法发生了重大转变，也大大影响甚至改变了风景园林的形象。风景园林设计不再停留在花园设计的狭小天地，它开始介入更为广泛的环境设计领域，大地景观由此诞生。

▶ 图2-19　大地景观

可以说，园林景观的所有基础理论与学说都是公路景观有的基础，公路景观建筑学一脉相承地接受她的审美理论与技术要求，只在具体应用时加以动态序列化。无论东方还是西方，园林设计技法一直是无国界的发展到美的极致。

2.4 功能与景观的一致性

所有的景观设计都离不开功能的最初定位，即使是单纯的工艺景观也有其商业化潜在功能。公路景观的规划设计则应首先适应公路的基本功能，这个基本功能中包含了快速、安全、舒适、耐久、经济、环保与绿色等方面，由这些不同的要求共同产生公路的规划与设计方案。这种方案是公路产品的目标规划，它应该包含各方面的要求，包括超过基本功能而进行的品质提升和景观的展示。

就公路景观设计而言，是在公路规划基本定位的前提下进行的具体设计，这种设计所面对的则多从公路使用者的视觉、心理出发，研究公路景观的功能与美学的一致性，而对于公路管理者与路外视觉的研究，公路景观建筑学认为其与建筑与园林的具体设计无太大差别，所以本书不再多述。

2.4.1 通畅

选用通畅两个字来表达公路景观应保证的功能，对景观设计而言是最具公路特色的。公路一定要通畅，公路景观也要通畅，这种通畅不仅是行驶轨迹，也是视觉连续与展现。它要求景观各组成部分（包含主体工程）的空间位置配合恰当，使驾乘人员感到线形流畅、清晰、行驶舒适。

公路选线、定线时，应注意路线及其结构物的所有设计要素，要尽可能与地形地貌相吻合，土石方的填挖量要尽量做到最少，同时要尽可能减少对自然风景的破坏，避开受保护的景观空间，如风景旅游点、温泉疗养区、文物保护区等。

对生态景观空间（河流、小溪、森林、沼泽地）和视觉景观空间（村落、集镇等建筑群体），公路设计应避免割断它们之间的联系，如果无法避免，也应在设计时提出相应的补救措施。如果公路里程较长，不能作为一个景观单元设计时，应将它划分成几个独立的路段，即功能分区，使各分区既与公路整体风格互相呼应，又各自具有明显的特色。

公路景观设计把每个公路本体及路域可视范围都视为研究对象，在用景观理论进行设计时，都应保证其还有特性及基本功能，在此基础上注重动态视觉对美与园林的不同要求进行景观设计，具体要求可以细化分区，每个分区应有总的背景和主导景观。

2.4.2　导向

公路景观的导向性虽然不是公路特有的，但确是公路必不可少的要求。公路上所有的行驶都是有方向、有规则的，而为这种方向与规则建立一种导向是公路上附属设施的基本功能，这些设施的景观化同时要求其保证导向功能是必然的，而这种导向在公路上又大多数是要求有一定的视觉持续时间与一定的设置范围。比如建立一个区域性的视觉系统，使驾驶员在视觉所及的范围内，能预见到公路方向和路况的变化，并能及时采取安全的行驶措施。

绿化栽植与路线的平、纵线形要严格保持一致，这样有助于显示公路线形特征。弯道、凸形竖曲线部分的绿化应能诱导视线。高等级公路行车道两侧不应种植高大乔木，因树影中的光斑在车辆高速行驶时耀眼，影响行车安全。绿化应尽可能利用地方树种与植被，以加强公路的地方特征。

公路本身能反映线形的是路面边缘（或缘石）以及路肩和分隔带，如这些边缘不整齐将会严重损害公路的形象。醒目的路缘带、整齐的缘石、白色的路边划线，将会突出线形特点，增加公路线形的优美感，是公路美化最简单、最有效、最重要的手段。这些特征还有显著的视觉诱导功能，具有实用性。

2.4.3　协调

公路景观的规划设计原则有三个层次：一是尽可能不破坏原有景观，二是不得已的破坏要得到有效的恢复，三是在原有基础上创造出新的景观。而所有的与景观与环境的适应就是协调，所有美的认知基于总体协调下的个体表现。这里谈的是公路线形及沿线设施与沿途空间景观环境相协调。

公路路线及其结构物景观造型的目的是为了平衡公路对自然风景的影响，使新建的公路能与原有景观融为一体，以便形成新的公路交通景观系统。

公路路线应尽可能与地形、地貌相吻合，几何设计时平、纵、横各要求应很好地配合，以避免造成空间线形扭曲、暗凹、跳跃等景观缺陷。

公路交叉口设计时应具有良好的通视条件，分汇流的出入口应易于分辨，并通过标志、标线、绿化栽植等进行视线诱导。上跨主要公路的立交桥、天桥等跨线构造物应保证桥下净空要求。各种构造物的结构、造型、材料均应与当地自然和人文景观条件相适应。

与山体相邻的公路应避免大填大挖破坏自然景观。许多工程方案的比选不仅是工程问题，还有环保及景观等问题，在决策时应统一考虑。如挖方深度较大时，宜进行路堑与隧道方案的比选论证，可能引起灾害的路段宜采用隧道方案。路线通过山间谷地、路基高度较大时，应综合考虑填筑路基时对谷地通风、日照等原有生态环境的不利影响，必要时应进行高路堤方案与高架桥方案的比选论证。公路通过森林区时应做好路基断面设计，应尽量避免设置深挖路堑式断面，应力求拓宽双幅公路的中央分隔带，并尽可能保留中央分隔带位置原有林木。公路通过平原、水网区时应合理确定路基高度，沿线村庄稀疏、横向干扰少时，宜采用以低路基方案通过所经区域，确定公路桥位时应考虑保留有价值的岸边植物。公路沿途有影响到驾驶员视线、嗅觉的烟尘、刺激性气体发生源时，路线应布设于发生源的上风向。公路构造物及沿线设施的风格、色彩、造型应考虑景观效果，对乡村地区而言在满足使用功能的条件下，宜简洁、明快，城镇附近、风景游览区附近的公路构造物及沿线设施应与周围环境一致，做到美观大方，并应注意与地域民族特征及生活习俗协调统一。

2.4.4 安全

景观规划与设计的前提是基于公路交通的安全，在全民强调安全的时代，公路景观设计期望能提高公路交通的安全性，绝不能降低安全性，所以要科学合理地进行道路景观设计，力争景观对改善道路的行车环境、降低交通事故发生率有着重要作用。

随着社会经济的发展，人们对道路使用性能的要求越来越高，道路的行车环境、低事故发生率、道路周边景观情况成为人们评价道路优劣的标准，而道路景观主要须注意如下几点：

（1）科学绿化

公路绿化可以改善交通环境（条件），但公路绿化与普通的园林绿化相比，它有着自身的特点。公路是一种带状的环境，公路自身的美首先是来自公路的优美线形。公路绿化也有明显的线形特征，它是对公路线形的一种强调，也是公路上最主要的垂直景观要素，对用路者的视觉具有明显的影响。希望公路绿化能更好地突出公路形象，产生友好的视线诱导及增进交通安全，并使用路者能从绿化上获得公路的距离感。因此，对绿化植物的树种、树身高度以及种植方式的选择，首先要考虑的是与交通功能的一致性，如视线诱导，绿化与线形保持高度的一致或是对线形的强调，平面弯道的绿化，凸曲线顶部的高大种植，平面交叉口位置的预示等。此外，从交通功能要求考虑，有中央分隔带的高等级公路应考虑防眩种植。因此，科学的绿化是要根据视觉特性，使绿化的美学要求与交通功能取得一致。

（2）重视交通划线对加强线形特征的作用

公路上的划线是交通渠化手段，是反映交通管理水平的一个方面，它对组织交通与保证行车安全有很大作用，划线对用路者来讲有不同的心理与视觉印象。从美学上看，白色划线对路线、行车道均是一种强调，加强了线形的特征，除有很好的视线诱导外，也使人得到了强烈的线形美的感受。

（3）要减少路边的视觉公害

沿线不应有过多的广告以及与交通无关的标语牌，这些会分散注意力，甚至影响驾驶员对标志的识别，破坏了公共交通环境，是视觉上的公害，应尽可能避免或减少。

（4）降低驾驶者的视觉疲劳

疲劳和注意力不集中是引发公路事故的主要原因，因此，为驾驶员提供引人入胜的景物， 能使驾驶员保持警觉和兴奋，精神高度集中，避免因超速行驶、疲劳驾驶而导致交通安全事故。为此，设计者需要注意开拓路外景观，尽量利用路前、路旁有趣而多样的景致，有计划地提供一些视轴、视点和诱导视线的景物， 使驾驶员始终保持兴奋状态，以此避免疲劳驾驶引发的事故。

第3章

公路景观规划

公路景观规划主要是围绕“公路沿线要呈现出什么样的景观？”这一中心命题开展的系统性、全局性规划，是从路网的角度，道路线性区域的基本特征和属性出发，主要基于视觉景观形象、环境生态绿化、大众行为心理三个方面的内容，营造公路路中、路上、路外之美，秉承着以人为本，体现尊重自然显露自然、保护资源、节约资源等原则，打造公路建设之必然的破与立之美，创造新生营运之美。

3.1 公路景观规划的必要性

以往公路项目建设，大都存在“重土建轻景观”的思想，在开展设计、施工过程中，优先考虑的是公路的基本功能要求、工程技术指标、交通安全等内容，即道路线形的“平、直、顺”，以达到“短距离、高速度、大流量”的目的（道路实用价值），忽略了其环保效应和视觉景观效果，特别是通车时的环境效果很差。这种现象与新时代对公路的要求不相符，与“美丽中国”“高质量发展”公路的思想也不相衬。其原因大致有以下几点：

（1）对公路景观缺乏系统性、整体性认识，缺乏景观专业方面的管理思维。项目参建方将公路景观简单等同于公路绿化，认为“景观即绿化”“景观即种树、种花、种草”。

（2）公路景观设计与工程设计脱节，景观设计难以调动工程设计要素，缺少景观元素的量化方法和工程化手段，导致公路景观设计与公路整体设计风格达不到协调统一。

（3）景观工程设计往往滞后于路基桥隧、路面、房建等分项工程设计，造成景观与主体工程实况脱节，影响公路整体景观效果。

（4）以往公路景观设计基本局限于绿化设计，且配套费用相对不足。如南粤公司所属各建设项目绿化工程施工图设计均按照上级要求开展限额设计（20万元～30万元/km），景观工程为此进行了适度控制和压缩，致使设计方案的制定往往是以费用主导方案（“看菜吃饭”），而不是基于项目工程实际主导方案。

（5）景观设计人员缺乏整体景观意识和宏观感，缺乏景观地形营造的意识

（大都以绿化配置手法为主），用心设计的作品较少，在施工过程中主动性动态设计服务较少，很少产生工程景观亮点、景观精品。此外，由于苗木种植位置不合理，配置不科学，不仅造成浪费，更容易使驾乘人员产生眼花缭乱之感，易产生视觉疲劳和不良情绪。

（6）在施工管理过程中对景观工程重视程度不够，甚至认为"只要不影响高速公路通车，即使景观绿化工程没完工都无所谓，反正通车一段时间后可以自然长草覆绿"，导致景观绿化工程的管理较为粗放、流于形式，在地形营造、苗木栽植等工作中缺乏统一的管理，景观绿化工程界面交付不及时或草率交付。

（7）主体施工单位遗留的施工痕迹太多，无论是取弃土还是施工场地，能够恢复原貌的不多，项目通车时，以简单覆绿为主，留存不少砂石土裸露区，对周边自然环境及植被破坏较为严重。

基于上述问题，在当前打造高品质现代公路的建设发展背景条件下，为有效展现公路之美，减少公路对景观的切割破碎的影响，增强公路路域环境的美学质量，需要着力构建公路路域景观生态系统，提高公路路域景观生态的服务功能，将景观规划作为公路建设重点，以景观规划为纲，最大限度地弱化公路对自然的破坏，恢复和提高公路建筑景观在环境中的地位，推进公路项目建设管理工作。

3.2 公路景观规划思维的构建

3.2.1 指导思想

公路景观首先是大地景观的一部分，而不仅是工程景观，是由多个生态系统组成的具有一定结构和功能的整体，是自然与文化的复合载体。这就要求规划必须从整体出发，对整个研究区域进行综合分析，使景观的结构、格局和比例与区域自然特征和人文环境相适应，应将道路全要素资源全盘考虑，把道路本身、附属构造物、用地及路域外环境看作一个整体，立足于整体性思维，既要与公路的线形、附属构造物相协调，又要与沿线的自然、人文环境相协调；同时，沿线景观元素、各景观节点的打造必须与道路景观主题、景观分区主题进行有效呼应，避免设计脱节。

公路景观规划的总体指导思想：把握全局，让人感悟公路工程之美、和谐之美、行驶之美。要以美学理论为指导，以环保、自然、文明、和谐为理念。将景观规划思维融入公路创作设计全过程，以规划设计人员对公路周边环境的理解为基础，以对公路专业、景观建筑学、美学、生态学、社会学、人类文化学、历史学、心理学、地域学和风俗学等学科的综合能力为条件，对高速公路所处的自然和社会环境进行再造、融合，勾勒出一幅人、车、路及周边环境融为一体的美丽画卷。

其一，要把景观规划重点放在“结合”上面。以自然为本，“路”与“自然”相结合。强调公路景观与自然景观的融合、文化景观与自然景观的渗透。重视公路线形与沿线自然植被、溪流、地形等的协调和农田、乡村聚落特色的体现，从而实现公路构造物线形美和与周围景观和谐美、人工美以及自然美的有机结合。

其二，要把景观规划细节放在“适应”上面。与周围环境相适应，与沿线风土相适应，与时代感相适应，与人的视觉相适应，本着因地制宜的设计理念，逐步营造出一种绿色的、生态的、文明的、舒适的高速公路景观环境。

▶ 图3-1 合理布局的公路线形景观

其三，要把景观规划布局放在“合理”上面。要符合现代社会审美观，按自然科学规律办事，公路景观本身被看作是大地景观上的一部分或延伸，关注高速公路空间格局的衔接、序列景观的变化、生态安全的稳定、地域表征的呈现和自身功能设施的完备与提升，弱化人工痕迹，追求艺术美与自然美的和谐统一。

其四，要把景观规划尺度放在“合拍”上面。审美标准会变化，设计理念会变化，公路景观规划设计因人因时因地而异，但是我们提倡变化的是内容，不是景观规划的思想与方法，在方法不变的前提下，规划与付出的尺度与理念息息相关，但希望能与时代合拍，与审美标准合拍，与所有行动合拍。

3.2.2 基本原则

公路景观的空间架构应该基于公路所处的整个大地之上进行规划，没有固定的模式，也不存在统一的内容，这就要求我们在高速公路景观规划时，要保证公路所经区域整体大地基底的吻合。在考虑综合景观与功能的前提下，更应该因地制宜地着眼于当地环境进行统筹规划。总的原则是在保障公路交通功能及行车安全的前提下，公路景观应与大地环境相协调，与公路构造结构相协调，重点把握以下几个基本原则：

（1）生态性原则：公路在大地空间布局不仅是工程与功能的选择，更应该有生态与环境的要求、有景观的要求，这种要求共同决定公路线形布局与功能布局。特别在进行景观规划时一定要以生态学为基础，取得路与自然的协调。在设计中，将对自然的扰动、破坏努力控制在最小限度内，尽量避绕森林、湿地、农田等重要生态区域。尽可能最低程度破坏公路沿线植被和最大限度进行绿化，满足交通线路和植物物种的生态习性等要求，对环境进行保护和生态恢复；同时，要体现生物的多样性，采用不同的景观来协调弥补道路建造时对环境的破坏和不利影响，通过配置出千姿百态、变化无穷的植物群落景观，使之既有生态功能，又能形成优美的环境，充分体现景观绿化美化的生态效益和自然美。

（2）自然优先性原则：所有的景观都以“不破坏就是最大的保护”为原则，而美的要求则以自然之美为最，所以公路规划与公路景观规划中，“自然”是强大的因素。特别是在进行生态修复设计的过程中一定要坚持自然有限原则、自然优先性原则，提倡景观设计以保护自然景观资源和维持自然景观过程及功能为前提，保护生物多样性及合理开发利用资源，是实现景观资源可持续利用的基础。可以最大限度地降低外来物种的入侵，保持自然原生态景观。

（3）景观协调性原则：协调是美的基本表现形式，景观规划设计与修复不能够过于刻意，应当尽量实现景观的协调。公路绿化既要与公路的线形、附属构造物相协调，又要与沿线的自然环境相协调。公路景观应结合外围空间环境的景观需要，因地制宜设定景观形式，各种景观亦结合地形的起伏变化及周边环境进行艺术创造，达到与周围环境的协调统一。达到“虽由人作、宛如天开”的基本规划思路。

（4）整体性原则：相互融合的景观是由所有可视范围内的形色实体构成的，所以景观的整体性本身就包含了内景与外景两大部分，合起来才是整体，这个整体是分工协作的，在规划设计时应统一。比如可以是这样一些典型的公路景观：大片自然植被群落、大片水域、一望无际的农田、地方特色人工建筑位于远景视野、特殊天象景观、公路自身人工痕迹淡化、各景观要素色彩上对比不强烈（尤其是人工建筑与自然背景）、景观视野开阔等。

（5）地域性原则：特有的地域文化是景观的载体，在设计中应充分尊重地域性，做到因地制宜。公路穿越的地区较多，不同地区有不同的自然、人文景观，在景观规划上要紧扣项目沿线地形地貌、生态环境以及自然、人文景观资源，准确、清晰地定位项目景观规划主题，因地制宜，使景观的结构、格局和比例与区域自然特征和人文环境相适应，以体现地域文化特色为原则。通过调查研究地域文化，延续地方文脉，保护地域特色，降低文化侵入的破坏性，尽可能保持特殊地区文化特色。

（6）时代性原则：整体景观规划应注重道路本身、环境、社会经济的发展变化。整体景观反映时代特色以及地域民族特色和地方风情；当前，我国正在推进高质量发展、生态文明建设，要紧紧依托森林碳汇、生态景观林带、森林进城围城、乡村绿化美化等生态工程建设，借力于上述政策层面的生态行动，将公路生态景观纳入上述国家、省级层面的战略行动中。

（7）兼顾效益原则。景观规划应充分考虑到既有利于交通安全、公路保护、环境保护、降低工程造价，又能改善路域的小气候和生态环境。

▲ 图3-2 穿越秋色原野的公路

3.2.3 公路景观规划要素分析

在开展公路景观规划前期，要详细开展公路相关的景观要素分析，结合项目沿线基底条件，通过资源整合，努力发现其中可观赏因素和有利条件，因势利导，对于可以运用在景观提升的元素加以提炼，根据设计场地的客观需求去挖掘个性特征，将沿线周边秀美的自然景观资源纳入公路景观视线范围内，尽可能地减少人造景观，让游客充分领略公路沿线的风土人情，使之成为展现项目沿线秀丽山水的动态画廊。

3.2.3.1 线性要素

公路是一种线形带状结构物，通常布置于连绵起伏的山脉之中，随山水地形布线，加之沿线错综茂密、种类多样的植被及地貌，宏观上看，公路线形本身已成为独特的带状景观。在进行景观规划时应注重总的粗线条美，突出公路优美的线形、恢宏的气势，着力营造流畅的、与自然融为一体的美。具体要素特点如下：

（1）公路蜿蜒曲折，峰回路转、依山傍水，路域景观丰富多变，景观空间景深变化大，立体多向的外在形式特征使道路沿线空间层次分明，可利用空间灵活多变。

（2）公路弯道多、纵坡变化大，行车速度的变化会对观景的审美方式产生不同的效果。

（3）公路建设、维护和运营管理过程影响和改变了地面的自然带状空间，这个空间既包括公路设施本身，也包括与公路存在密切关系的自然生态系统的相关区域，这个区域就是公路路域，在景观生态学中，路域也称为公路廊道。

随着车辆行驶速度的提高，线路本身对驾驶员视觉的影响所占比例在增加，而路两侧环境所占比例在下降。设计车速高意味着线形设计对高速公路的景观的好坏起着决定性的作用。高速公路线形设计要满足汽车行驶的力学要求，又要满足驾驶员和乘客视觉和心理的舒适度的要求。为此高速公路线形设计必须要结合地形和周围环境情况，科学选线，合理组合线形要素，做到连贯、均匀、协调、舒畅，使其具有良好的视觉诱导性和优美的外观，使自然环境协调一致，给人一种统一、连续的舒适感，以平衡高速公路因实行封闭而带来的隔绝感。

线性要素是公路规划设计的内容，是保证公路功能性、安全性的基本设计内容，但更是景观规划与设计的前提。在此基础上，结合客观自然存在的条件（特别是地形、地物条件），选用各种线形要素值以进行合理的匹配组合。在平面线性设计中，将直线和曲线加以妥善运用，尽量减少高填深挖对自然景观、植被及水土流失的影响；在纵断面线形设计中，将道路的坡度、边坡坡率、碎落台及边坡平台宽度、挡墙等进行妥善运用，精细化平纵设计，结合路基断面形式和路基填、挖方边坡坡率等优化，除由于施工工序原因而无法利用的隧道出渣外，力争做到全线“零弃方”，从本质上解决环境污染问题，以期达到设计出既经济又安全、舒适而合理的公路。

▲ 图3-3 路线舒展的公路融于自然之中

3.2.3.2 节点要素

道路景观就像流动的音乐，首先应具有整体性、流畅性，其次应具有内涵的丰富性，自然通视效果好，与周围环境景观相兼容相协调，沿途点式景观给旅行者的印象达到轮廓清晰、醒目、错落有致，色彩协调、风格统一，使景区公路的设计与改造真正达到可持续性发展的标准层次，满足其需求的发展。

互通立交（含收费站、地方路平交口）、隧道、桥梁、服务区等是公路内部的景观节点，是公路内部景观的主体，因此对上述沿线构造物景观节点的规划分析必须细致，不仅要考虑工程技术和经济问题，还要注意与当地的风土人情、构造物形式协调，各景观节点之间必须连贯、协调，使这些节点构造物有机地融合于高速公路的整体景观之中。

（1）互通区景观节点规划。互通区景观起到对各景观特色带的衔接、过渡作用，同时作为展示城市、乡村形象的窗口，其景观设计应该有自己的风格特征。对

▶ 图3-4　互通立交节点布局

此应当结合周围的环境，在保持公路整体风格不变的情况下，将其划分为以展示城市风貌和田园风貌为主的景观节点。对于靠近城市的互通立交，应力求使互通立交的景观融入城市整体景观中，体现城市风貌。在互通绿地中设计雕塑、山石等小品，展现地方的文化，使立交富有人文气息。互通区要尽可能地全面绿化，减小人工痕迹。为了将绿化与周围景观很好地融合，互通区的植物配置可以不用色带形式绿化，在立交桥顶部边缘设种植池，栽植藤本植物，进行垂直绿化，最大限度减轻构造物在视觉中所占的分量，将桥体掩映于绿色植物之中。

互通立交景观往往是公路景观中重要节点，其景观规划一定要有全局意识，从工程本身入手，到最后的表面点缀景点，都是景观的一部分，都要体现景观的总体理念。

（2）服务区景观节点规划。高速公路沿线的附属设施，主要是指为驾驶员和乘客提供服务和休息的场所和收费站等。这些附属设施是沿线地区的服务窗口，也是高速公路的重要组成部分，所以沿线附属设施的景观设计也需要综合考虑。近几年，随着高速公路投资和管理体制的改革，高速公路附属设施集服务、休息、娱乐于一体，呈现多样化的发展趋势，因此高速公路附属设施的景观设计要满足行车需要和自然景观及人文景观的多重要求，要具有亲切感，要表现出地域特点等。

（3）隧道景观节点规划。隧道景观打造主要通过洞口景观配置以及洞门、洞内装饰等进行组景，突出隧道的整体景观效果。隧道洞门可运用地域性建筑的结构元素，也可运用地域服饰、色彩等平面元素。在有典型地质地貌的地区，还可将典型地貌形态运用于隧道洞门。需注意的是，隧道洞门设计素材较多，但同一条公路上采用的方案形式不宜过多，若超过3种则会造成认知不全面，记忆淡化。因此，建议隧道洞门采用统一的结构及色彩形式，并根据洞门实际立面情况调整方案，建立整体感。同时，公路景观的安全性高于艺术性。由于用路视觉为动态视觉，故隧道洞门造型及形式不宜过于烦琐、夸张，难以辨识或过于吸引注意力都存在安全隐患。

（4）桥梁景观节点规划。桥梁景观的打造主要依托桥梁造型与周边景观的协调统一，通过桥梁、造型、色彩、灯光等元素，营造与周边环境和谐相融的意境，主要包括使桥梁景观与周围景观“互补”“增强”和“保护”等，展现公路桥梁结

▶ 图3-5 夜幕下的桥梁景观

◀ 图3-6 跨海桥梁景观

构特有的稳定连续、强劲力感和跨越能力，使大桥气韵生动、神形兼备；此外，同步处理桥下空间、桥台、路桥衔接段、桥隧衔接段、跨线桥等现场景观打造。

3.2.3.3 视域空间要素

公路对景观格局的影响主要是对原有的完整景观进行了线性切割，对沿线的景观类型都有一定程度的影响。公路景观规划设计一定程度上是景观空间的再塑过程。景观规划所涉及的不是区域，而是空间，是三位构思，包括公路行驶空间、路外空间、公路休憩空间等。

就公路景观结构而言，其景观空间主要是由点状的景观节点、线性的景观廊道和面形的景观区域组成，面形的景观区域基本上为高速公路两侧的视域空间（林带、农田、村落、水体）及其沿线的人文景观空间。高速公路各层次的景观质量决定了观察者对区域景观品质的基本判定，应该结合公路线形特点，将互通区、服务区、城市进出口等重要的景观节点穿插于线性的高速公路中，同时又将线性的高速公路自身形成的空间与道路沿线背景所形成的面域空间有机结合起来，构筑一个统一完整的公路景观空间，使高速公路景观设计达到点线面有效的统一与连接，从而提升高速公路景观设计的内涵。

对于系统地分析评价区域内景观格局结构的特点，景观生态学家对景观分析提出了许多不同的指标。从景观属性、景观形状、景观配置和景观连通性四个方面讨论高速公路建设对生态结构变化的影响，可作为相关借鉴。对视域空间的规划则主要分为如下几个方面：

（1）乡村景观特色带。在进行高速公路路域景观规划时，对于以乡村聚落景观、散落的民居建筑构成的远处景观，景观设计以村庄为景观主体，山水为背景，民居宜隐不宜显，花木栽植以片林为主，随意安排，注重群体搭配的色彩和形态，给人以朴素中有情趣的印象。在经过学校、医院等特殊场所时，设置隔音板并营造防护林。对隔音板进行立体绿化，种植爬山虎、藤本月季等攀缘植物，弱化人工痕迹。另外，也可以通过微地形和植物群落搭配，达到减噪效果，景观表现比较理想。防护林植物配置时，应有选择地种植地方草花、宿根花卉、灌木和乔木；林型搭配应由路边向外开始宜由低到高，既能起到防护作用，又不影响行车视线，并能使其呈现丰富多彩的林相结构和变化的季相景观。

对于以农田为主的路段，应当定位为田园风光段，景观设计以山水为背景，构筑以农村田园为景观基调的景观空间，力求在不同的地貌创造出不同的田园景观。充分展示田园风光，通过自然的植物群落设计和地形地貌的处理，弱化公路的存在，避免公路与周围土地之间具有明显的分离，将公路融入田园景观；通过“透”“漏”的手法将油菜花、稻田、荷塘、农夫、耕牛等借入路域，让人感受到一种浓厚的乡土气息。

▲ 图3-7 路地和谐的景观

植物种植设计以本地种为主，既能展示地方植被特色，又能降低外来种入侵，保持本土植物的多样性。在路旁随意栽植水杉林、香樟林，片植竹子等，既与农田中的林木相呼应，还可作为廊道将自然中分散的景观斑块连接起来，使得路侧生境和农田生境的生物相互进入，增加景观的连通性，起到保护生物多样性的作用。

（2）河流景观特色带。对于一些存在河流的路段，应当针对路段的具体情况进行具体设计。窄河谷段应体现“漏”“透”。在保证安全性的前提下，对裸露的岩石不加修饰和防护，呈现原始悬崖景观，满足人们猎奇的心理，有利于保持驾驶员、乘客适当的警觉和愉悦的心情；当近处为低矮边坡时，放缓边坡，采用通透式种植，将远处的青山绿水透出来，给驾乘人员一个清晰开阔的视野。宽谷地段，重点对湿地景观进行设计。运用恢复性设计和保护性设计相结合的手法，减少对自然的干预与破坏，恢复或重新建立一个具有自我维持能力的健康的生态系统。公路经过湿地时，应采取必要措施收缩填方路基的边坡，或在路线纵坡许可的条件下，尽量降低路基填方高度，减少路体对湿地的占用。对公路两侧受影响的湿地实施生态补偿措施：一是湿地自身的恢复，对公路影响域内现存湿地进行完全的结构和功能恢复；二是异地湿地替代，在原区域湿地不可避免被破坏后，在最近处重新建设一个与原湿地生态结构和功能类似的湿地。注重对水生生物的保护设计，通过修建各种生态廊道，将被道路分隔的自然保护区或生物栖息地联系起来，增强整个群体的生存能力。

（3）山地景观特色带。山林路段因为一般都存在较多的树木，因此生态保护与恢复尤为重要。对于稳定的岩质边坡，保持垂直的原始开挖面，不加修饰和防护，不刻意绿化，使公路与优美的自然环境融为一体。在确需防护的路段，在挖方边坡上均匀镶嵌碎块石，石料之间覆土后撒播野生草种，使其呈现出自然、原生的状态。对于低矮土质边坡，一般把边坡修成弧形坡面，将不同种类的草种进行混播，与花灌木和小乔木进行自然群落式搭配，取得与路边自然植被的协调。当道路不可避免地穿过原始森林等重要生态区域时，造成景观破碎化，野生动植物生存环境被破坏时，道路两边应设防护栏，主要防止动物进入道路，造成交通伤害。道路上设置野生动物通道，包括隧道、涵洞和野生动物通道等。通道上或两侧种植草皮，间或栽植少量树木，另外在横向结构物的两侧边缘防护栏附近栽植灌木和小乔木，提高植被覆盖率和吸引动物通过，增加景观连接度。

3.2.3.4　美学要素

景观美学是指景观组成要素通过人的感官（视觉、听觉、嗅觉、触觉、味觉等）作用于人内心，而使人感受到愉悦感、舒适感等内在体验的复杂心理过程。公路景观是包括公路自身及其沿线地域内的自然景观（气候、水文、土壤、地质、地貌、生物等）和人文景观（村庄、民居、建筑、田园、雕塑、标志牌等）的综合景观体系。当公路使用者驾车行驶在公路上，我们认为水体、植被、地形、人工建筑、农田、天象等路域组成要素是主要美学影响因子，景观特征如质地、视野开阔度、景观自然性、景观完整性、景观生动性、公路在视域中的显著度和景观多样性等也是很重要的美感影响因子。

路域景观要素主要有水体、植被、山地、农田、人工建筑、天象、公路；景观越自然美学价值越高，分布的地方特色民居也能极大地提高路域美学价值，并且有的研究甚至认为景观自然性并不能有效地预测路域景观的美学质量，景观视野越开阔，景观美学价值越高，而视野受限的景观不被公众所接受。景观要素相互组成越协调，美学价值越高，相反给公路使用者带来明显割裂感的景观则不被喜欢。如山环水绕、白云缠绕山间、地方特色民居融入周围自然景观等。即景观越独特，给人的印象越深刻，产生的美感越强，美学价值越高。如路域大片水域、一望无际麦田、成片的自然植被、富有地方历史文化特色的民居、路域日出晚霞或云雾缭绕等天象景观等。

公路路域景观美学评价指标 表3-1

项目	评价指标	评价内容
水体	水体离公路距离	水体越靠近路线，美学价值越高
	水体大小	水体面积越大，美学价值越高
植被	路域植被盖度	植被盖度越大，美学质量越高
	植被类型	植被种类越多，美学质量越高
	植被色彩	综合立体植被空间群落的营造，不仅生态效果好且美学质量也很高
地形	地表起伏	
人工景观	人工设施距公路距离	景观美学质量随着路域人工建筑的特色性体现而提高，特别是富有地方特色的或古代的建筑，并且距离公路不要太近
	人工设施特色	
人工景观	设施规模	
	人工设施与周围自然环境的融合	
	农田面积	
天象	天象特色	日出、晚霞、云雾缭绕等特殊天象景观的美学价值很高

续上表

项　目	评价指标	评价内容
其他景观属性特征	质地	
	视野开阔性	
	景观自然性	
	景观完整性	
	景观生动性	
	公路在视域中的显著性	
	景观多样性	

3.2.3.5　文化要素

公路景观规划要充分挖掘公路相关的文化元素及表现方式，要从道路使用者的“景观视角”和“理解基础”出发，充分调查、分析、总结和提炼，利用文化元素的表达，去协调社会与自然，经济与产业等体系之间的平衡。公路文化景观规划的目的是筛选出适宜的文化内容，选择有效的表达方式和合适的载体，通过合理的设置，在道路使用者脑海中留下深刻印象，从而增加其对公路景观的文化认同感，提升公路景观的品质。这些都与道路使用者的记忆方式有关。为此，要对道路使用者对公路文化的感知进行相应分析：

（1）道路使用者并不会与设计者一样，对公路文化景观进行回顾、对比、分析和思考，且通常不具备能力辨识文化景观的合理性与全面性。实际上，公路穿越多个地区，道路使用者不能（也不需要）站在全局高度上理解多个地域文化之间的关系。对于道路使用者而言，其实际通行路段的地域文化更容易给其留下印象。另一方面，道路使用者也极少对“公路文化景观设计的合理性与完整性”进行反思与检验。

（2）一方面，道路使用者的审美感受往往是在环境中某个或某些地点片段式获取的，其具备随机性与盲目性；另一方面，设计者与道路使用者因性别、年龄、专业背景的不同而导致的审美差异令道路使用者难以站在设计者的高度来系统、全面、专业地理解文化景观。

（3）道路使用者对地域的感知来自明确的提示，如标志标牌、收费棚、服务区等，其对路域文化的感受主要来自公路文化景观，且其中大多数道路使用者对公路文化不进行过多思考、分析、总结，以直观感受为主。

图3-8 隧道洞门的文化元素

基于上述分析，公路文化景观本质上是希望通过设计将道路使用者关于文化景观的短时记忆转化为长时记忆，基于“短时记忆—长时记忆转化策略”，可将文化景观分为“独立文化景观”与“系列文化景观”两类。

独立文化景观指独立存在，与其他景观无关联或弱关联的文化景观。该类文化景观的记忆转化策略为“高强度记忆”。其强调景观的异质性，旨在通过高强的“隔离效应”产生巨大的感官冲击力，形成深刻的感知印象，从而使短时记忆即刻转化为长时记忆。这就要求独立文化景观的形式、内容在公路环境中具有较强的异质性，以形成强烈的视觉冲击力和体认感知。独立文化景观设置位置主要取决于道路使用者注意力与文化景观感知度。公路景观中，道路使用者欣赏行为的发生存在极大的偶然性，注意力也较为分散且程度各异，但其在行进中的注意力分配部分是可预期的，故在必要的停留区域或放松区域设置独立文化景观，如收费站、服务区等，能在最大程度上吸引道路使用者的注意力。因此，独立文化景观应设置于高速公路出入口、主要上下口收费站及服务区、省市级收费站及服务区。

推荐如下独立文化景观内容及载体形式：

收费站及服务区建筑：地域文化中，建筑是视觉冲击力最强的内容之一，以民居、历史建筑、宗教建筑为主要依托元素。基于道路使用者注意力分配及首因、近因效应，位于高速公路出入口的收费站及位于服务区的建筑是地域建筑文化极佳的载体，其特异性足以给道路使用者留下深刻印象，从而形成高速公路文化标签。

大地景观及观景台：除了主动营造的独立文化景观外，还有天然独立文化景观。该类景观一般为极具地域特色或地貌特点的农耕景观、地貌景观、植被景观，统称大地景观。大地景观具有鲜活的表现力，极具地域精神。该类景观的设计应因地制宜，尽量减少人工干预，通过适当的设计手段将景观引入公路视野。若条件允许，则可设置观景台，给道路使用者提供驻足观赏的场地。

雕塑：浓缩了路域文化精神的雕塑，因其表现形式灵活、大胆，往往给道路使用者留下深刻印象。同时，将主题与建筑景观、大地景观相呼应的雕塑，设置于服务区或观景台，可进一步强化道路使用者的文化感知印象，从而形成长时记忆。

地域标识景观：地域文化很大程度上与行政区划相关。两种地域文化存在过渡区域，如两省交界、区县交界、乡镇交界等区域会同时呈现2个或多个区域的地域文化特征，但并不存在明确的文化界面。实际上，在相对封闭的单向行驶公路环境里，道路使用者并不能自主感受路域行政区划的变化，通常这种辨识行为通过收费站、服务区、标志标牌的提示来完成。

系列文化景观注重文化景观设置的内在联系，通常成系列出现。该类文化景观的记忆转化策略为“复述”“组块化”“组织”。文化景观通过“体系化”“组块化”“重复出现”等手段，逐渐在道路使用者脑海中形成记忆痕迹，从而转化为长时记忆。系列文化景观的记忆转化策略为“复述”“组块化”和“组织”。该类文化景观注重系统内各景观点的内在联系，各景观点采用有效的组织方式按一定频率出现，并根据记忆容量来控制方案数量。

EI系统（Experience Identity System，体验视觉识别系统）：EI系统是形成公路文化体系最有效的方式之一，兼顾了企业及公路文化载体元素的宣传功能，通过视觉识别系统、建筑景观的打造，在景观规划中适当兼顾企业及公路文化元素的宣传，形成一定的项目视觉辨识性。其基础要素有公路LOGO、隧道洞铭牌标准字体、标志标牌标准字体、标牌标准图案、标志标准组合、结构物标准色彩（及色彩组合）等。EI系统不只是公路文化景观的组成部分，更是公路的基础功能组成部分。在高速公路服务区，EI系统具有重要的引导、指示作用。设计优良的EI系统，不仅能形成公路文化氛围，给人们带来强烈的视觉冲击，而且还能引导人们有效抵达场地的各个分区，避免交通混乱，给道路使用者带来极大便利。

▲ 图3-9 带文化的公路景观

3.3 景观规划实施要点把握

3.3.1 总体规划与大地美学

公路建设本身对我们赖以生存的大地造成了不同程度的伤害和影响，形象言之，就是给大地来了“狠狠的一刀”，为了经济的建设发展，牺牲了自然环境，在一定的范围内原生景观，给大自然造成了破坏。

在建造公路时，我们要深刻地认识到破坏了自然，给环境、生物造成了影响，为了达成各方的和谐共生，因而应恢复自然、回归环境，公路应是环境自然的一部分，与环境自然应和谐共生，我们创造了公路，也应着力创造公路与原有的自然环境和谐共处，回归到大地中，与大地同呼吸共命运，形成一个生命的共同体。

在公路景观规划中，我们首先要认识到公路是大地景观的一部分，公路景观要回归大地景观，为此，必须合理把握公路总体规划与大地美学的关系，将山川河流纳入公路景观规划的范畴，打造大地美景。公路要回归大地，要与大地浑然一体，回归大地的主题是应当结合当地自然环境的特点，力求保护原有植物，水域和自然景观，加强公路两侧的梳山理水，利用山形水系复原原有的自然景观，因山循水相结合，创造浑然天成步移景异的公路景观效果。

有专家曾说，“修建公路就是在大地上雕塑一件艺术作品”。一语道出了公路与大地的关系，公路景观就是一种带状的人文和自然相结合的大地风景，属于大地景观的范畴。具体点讲，它主要是指由道路、附属设施、周边自然环境及人的活动等因素所构成的一个总的空间概念，它表示道路与其周边环境共同构成的一条带状大地环境，它反映了路域环境特征，是人文与自然环境相结合的建筑艺术。因而公路景观要求将工程与环境美学高度统一在一起，形成一个整体的景观概念，这与纯艺术或纯园林绿化是有区别的。公路必须结合原始的大地景观进行景观规划，营造良好的视觉形象，遵循形式美的普遍原则并充分考虑动态中人的美感，使乘客有“人在车中坐，车在画中行”的良好感觉，带来一种审美愉悦，使其成为匍匐在大地上的一条绿色长龙。在公路建设过程中，应贯彻提升景观规划先行的认识高度，充分运用景观美学知识，综合道路交通工程学、景观建筑学、景观生态学、植物学、艺术学、视觉美学、心理学、行为学、环境工程学等相关学科，将公路充分融入大地景观中，使其成为大地环境的一部分，同时创造出富有人情味和美学味道的交通环境。具体可以通过合理选线和利用路线特点，使公路路线最佳地适应于景观。

▲ 图3-10 穿山越岭的高速公路宛如匍匐在大地上的绿色长龙

3.3.2 地形规划

景观规划应重点把握“景观地形先行”的理念。地形是指地球表面三度空间的变化（简言之：地表的外观），分为大地形、小地形和微地形。其中：大地形是指山谷、高山、丘陵、草原、平原等；小地形是指土丘、台地、斜坡、平地或者因台阶和坡道引起水平面的变化的地形；微地形一般有两种解释：一是指地表上的微弱起伏或波纹（高差一般在1m以内），二是指小范围的地形营造。

地形的功能：一是影响任何规模的景观的韵律和美学特征。例如：平坦地区具有一种强烈的视觉连续性和统一感；丘陵和山地能产生一种分隔感和孤立感。二是影响人们对户外空间的范围和气氛的感受。例如：平坦的外环境在视觉上缺乏空间限制，能给人以美的感受和轻松感；陡峭、崎岖的地形能够限制和封闭空间，造成幸福和恣纵的感受。

自然地形是大自然所赋予的最适形态，它们是长期与大自然磨合的结果，所以，公路建设过程中，应尽可能维持原有山水格局和大地肌体的连续性、完整性。地形景观规划，是指以造景为目的，通过空间构思，对地形的整理、改造和合理利用。具体通过合理安排各种要素的坡度和高程，使山、水、植物、建筑物等配置组合满足人类的视觉感官需求。高速公路景观建设应尊重当地特殊地脉情况，对现有高差进行合理改造利用，在地势层层升高处将景观通过微地形改造进行梯田式布局，减少土石填挖方工程，从而保护生态环境。对沿线设计地形进行分类统计，分析得出需要进行景观处理的路段及景观处理类型，设计时尽量保持原有地形地貌和地表植被，结合不同地区的历史文化，将公路整体融于沿线大环境（包括自然环境和沿线人居环境），与周边环境或沿线建筑相协调，维持动态生态平衡的同时也能保持优美的视觉景观效果。

地形规划阶段，要挖掘高速公路建设在所处区域景观格局动态变化中的规律，分析项目所在区域的土地类型（耕地、农田、园地、林地、牧草地、建设用地以及自然保护区、水资源保护区、生态环境敏感区等）。此外，着重了解全线土建工程土方调配情况，加强沿线景观场区地形分析，本着“因势利导”“因地制宜、因形造势”“利用为主，改造为辅，因高堆山，就低蓄水”等原则，结合场区所处的地质条件和工程现状，开展景观地形设计（竖向设计图），力求通过合理的利用和改造地形，特别是小地形、微地形的利用和处理，进一步丰富增强景观的空间立体感和层次感，再加以绿化结合，共同突出艺术景观特色。

（1）坡地景观：采用柔性化设计手法，形成自然波动起伏的地势效果，开挖的坡面端面、坡顶进行圆弧化处理，避免出现生硬、平直的轮廓造型线条（“一刀切”）。

（2）微地形景观：结合周边建设环境和项目取弃土需求，打造“龟背状”地表，场区高程设计应满足排水要求。

（3）原貌景观：尊重地形地势的原貌，个别特殊的景观节点可以不加装饰地利用，丰富景观的层次。

（4）水体湿地景观：加强对项目沿线水体湿地的保护和利用，尽可能营造自然生态的水体湿地景观。细节上，一是要加强对场区水源、排水、水深等现场调查，落实水景打造的条件；二是要把握岸线、水面、水生植物、硬质景观（景亭、廊桥、园路）的空间关系、水体景观的空间关系，营造水面、岸线的空间层次感；三是水景周围不宜种植较多高大乔木类植物，避免影响景观视线。

▲ 图3-11 互通立交中的湿地景观节点

（5）取弃土场景观：加强“取弃土场是公路工程的组成部分，也是自然环境的一部分”的客观认识，对该场区进行地形专项设计。基于取弃土场的功能，要求场区必须具备整体稳定性、排水便利性、生态景观性，使该工程场区回归自然、与周边环境再次融合。

3.3.3 植物配置规划

高速公路植物景观是地域景观的重要表征，沿途绿化是给无机的道路添上有机的自然色彩，是环境景观的主要因素。高速公路沿途绿化的景观设计，首先要考虑的是景观美化功能，坚持充分绿化，不留空地，以保持路域优美、清洁的环境；同时通过有效的绿化设计，加强驾驶员的视线诱导，减轻高速行驶造成的紧张。高速公路沿途绿化的景观设计，不仅仅是作为分隔带、行车道的遮蔽带进行设计，而且要满足沿途及高速公路整体的景观需要。好的绿化设计不仅能减轻公路对环境的影响，而且能保持动植物界的生态平衡，使整个高速公路空间充满活力。

植物配景方案贯穿于路域景观规划及设计的全过程，与气候、土壤、地形、动物界及水状况等自然环境要素密切相关，故组成植被的植物应以乡土植物为主。乡土植物指适宜当地气候环境的植物，其生理、遗传、形态特征与当地的自然条件相适应，且能代表当地的植物风貌。设计中，大量运用乡土植物，不仅能兼顾苗源，保证成活率，而且还更能展现地域特点，营造地域归属感。主要基于发挥景观功能性、满足生态适应性、兼顾季相变化等原则进行植物造景，同时，应充分考虑场区空间关系，加强与周边环境的有机联系，在生态植绿的基础上，强化绿化景观化、绿化全覆盖等设计要求。具体通过植物种类选择及布局规划配景，创造出既利于植物生长，也符合人们感官需要的环境，让人感到舒适、雅致、美观；此外，通过植物栽植达到改善环境和实现生态效益的物质功能。

（1）植物品种选择

①遵从适地适树为主，加强带地方名片的乡土树种以及市树、市花等品种的应用。

②加强带有公司企业文化元素相关联的代表性树种的应用。

③加强与地方文化元素相关联的树种应用。

④围绕场区功能要求配景。如运动区、停车场选用遮阴效果好、落花较少的品种。

⑤谨慎使用与区域气候不相适应的苗木品种：如：沿海台风多发区选用抗风耐风性能较好的品种，同时强化落实栽后抗风措施（如设置支撑架等），确保苗木成活率；北方山区应选用抗寒性较强的品种。

⑥植物具有丰富的色彩与季相，其包含红色、绿色、黄色、橙色、墨绿色等，可以表达热烈、肃穆、奔放、活力等情感。通过合理的搭配设计，可表达地域文化中的建筑色彩、服饰色彩与历史色彩。将植物色彩运用于文化性表达，通常采用大

块面或长直线种植，以形成直观、醒目的效果。需要说明的是，整体而言，植物种植设计应以生态为主，应更多地考虑与环境的融合度。在中分带、立交等区域，可采用植物来表达文化意图。

（2）植物布局规划

①加强自然组团式或生态群落式设计，按照可观赏性和协调性的要求，结合植物的形体、线条、色彩以及次生代谢、生长周期、成年冠幅、种植密度等具体实际，优化植物配置手法（包括各群落间的植物种类、数量、搭配比例等）。

②加强不同树形、色彩品种的乔木搭配，营造高低错落、色彩各异的景观层次。

图3-12 栽植于路侧的常用植物品种——勒杜鹃

③植物配置应增强色彩和树型设计，注重常绿、开花、落叶植物的合理搭配，力争各景观场区四季有花、处处有景。

④撒播草花组合注意控制花籽的配置比例。

（3）植物与其他造景元素的搭配

①建筑区（植物与建筑的关系）：为确保建筑内部的采光与通风，建议乔木栽植位置与建筑物墙体间距>10m。

②枢纽互通围合区（植物与互通空间的关系）：尽量选择树形高大的乔木。

③上边坡碎落台：考虑到该区域的土质条件，建议增加粗生耐旱树种（如华南地区用三角梅、粉花夹竹桃、双荚槐等）。

④水景区（植物与水体、岸线、亭台廊桥等元素的搭配）：水岸线区域配置水生植物（如华南地区用水翁、落羽杉、石杉、垂柳、水石榕、串钱柳、海芒果、木麻黄、黄槿等）；水面区域配置荷花（荷花池设置围挡，避免物种随意生长）。通过水生植物的线条色彩，营造自然生态、轻松舒适的水体景观。

3.3.4 关注路域环境质量

高速公路本身与其沿线的视觉空间在规划设计引导上应形成良好的空间层次，使车辆在公路上行驶和移动的时候，公路外部环境中的地形、地表植物、不同种群等形成一种有序的动态景观，营造出公路的“动”态行驶感。在景观规划布局中，要着力减少公路对景观的切割破碎的影响，增强公路路域环境的美学质量，构建公路路域景观生态系统，提高公路路域景观生态的服务功能，尤其注重形成的公路景观具有交融自然、简洁明快、气势壮观、舒适优美的特点，努力营造质地细腻的公路景观，形成一个统一的、整体的、有节奏的、有韵律的景观序列体系。

另一方面，要注重把握细节要素，局部景观布局时，通常在山脚、山腰、山顶等视觉焦点区，布置具有兴奋点作用的观景台或其他相应景观建筑或小品，一方面作为行车者的休息停靠点，另一方面起到文化传播作用。在观景台的位置选择、定向、布局、路径组织、景观小品的设计摆放等方面，都要与周边环境的协调，打造独一无二的景观视觉体验。

对于特定的场地环境，考虑打破传统空间界限，对不同空间的布局也应在设计考虑范围之内，例如对于由沿线山石溪瀑等自然要素所构成的视野开阔的空间，可以通过种植高大乔木林进行开放式布局，扩大视觉空间，将自然景观引入行车者视线，缓解驾驶疲劳，通过人造公路景观空间的过渡，在人与自然之间取得平衡。

3.4 景观规划与项目勘察设计的关系

公路景观总体规划工作要求在项目前期勘察设计阶段之前介入，充分发挥“景观引领设计”的作用，在把握公路整体建设风格和景观规划要求后，通过景观设计师的灵感和创造、公路设计师的严谨计算，以专业的景观美学视角和公路设计，有条不紊地推进项目勘察设计工作，要求公路周边自然景观与公路工程结构物达到完美和谐统一，建立起新的、完整的公路景观系统。

公路景观规划是勘察设计的前置条件。公路以平滑的、自然的外观存在于大地之上，并给人以美感和连续的节奏，这就要求平纵线形以优美和渐变的方式过渡，遵循地形起伏特点，采用分离式或整体式断面，不大填大挖，合理运用纵、横坡度，使公路自然融入地形背景中，形成一道和谐的人工景观，而不是依附于自然地形上的一道视觉垃圾。为此，公路勘察设计本身就是在景观规划的基础上来进行的，公路勘察设计本身就是景观设计的一部分，只有认识到这一点，公路景观才能在具体设计中生根开花。

景观与功能相伴而生。加强景观总体规划与工程勘察设计两项工作相互融合，项目需在总体景观思想指导下，在保证交通功能的基础上，注重与周边环境的协调，体现生态环境的和谐与自然，营建舒适、优美、生态、富含地域特色和文化气息的道路景观，力求达到能突出沿线特色植被、地形地貌等自然风景资源以及途径县市的特色风貌和人文景观。

景观在每个阶段的率先引领。景观规划理念要深入勘察设计之中，在每个阶段设计前提前统筹考虑景观要求，用以指导公路勘察设计的具体工程设计。随着设计阶段的深入，景观规划也相应步入设计阶段，每个阶段的要求不一样，深度不一样，自然工作量也不一样。

景观规划靠工程设计来实现。公路前期规划设计阶段，要充分提炼项目建设特点，确定项目自身的景观规划目标。在勘察设计过程中，要注重与景观规划目标相协调，形成路网空间系统综合规划思维。注重环保选线、地质选线、征拆选线、土石方平衡等，不刻意追求路线高指标，顺应地形，做到宜桥则桥，宜隧则隧，最大限度地保护沿线景观环境。在路基设计中，要重点把握景观在边坡防护、排水等方面的设计关系。边坡整体坡型应做到圆润平顺，无棱角状凸出或凹陷，与自然环境融为一体，从景观生态的角度，推荐路侧排水设计尽可能采用生态排水方案；在桥梁设计中，要重点把握桥梁自身与环境的协调要素，及时处理桥梁与环境的关系。在此基础上，开展桥梁主体造型设计、桥梁构件造型设计以及附属设施造型设计。在隧道设计中，要根据地质、地形情况合理选择洞门形式，洞口洞门尽量采用削竹式，力争做到洞门“零开挖”；在平面交叉设计中，应满足当地路网与本项目道路的衔接，满足通达、集散的功能，为当地居民创造良好的出行条件和经济发展的条件。

此外，在勘察设计过程中，要结合景观规划的要求，充分调研考虑沿线造景条件，充分合理利用沿线造景元素。具体如下：

一是种植土壤规划利用：对项目红线范围内表土进行集中清表堆放，就近用作后续绿化种植土。这样既提高了绿化植物的成活率及更好地呼应了周边生态环境机制，同时也降低了工程造价。在施工前期，建议施工单位应对红线内的现状土壤及种植土进行检测。

二是原生植被规划利用：项目在前期对沿线植被进行调研，尽可能地保护路域环境内能保留的大树和珍贵植物，对道路两侧及互通区域长势良好的树木采取移栽、保留等措施，最大限度的保护生态，以利于节能减排。以尽可能地降低公路建设对自然的破坏，实现绿色循环的可持续发展的理念。

三是原有生态区域规划利用：对部分互通立交围合区，在满足工程施工条件的前提下，尽量维持原有区域的现状，营造原始生态的区域。

四是石景材料的有效利用：对线路上具有景观价值的石景石材，通过保存，应用到沿线的互通、隧道前端、服务区停车区等场地，丰富场地的景观效果及对自然资料重复利用。

图3-13　带文化符号的石景

3.5 景观规划在公路营运管理期的延伸

公路建成后，所展现的景观并非就此固化，营运期间的公路各要素综合状态呈现，对于路网所处区域的景观格局仍然具有很大程度的影响。随着路网系统运行的变化，因车流量变化带来的空气污染、噪声污染不断加剧；此外，沿线景观植被的日趋生长，相应带来区域生态系统的变化，势必对周边环境形成一定的影响和冲击。为此，景观规划应该对公路营运管理阶段的上述影响因子进行充分预判，相关具体内容有必要向公路营运管理期延伸，特别是在维持或更进一步提升良好的公路景观展现方面，要加强相关管理手段，从而实现有效指导公路营运管理。

在公路营运养护阶段，要加强精细化、精准化养护管理。公路管养单位要致力于维持良好的道路景观视觉，要把公路景观各要素放到“公路—自然—经济—社会”复合系统中，不断优化公路景观系统运行状况，把性质不同的生态环境系统与公路系统有机结合起来。

一方面，要加强对造景植物的日常养护管理，保证公路自身景观不走形，与周边环境维持相互呼应的效果；另一方面，要通过有效手段，加强公路环境监测管理，对公路途经的河流路段制定必要的风险应急措施，预防恶性环境污染事故发生，维持公路路域内的生态景观效果；此外，对于服务区等公众停留驻足场区，要高度重视场区卫生服务管理，真正实现公路景观内优外美的效果，满足驾乘人员整体的感受。

第4章

公路景观设计

公路景观设计是在公路景观规划完成后的具体设计内容，是景观规划工作的延伸，如果说景观规划是宏观的，那么景观设计则是具体的和细致的。公路景观设计应该与公路勘察设计的阶段相对应，先进行各阶段的景观设计，用景观设计指导工程设计，用工程设计完善与实现景观设计内容。

4.1 公路景观设计概述

4.1.1 基本设计原则

（1）保证功能为前提

修建高速公路的根本目的是要保证车辆安全、快速地行驶，对高速公路进行景观设计时要始终将其功能性放在首位，以保证畅通无阻为前提，为驾乘人员提供更安全、舒适的环境。而高速公路的景观对驾驶心理和交通安全有着重要影响。由环境心理学理论可知，行驶中审美体验的基础就是安全性，因此，高速公路景观环境的安全感是获取景观美感的前提基础。在设计高速公路景观时，要充分考虑各组成要素的空间位置、视觉空间大小、道路的线形变化、安全设施的色彩及尺度、视觉导向、视觉连续性等交通心理因素，为使用者提供清晰宽广的视野和舒适顺畅的视线，确保行车安全。

（2）因地制宜为基础

为了让道路景观空间最大限度地融于自然，因地制宜地进行设计就是第一要旨。设计应充分结合现状地形，利用环境优势，因地制宜，宜坡则坡、宜凹则凹、宜树则树、宜草则草，在尽可能减少土方工程量的前提下，达到良好的视觉效果和环境效果。同时，高速公路景观设计既需要注重内部各组成要素之间的协调，也需注重与外部地形、周围环境之间的协调。这符合中国园林“虽由人作，宛自天开”的基本设计思想，也符合生态景观的思想。

（3）可持续发展为目的

可持续发展是科学发展观的基本要求，是经济、社会、资源和环境保护的综合协调发展。景观的可持续性可认为是人与自然关系的协调性在时间上的延续。在这样的大背景下，高速公路景观设计也要遵循可持续发展原则。可持续发展原则主要表现在两个方面：一方面公路景观是由多个生态系统组成的具有一定结构和功能的整体，在设计时，需要有大局观，进行多层次分析，立足本区域的自然特点和经济发展现状，注重对沿途区域生态资源、自然景观及人文景观的保护、利用和传承，从时空尺度上科学规划，使公路建设实现可持续发展、资源环境实现可持续利用。另一方面，自然存在着不断更新演替的过程，高速公路景观需要坚持长期完善的原则，赋予公路景观以新的内容和新的意义，谋求生态、经济、社会三大效益的协调统一与同步发展。

（4）经济实用为出发点

高速公路景观设计应将有限的资源放在对原有景观环境的保护、整治、利用和创造上，从经济、实用的原则出发，满足交通运输的需求，并创造优美的行车环境。同时，还必须兼顾经济效益和社会效益，在工程建设全过程都需要认真对待、全面调查以及仔细分析，保证建成后能最大限度地发挥其价值。

（5）美学理论为指导

高速公路景观的形成不能脱离社会审美观的要求而独立存在。由于高速公路自身的性质和功能所在，高速公路景观需要在满足其实用功能的前提下，应以美学理论为指导，以景观园林及建筑艺术手法统筹规划，进行相应的规划与设计（图4–1）。

（6）风格鲜明、地域文化为特点

随着我国经济的飞速发展，高速公路延伸到了越来越多的区域，使之成为联系城市与城市之间最主要、最便捷的通道。在这样的发展态势下，高速公路也逐渐扮演起了城市名片的角色，这就需要在公路景观设计时更加注重人文思想，避免高速公路景观千篇一律、缺乏个性，也就是要充分考虑地域性原则。不同的地区因为其不同的地理位置、地形地貌、气候气象及不同的发展历史而形成了其特有的文化传统和风俗习惯，进行高速公路景观设计时应充分挖掘各地的地域性特色，做到统筹规划、因地制宜、特色突出、景观协调，才能创造出具有鲜明风格的道路景观。

综上所述，高速公路景观设计的原则，可以概括为“顺应自然、长期完善、安全顺畅、经济实用、着重特色、兼顾效益”。

▲ 图4-1 高速公路景观

4.1.2 景观设计要素

高速公路景观的设计要素由自然要素、人文要素以及公路工程要素三部分组成。

4.1.2.1 自然要素

自然环境作为原生性景观，是高速公路景观的肌理和背景，对公路线形布设、景观效果起到决定性影响。自然景观资源是由许多地理环境要素和因素综合形成的产物，其中最重要的要素有地形、水体、气候、天象时令和植物等。

（1）地形景观

地形是自然景观形态的基本骨架，是高速公路景观规划设计的基础，其他设计要素都在某种程度上依赖地形并相互联系。地形地貌决定着高速公路的路线走向和特征个性，影响公路景观的美学特征、功能布局、空间构成和空间感受，丰富着公路景观内容。具体说来，沿途区域地形的作用有：

①景观骨架作用：地形是高速景观设计要素的载体基面。

②构成空间作用：通过地形控制视线构成不同空间类型和空间序列。

③背景作用：地形地貌作为景物的背景，起到衬托主景的作用，同时能增加景深、丰富景观的层次（图4-2、图4-3）。

◀ 图4-2 平原微丘地形

◀ 图4-3 山岭重丘地形

④造景作用：地形具有独特的美学特征，可以利用自身的形态实现造景的作用。

⑤工程作用：适当的地形有利于线形几何设计、排水以及绿化工程。

（2）水体景观

水体是公路景观中富有生气和变化的元素，与地形、生物、季节、气候和人文等景观交融，会形成许多奇妙景观。含有水体的公路景观会“因水而成佳景”，彰显生气，增添其独特的景观魅力。水体的功能作用分为：

①统一作用。水面作为景观基底时，可以统一分散的景点，使景观结构更加紧凑。

②系带作用。水体可以连接不同的景观空间，形成优美的景观序列。

③环境作用。水体可以改善环境，如降噪、降温、吸灰尘等。

④实用功能。水体可以养殖水生动物和种植水生植物，必要时还可用以浇灌植物，丰富公路景观内容。

（3）地被景观

地被景观是高速公路景观中富有变化的元素，包括植物、假山石等景观，可以通过不同的组合，营造丰富有趣的空间关系，带给人们自然意识和生机。除具有传统功能外，还具有以下景观功能：

①构建空间功能：地被元素通过控制视线，可以缩小或扩大空间，形成不同的空间序列。同时，借助在空间的组合变化，形成不同的空间形式（如开敞空间、半开敞空间、覆盖空间、垂直空间以及封闭空间等），增强或削弱地形的影响。

②观赏功能：通过地被元素的大小、外形、色彩、质地等方面，创造意境，强化公路景观观赏性。

③生态功能：绿化植物在维持生态平衡，调节局部空间温度、湿度，保护环境以及美化路容路貌等方面具有不可低估的重要意义。

（4）天象、时令

天象是由于天文、气象所形成的自然现象，常见的有晨夕、暮阵、云霞、云雾、季相等，天象在所有景观要素中有着最高的视觉体验美感。公路景观同时可以根据不同季相时令，利用植物搭配创造四季宜人的高速公路景观。

4.1.2.2 人文要素

人文是某一区域的人们在长期历史发展过程中，经过不断积淀、发展和升华而形成的结晶，体现在经济、风俗、宗教、艺术、历史、文化等社会生活的各个层面，具有明显的地域特色。人文景观尽管是高速公路的次生景观，但其延续和增添了区域的意境与特色，承载了其历史的记忆，体现了对历史的尊重，在高速公路整个景观体系中起到了画龙点睛的作用。高速公路景观中主要通过文化的符号化、物质化等方式，以美学为指导进行加强深化、渲染升华，表达某种人文含义，如历史文化感、开拓进取、民风民俗等。高速公路的人文景观主要包括以下几个方面：

（1）现代社会文化背景

文化具有时代感，现代社会文化，其内涵极其广泛，包括知识、信仰、宗教、艺术、民俗、生活习惯、道德、法律等。不同文化背景的群体之间在景观审美偏好方面存在显著的差异。

道路景观作为一个客观实体，体现了一定的社会文化，具有该社会的文化属性。文化具有民族性、区域性及时代性。因此，在设计一定社会文化下的道路景观构造时，需深入分析该区域的社会文化特点，使道路景观与该区域的社会文化很好地融合在一起。

（2）人们的审美需求

不同的景观在精神层面上都能给人一定的感受或启发，借助景观的造型、材料、肌理、空间和色彩等来表达某种精神内涵，渲染一定的氛围，如民俗风情的表现、历史文化感、隐逸思想的传达等。因此，在设计某个区域的公路景观时，应先了解人们的审美需求，然后有针对性地加以设计。分析沿线周围区域所存在的传统审美习惯、审美特征等，发掘沿线区域的自然之美和其使用者的审美体验。可以调查得到使用人群对理性景观的期望、建成后对景观养护的要求、景观对道路发展的影响及适应等。

（3）社会历史文化

人类社会历史悠长，源远流长，虽然不同的历史时期有着不同的人和事，也有着不同的文化背景，但社会历史文化却是连续的、相融的。公路景观设计也可以社会历史文化相响应，表现历史、尊重历史，绝不能偏离历史，背道而驰。

▲ 图4－4 带红色文化元素的隧道洞门

4.1.2.3 工程要素

公路工程要素是指征地范围内的公路组成部分。通过归纳总结，本节将公路景观分为以下三大系统：

（1）公路主线景观系统：包括公路主线（路线、路面、中央分隔带等）、构筑物（跨线桥、立交、桥梁、隧道等）、绿化植物、边坡等。

（2）公路辅助设施景观系统：信息设施（标志标线、方位导游图、标牌等）、服务设施（收费站、服务区等）、安全设施（防眩板、护栏、路灯等）。

（3）艺术景观系统：雕塑、花坛、艺术小品、边坡壁画等。

以上要素相互作用、相互渗透，使高速公路景观呈现出不同的表现形态，这包括物理形态、生物形态和文化形态。景观的物理形态由高速公路中那些无生命的景观要素或系统构成；景观的生物形态由有生命的有机体及其系统构成；景观的文化形态则由思想观念、历史传统、社会习俗、聚居方式、地方文化等构成。高速公路景观设计进化演变过程中，功能的、文化的、生物的、物理的形态在时间、空间中所呈现的诸多组合构成了高速公路景观设计的基本依据。高速公路景观设计的终极目的就是要使功能的、文化的、生物的和物理的要素实现均衡与和谐。这需要对各

◀ 图4－5 顺势而为的公路线形

类视觉事物和视觉事件进行合理的选择和有机的组织，满足高速公路的使用功能，并在美学上对其进行创造性的处理。

4.1.3 设计程序

高速公路景观设计目的是建设同时具备功能、美学、社会价值的公路景观。当代景观的审美处于一个多变的时期，因而景观设计也表现出多变和多元化的特征，同时面临着巨大的挑战。在追求更好的景观设计中，人们往往把精力更多地投放在景观设计的手法、造型的创造等方面，常常会忽略景观设计的过程和步骤。殊不知一个景观作品，正确合理的设计过程和步骤才是其成功的前提，只有在此基础上，精湛的景观设计手法、创新的景观设计理念等才能得到最好的发挥。

在对公路景观建筑学和美学等理论进行深入分析提炼的基础上，结合中国传统的审美习惯和需求，归纳提出高速公路景观设计的一般过程和步骤。具体如下：

4.1.3.1 调研阶段

公路景观设计是一项较为复杂的工作，因此需要进行充分的前期调研，主要包括以下两大方面的内容：

（1）明确该条公路的建设目的、性质

①明确公路建设的目的，是连接城市间的公路，还是连接旅游点的公路，或是连接机场等设施的公路，其景观方面的要求各不相同。

②根据不同的公路，制定不同的相适应的公路景观基本结构、要素构成、用地布局及规模、断面形式等。

（2）实地调查、掌握公路所处地域情况，充分收集资料

①熟悉自然条件：掌握高速公路所跨区域的地貌情况及景观特点、走向、海拔高度、水文气象、土壤条件等，并对高速公路沿线区域的植物资源进行调查，从而分析出植被的种类、特点及存活情况等，选择适应当地气候环境的植物品种，更好地完成高速公路的景观设计工作。

②了解该条高速公路所经地区的历史文脉：根据高速公路所跨区域的社会历史、文化特点、文物古迹或人文风俗等，作为设计题材加以景观化处理，赋予高速公路地域性人文气息，突出高速公路景观设计的区域性特征，从而更好地将人文景观和自然景观进行充分结合。

③了解沿线景点分布形式：应该结合公路沿线原有景点的分布情况，合理布设、统筹安排新的公路景观，使之科学合理地分布于带状的公路沿线上。

在对高速公路景观进行充分前期调查的基础上，制定出高速公路景观设计的初步方案，为了进一步验证高速公路景观设计初步方案的可实施性，必要时可以对高速公路的特定区域进行初步试验，主要包括以下几个方面的内容：

①选择高速公路景观设计的代表区域，这些代表区域能够描述某一段高速公路周围的水环境、气候环境和土壤环境，在这一特定区域进行高速公路景观设计的小范围试验，能够获得具有代表性的实验结果，对于高速公路景观设计的最终实践具有实际的指导作用。

②对高速公路景观设计的初步试验建立反馈机制，根据初步试验的结果以及对结果的调查和分析，从而能够不断地修正和完善高速公路的景观设计方案。

只有充分进行好高速公路景观设计的前期调查，全面、系统地收集所需要的资料和信息，并加以分析和解读，才能设计出最适合这个场地、最大化满足使用人群的方案。同时，为下一步进行设计分析做准备，更好地指导高速公路的景观设计工作。

4.1.3.2 设计阶段

高速公路景观设计旨在从美学观点出发，在满足交通功能的同时，充分考虑道路空间的美观性、路用者的舒适性以及与周围景观的协调性，树立景观引领的全局思想，功能设计过程中随时体现景观的存在效果，让使用者感觉安全、顺畅与舒心，实现高速公路与自然环境的可持续发展。高速公路景观方案设计阶段主要包括以下两大部分内容。

（1）公路景观总体基调确定

公路景观总基调确定这部分工作属于景观规划阶段的内容，但因为规划与设计是分不开的，在设计时重谈此项工作很有必要，同时所有的设计是基于规划总基调的前提的。

①公路景观的风格主题

公路景观的风格主题主要取决于两个基本要素：自然生态和人文背景。例如，在宏观把握方面，是古典的还是现代的、自然的还是人工的、细致精巧的还是气势宏大的；在自然风光方面，是田园风光的还是林地风情的、广袤平原的还是蜿蜒山地的；在人文特色方面，是汉文化的还是少数民族特色的、吴越文化的还是秦汉文化的、道教风华的还是禅宗意味的。

高速公路较长的里程决定了其沿线的地方特色必定各不相同，可以分段来确定风格主题。若路段沿线区域民族文化特色突出，则可依据此来拟定该路段的风格特色；若区域民族文化特色并不明显，则可将地域文化纳入考虑的范畴，以此来进行风格的确定；若区域的地域文化特征也不突出，则可用人造景观来创造地方特色，即发挥高速公路景观设计在体现地方文化特色方面的主动性。同时，可将中国传统文化、美学思想等融入高速公路的景观设计过程之中，来加深意境层面的创造。

②总体方案构思

总体方案构思是一个景观设计最重要的部分，在对景观设计地域进行综合考察和各方面分析，且明确景观整体风格主题之后，就要对景观进行细致的规划构思。总体方案的构思需要另辟蹊径、有创意，其对后面景观作品的成功有关键的作用。

a．创造性

道路景观设计的过程本身就是一种创作活动，需要融入丰富的想象力和灵活开放的思维。在对设计方案进行总体构思时，需要发挥创新意识和创造能力，灵活地解决具体矛盾与问题，这样才能构思出内涵丰富、形式新颖的景观作品。

b．综合性

道路景观设计涉及土木建筑工程、生物、社会、文化、环境、行为、心理等多个方面，在进行总体构思时必须把握多方面的知识，综合考虑。单纯的公路工程师或者景观设计师都无法完成这样综合的大局把握，需要共同协作来确定道路景观设计方案的总体基调，接下来再分工协作，完成各自擅长领域的工作。

c．双重性

景观设计的思维活动有着不同于其他学科之处，具有思维方式双重性的特点。景观设计过程可以概括为分析研究—构思设计—分析研究—再构思设计……如此循环发展的过程。在每一个分析阶段，设计主要运用的是逻辑思维，而在构思阶段，主要运用形象思维。

d．过程性

在进行景观总体方案的构思时，需要科学、全面地分析调研，深入大胆地思考想象，不厌其烦地进行群众意见采集，在广泛论证的基础上优化选择方案。构思的过程是一个不断推敲、修改、发展、完善的过程。

（2）公路景观各部具体设计

①应用景观建筑学的高速公路沿线景观设计

在对公路景观设计和景观建筑学等理论深入分析提炼的基础上，将传统景观设计学的相关知识运用在高速公路景观空间要素的构成和景观空间的组织上。其中高速公路的空间要素包括“形”（点、线、面、体）和“色”；景观空间的组织方法包括浑然天成的自然设计、去芜存菁的造景设计、动静皆宜的虚实设计以及多样统一的对比设计。

②应用美学的高速公路附属构筑物设计

从景观设计学的相关理论入手，研究融合美学的方法如何在高速公路附属构造物，如桥梁、互通立交、收费站（服务区）、隧道洞口上进行应用，归纳出学科理论交叉中的一些创新手法，并将其运用在传统的公路附属构造物设计中，增加景观效果，制造亮点。

高速公路景观设计应与道路主体规划设计同步进行，美国在几十年的实践发展中积累了很多成功的经验，也形成了系统的景观设计流程，包括总体规划、廊道规划、项目设计等。我国可以此为借鉴，结合自身的实践经验，总结出具有本国特色的高速公路景观设计程序。就目前的理论研究而言，大致可以总结出以下两个方面：

一方面为总体规划阶段，该阶段需完成高速公路景观的总体规划布局，对高速公路景观进行整体控制。总体规划需以景观引导为全局设计观，强调景观先行，理解场地特点，明确高速公路的层次等级，结合功能需要明确总体景观定位，实现功能景观化、景观功能化。并提出高速公路景观的总体设计思路，充分运用因地制宜原则、可持续发展原则以及地域性原则，对沿线景观进行整体规划和功能分区，并完成各景观节点的布局。还应在景观生态学等相关理论的指导下，从全局上把握景观生态安全格局，分析人工景观的介入可能会对自然环境造成的破坏，并制定合理的生态恢复建议，力求将干扰降到最低。该阶段应该与道路规划设计同步进行，对高速公路空间的布局、景观风貌、生态环境以及桥梁、隧道、互通、服务区等公路结构进行整体景观控制，来指导接下来的景观方案设计。

另一方面为景观方案设计阶段，在景观总体规划指导下来完成景观方案设计，根据已确定的公路性质、路线和结构，对公路构造物及附属设施进行具体的方案设计，包括重要节点的硬质景观布置、种植设计和植物造景设计。在此阶段，需要结合高速公路所处环境状态和地域特征，充分发挥以人为本的设计理念，运用功能性原则、地域性原则提出实际可行的高速公路景观设计方案。

设计的流程可归纳为如下：景观总体规划 ⟶ 具体设计阶段（包括景观方案设计）⟶ 方案深化设计 ⟶ 初步设计 ⟶ 施工图设计 ⟶ 施工现场动态设计（设计后服务）。

4.1.4 实施与运营

实施阶段是对设计阶段的进一步深化、完善和具体落实，需要与土建设计密切配合，对具体的工点和结构进行详细的设计，遵守国家标准规范，在公路构筑物方面，应当对具体的工程构筑逐一提出形式、尺度、材质、色彩、施工控制等方面的具体实施要求，来指导土建、结构设计以及景观段节点的施工；在绿化方面，应就边坡的绿化、立交绿化、隧道前区绿化、路侧绿化、中央分隔带绿化等逐一提出绿化方式、植物选择和要求等。

高速公路施工后，各段点所处的场地条件更加明确，工程施工也使得一些场地条件发生了变化，则需要对设计阶段所作的景观设计方案进行进一步的完善和调整，所以在公路施工阶段开展实际点对点的景观动态设计工作，以保证设计阶段的成果能够真正落地。

高速公路施工完成后的，需要对前期的设计内容进行微调和改进，如协调、整改相关既有建筑物的外观等。同时，高速公路景观工程是一个需要长期管理维护的工程，绝非仅仅是设计施工便能够全尽的工程。在景观建设完成后，仍需要相关部门长期不懈的维护及管理，更需要全社会的共同关注和爱护。当然，在前期设计中也必须在设计的各方面综合考虑后期管理维护的便利性，包括管护成本、管护可行性等方面。

这一阶段是将设计图转化为实物的过程。施工图要尽可能详细，材料、装配、装饰、色彩和质地等细部尺度都要一一考虑。施工图的实施也具有一定的灵活性，有时可根据实地情况进行适当的修改。在高速公路建成投入运营以后，景观的维护工作是养护工作中相当重要的一部分，比如要定期对植物进行养护、更换，对雕塑景观等要进行清理等。

4.2 公路路域大地景观营造

4.2.1 前提与思考

截至2018年年底，全国公路网规模达到484.65万km，其中高速公路通车里程达到14.26万km，居世界第一位。二级及二级以上公路总里程达到64.78万km。广东省高速公路建设正处在快速发展阶段，全省高速公路通车总里程已超过9000 km，保持在全国首位。

随着公路路网的不断建设完善，驾乘人员对交通出行的质量需求（如安全、通畅）和对沿途环境舒适度都在明显地提升，并且时下国际国家对环境保护意识增强及国家践行可持续发展理念深入人心，这些也都对高速公路路域系统的景观生态设计提出了更高的要求。

为践行“十三五”提出的“五大”发展理念，打造绿色公路、品质工程，注重生态可持续发展观，体现生态文明建设、回归大地的重要思想，高速公路路域景观规划与设计无疑成了实实在在作为创建“品质工程”的一项重要抓手，而且当中的路域景观生态系统的营造尤其是公路工程中的一项重要任务。如何对高速公路路域大地景观生态系统营造展开梳理与研究，为当前正在高速发展的高速公路建设中的景观规划与设计工作提供参考与借鉴，让自然回归、大地重塑、生态延续；道路、自然、景观浑然一体就成了景观设计师需认真探索思考的重要方面（图4-6），也是景观设计里重中之重的理论内涵。

▼ 图4-6 社会主义康庄之路

4.2.2 当前需要正确面对和亟待解决的问题

在时下的高速公路项目建设大潮中，大都存在“重土建轻景观”的思想，在开展设计、施工过程中，往往注重其基本的公路功能以及重要的工程技术指标、交通安全等内容，忽略了其视觉景观效果，特别是通车时的环境效果、生态效益。我们知道，公路的建设会带来资源伤害、水土流失、环境污染、生态破坏等的问题，再不注意到环境的恢复、生态的保护、自然的永续和谐、大地的回归等问题，所做出来的公路顶多就只是仅具备通行功能的道路而已，还有很多需要解决而不去面对的问题，以及离当前国家的要求相距甚远，这些工程项目都不能算是“高质量”的合格的工程，还需要后续进一步的完善和提升。

公路建设项目的业主、参建各方普遍对公路景观的规划与设计存在的认知和默认做法大致可归纳为如下几点：

（1）对公路景观缺乏系统性、整体性和专业性的认识。项目参建的各方（如项目管理公司，道桥、房建、市政设计施工公司等）将公路景观简单等同于公路绿化，认为“景观即绿化”“景观即种树、种花、种草”。

（2）公路景观设计一般都被视为后置收尾工作，作为公路建设管理部门大都缺乏系统性、全局性认识，缺乏对景观专业设计工作前置并需整体性考虑的管理思维，将公路中的一切本体功能景观化和景观的功能化缺乏深度的考究。由于经验的不足，缺乏对景观专业知识的了解，导致公路景观设计与公路本身的设计是相互脱节和孤立的，难以达到在风格上、在建设的各个程序和每一个环节上协调一致；景观绿化工程与桥隧、路面、房建等分项工程共同作用、相互联系所产生的效果不明显。

（3）由于参建各方对公路建设行业的一般性认知和理解，造价管理部门在景观工程专业的投资上也是考虑不周的，一般都只在20万元～30万元/km（这个造价在同行业普遍都认为是较低的），这就往往限制了景观设计想法的发挥，低投入与理想中的高效果往往就成了一对矛盾体，难以针对工程项目的实际需求来做出切实有效的景观生态效果。

（4）由于景观工程基本的造价投入较低，难以吸引到较高水平的景观设计师来进行景观规划设计，这样一来，景观设计就缺乏整体性的统筹意识和欠缺总体的规划设计理念去指导，缺失对景观大地生态系统的营造意识，大都以简单复绿的手段为主。

（5）高速公路景观工程落地实施，由于涉及地段长，与自然环境相互联系较密切，难以只通过几张图纸对施工现场实际进行真实有效的反映，这就更需要用心设计的设计师主动到施工现场一线去指导，要结合地形、现场环境，以人的美学智慧控制现场景观实施效果。通过合理的地形营造、科学的苗木配置和适宜的位置种植，共同形成良好的视觉感受和舒适的行车驾乘体验。

（6）建设参与的各方疏于对景观生态绿化的认识，存在互不相干现象，施工的每一个环节搭接不明显。前置施工单位交付景观绿化施工界面不及时和不完整，造成景观绿化实施的后期时间不够、产生的景观效果较差，道路通车后让自然去复绿的现象和想法严重。

（7）前端的主体施工单位所遗留的施工缺陷较多，无论是取弃土还是施工场地，不注重场地的恢复整理，留存砂石土裸露地较多，对周边自然环境及植被破坏较为严重等。

4.2.3 重塑生态，回归大地

基于以上的问题和现状，作为景观设计师、环境建设的重要参与者，我们在景观设计的同时，有责任思考和重构因建造公路而造成自然生态破坏的问题。

当前国家强调建设生态文明，关系人民福祉，关乎民族未来。党的十八大、十九大把生态文明建设纳入中国特色社会主义事业五位一体总体布局，明确提出大力推进生态文明建设，努力建设美丽中国，实现中华民族永续发展。

首先，我们应该明确高速公路是来源于大地（或者说是大自然）。习近平总书记深刻指出：“绿色发展，就其要义来讲，是要解决好人与自然和谐共生问题。人类发展活动必须尊重自然、顺应自然、保护自然，否则就会遭到大自然的报复，这个规律谁也无法抗拒。”高速公路的建设本身就已对我们赖以生存的大地造成了不同程度的伤害和影响，所以我们在建造高速公路时要深刻地认识到破坏了自然，给环境、生物造成了影响，为了达成各方的和谐共生，因而应恢复生态环境，回归自然，高速公路应是环境自然的一部分，与环境自然应和谐共生，我们创造了高速公路，也应着力创造高速公路与原有的自然环境和谐共处，回归到大地中，与大地同呼吸共命运，形成一个生命的共同体。

不破不立，高速公路在自然中出生，还是要回归于自然，无论是工程师还是景观师，我们的设计与施工最后都给工程找到一个自然的、生态的归宿。那么作为景观设计师，我们责无旁贷，要如何创造呢？要想重塑生态，回归大地，我们应着眼于如下的几个原则：

（1）确立高速公路景观规划全局理念

把一条高速公路各部分整体全部串联起来，形成统一景观规划先行的认识高度。明确其所综合了道路交通工程学、景观建筑学、景观生态学、植物学、艺术学、视觉美学、心理学、行为学、环境工程学等的相关学科；是集公路总体设计、环境设计、美学设计于一体的综合设计，属高速公路景观环境的再造工程；是公路景观视觉形象、环境生态绿化、大众行为心理学几方面的综合体现，是一个整体性非常强的系统工程。这就要求不仅要做路网规划设计，还应做高速公路景观规划设计的内容和研究。做公路的景观规划设计，让自然回归，让人文回归，让自然美学回归。

（2）结合中国传统的哲学思想寄情于自然山水艺术

将“路”与“自然”“路”与“景观”相结合起来，强调公路景观与自然山水景观的融合，文化景观在自然景观中渗透（图4-7）。公路两侧边坡、台地、土

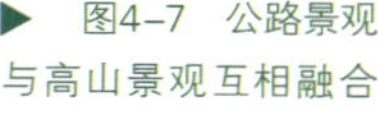
▶ 图4-7　公路景观与高山景观互相融合

丘、平地等应与周边原有的高山、谷地、河湖、溪涧、丘陵、草原、平原等相互融合，依山就势，连接和统一形成在一起，在大地中，山还是原来的山，水还是原有的水，“山水以形媚道”，道路与自然山水浑然天成。自然中的新建道路，体现的也就是天人合一、物与自然、中国传统绘画中的水墨丹青的哲学思想。

（3）路侧景观，借景设景因地制宜

公路要回归大地，要与大地浑然一体，路侧的景观设置中，还是要与大地的景观考虑在一起，结合公路原有周边的山形地貌设法借景（图4-8），把好的山峦、自然风景、村庄、景观风光吸到公路的行车视线景观面来；对不良的人为景观，适当设置公路景观进行遮挡。自然再改造美的方法和手段是多种多样的，既然公路是自然不可或缺的组成部分，那么公路与自然是相互依存和相互作用在一起的。让行车之人所过之处流连忘返，舒适乐途。

▲ 图4-8 阳光辉映下的公路

（4）形成“理念先行、定位准确、熟知现状、还原自然、场地艺术、特色营造、资金有限、亮点突出”八项规定

要回归大地、重塑自然，结合各种在建设进程中所涉及的问题和情况，要充分认识和分析问题，准确定位项目，从而进行规划设计创作，在进行公路景观规划设计的过程中，要做到设计理念先行。理念是设计的主题主旨，是体现做一条什么样的路的深刻内涵。也关乎项目规划设计定位是否准确的问题。要做到定位准确，就要深入调研和了解现有的自然资源环境，把公路沿线的山川、河流、村庄、农田、丘地、隧道、地域人文、风土人情、自然产物等等搞清楚。同时，结合项目本身的

理念定位特点，在还原和恢复自然生态的时候不忘把项目做出特色，把它应有的特点营造出来（图4–9）。在面对景观限额设计（或项目建设景观设计资金投入不足）的局限条件下，就需要有非常好的设计手法和对现场有很好的了解才能去实现自然大地之美，如何更加轻而易举地突出重点，应学会抓重点，以少为多，点点到位，处处扣题的思想恢复公路大地之壮景。

回归大地的主题是应当结合当地自然环境的特点，力求保护原有植物、水域和自然景观，加强公路两侧的梳山理水，利用山形水系复原原有的自然景观，因山循水相结合，创造浑然天成、步移景异的公路景观效果（图4–10）。

▶ 图4–9　路网规划与区域人文发展相融合

▶ 图4–10　依山而建的公路

4.2.4 具体做法

有了明确的上位指引和具体的做法思路后，我们知道高速公路的景观序列主要由景观廊道和景观节点组成，包括点、线、面、立体的景观构成，基本都属于比较开敞的带状空间，同时又融汇了公路周边景观。就路的总体，我们要强调回归大地、生态重塑。对人的视距和空间感而言，我们要强调小范围小营造，小空间小创意，力求做到因地制宜、以小见大、景随意会，着力创造自然和谐之美的视觉感受。

首先，我们知道要想营造好大地的景观生态系统，同时使之具有良好的视觉美感，结合自然创造出良好的大地地形尤为重要。地形景观设计，是指以造景为目的，通过空间构思，对地形的整理、改造和合理利用。具体就是通过合理安排各种要素的坡度和高度，使山、水、植物、湿地、建筑物等配置组合，满足人类的视觉感官需求和让自然生态更加和谐。

◀ 图4-11 稻色掩映下的公路

为此，在高速公路路域范围内大致可分为如下的生态系统设计内容：边坡地形生态系统、路侧地形生态系统、河湖湿地地形生态系统、互通地形生态系统、隧道洞口前区地形生态系统、堆弃土场地形生态系统、服务区内绿化种植地形生态系统、管理中心内园林地形生态系统等。

为营造出切实有效的大地景观生态系统，在从事具体的景观设计中一开始就应明确确立“景观微地形生态系先行”的设计理念。梳山理水、回归大地，要求设计师在项目前期现场调研工作中，要总体掌握全线工程的土方调配情况，充分了解和确定全线的景观规划设计意图，从而加强沿线景观场区地形的分析，并本着因势利导、因地制宜、因形造势、利用为主、改造为辅、因高堆山、因低蓄水等原则。

结合场区所处的地理环境、地质条件以及工程现状，开展全线景观的地形处理设计，也就是进行整体的竖向设计（微地形设计）。从大的方向而言，既要考虑总体的土方平衡，又要结合现场的实际重塑自然地形景观。力求通过合理的利用和地形改造，特别是微地形、小地形的处理和利用，进一步丰富增强景观的空间立体感和层次感，再加以绿化植物生态系统结合，共同形成场地的地形艺术和景观生态特色。

（1）互通立交微地形生态系统设计

互通立交内的场地微地形生态系统设计，在满足护坡安全和排水功能要求的前提下，应充分利用原有的地形地貌，自然为主，因地制宜，高低起伏，错落有致，打破和柔化匝道的几何构图，从整体上营造与自然走向近似的不同起伏面，同时减少土石方工程，从而也降低造价（图4-12、图4-13），以最少的投入产生最好的效果。

▲ 图4-12 地形景观打造

▶ 图4-13 经打造后的地形景观

（2）路侧边坡微地形生态系统设计

因道路挖方的需要，造成路侧存在较高的几何切面和形成了较明显的边坡，我们模仿和遵循大自然造坡的原则，在具体做法上就要柔化所开挖的坡面和坡角、在坡顶要进行圆弧化的处理，逐步形成自然波动起伏的地势效果，让人们从不同的侧面观赏都具有浑然天成的效果。避免出现生硬、一刀切的机械造地现象。这也就体现了人与自然、自然物、机械等的和谐统一（图4–14）。

▲ 图4–14 互通匝道景观设计效果

（3）隧道洞口外区域生态系统设计

依山就势，延顺山形和坡向，自然回归。必要时增加景石、景观绿化等进行艺术造景，这就整体形成了高低起伏、错错落落、续大地之势的视觉感受（图14–15）。

（4）服务区内以及管理中心区内生态系统设计

切忌一马平川，宜起伏有致，具开合有度、步移景异的“场地”之感。高则起坡；低则造池，创造泉池湿地自然水体景观（图4–16）。

▶ 图4-15 隧道洞门设计效果

▼ 图4-16 高速公路管理中心景观

（5）取弃土场生态系统设计

形成“取弃土场是公路工程的组成部分，也是自然环境的一部分”的客观认识，必须对该场区进行地形生态系统专项整理设计。结合取弃土场整体稳定性、排水便利性、生态景观性的功能要求，让该场区回归自然，与周边环境相协调一致。

当然，上述每一个部位的生态系统不是孤立的存在，也不仅限于这些，还有河湖湿地生态系统、高原盆地生态系统等。它们是相对独立又相互依存的构成高速公路大地景观的一个整体，与大自然、周边原有的生态环境融为一体。

随着社会的不断进步，人类文明的不断创造与发展，自然生态不断地被打破沉静，不断地被人类的行为干预与打扰，但只要通过合理的恢复手段和规范的处理，所被造成的一定程度的损伤是可以补救和复原的。在今天，为满足人民日益增长的物质文化生活需要而进行的高速公路建设，它的产生给本来比较完整无缺、极度沉静的大地制造了一道道创伤，这些创伤如若不很好地及时医治，它会发展得越来越恶化；如果能正确面对，站在回归大地、基于生态系重塑的基础上，通过合理有效的场地处理手法，模仿自然、营造大地景观的手段，这种创伤是可以逐步愈合和康复的。有了上述大地景观生态系统营造的思路和手法融入，所开通的新高速公路工程项目应该才是完整的、优良样板的。

4.3 公路重点区域景观设计

从构成的角度来看，公路景观（特别是高速公路景观）重点区域主要包括以下几种形式：首先是主线主体景观，其次是互通立交景观，最后是服务区、管理处景观等。就形态的角度而言，高速公路重点区域景观主要有三种形式：第一种形式是点状景观，第二种形式是线形景观，第三种形式是面状景观。在这里，主体景观主要是线形景观，由以下几个内容组成：中央隔离带、道路两侧防护带和边坡景观等。服务区、管理处景观通常是一种点状景观，同时属于建筑综合景观，其占地面积相对较小。其中，互通立交景观是一种典型的面状景观，占地面积甚至超过了几万平方米。从本质上来看，对于那些在公路范围以外的部分自然风景，明显影响着高速公路景观，这不仅体现在高速公路景观内容上，也体现在高速公路绿地景观形式上，其最终是由审美决定的。

接下来，将从高速公路构成的角度出发，首先对收费站景观作出详细的设计分析。

4.3.1　收费站景观

4.3.1.1　收费站景观概述

从高速公路创建至今，收费站就一直和收费公路共生。但随着全国收费方式的改变，收费站的存在意义将会发生极大的变化，其存在的方式方法也会随之改变，但无论怎样，收费站作为收费公路而必然存在是毋庸置疑的。

收费站作为高速公路出、入口的存在，会给驾乘人员留下比较重要的印象，其景观的优劣对高速公路的景观有着举足轻重的意义，所以收费站景观设计就势在必行。

▼　图4-17　本杰明富兰克林大桥收费广场（图片来源：网易）

◀ 图4-18 收费站景观（仁博高速公路仁新段城口主线收费站）

4.3.1.2 收费站基本构成

高速公路收费站通常包括以下几个部分：收费站区、收费广场、收费通道、收费岛以及收费亭和收费天棚等。

这些组成部分的功能各有不同，对于收费站站区来说，其组成部分有办公楼、宿舍楼、休闲绿地以及附属用房等，收费站区的功能在于帮助收费站工作人员创建更好的工作、生活与休息场所，让收费站工作人员在良好的环境中住宿与饮食。

收费天棚置于收费岛之上，其能够很好地体现出地域造型。在一些历史文化名城中，标志性构筑物往往也包含一些收费天棚，这也是高速公路的特殊设计之一。

在驶入高速公路收费站之前，车辆必须要通过收费广场这一个缓冲区域，车辆驾驶人员在收费广场中拥有较为广阔的视野。

在收费站中有收费车道与收费岛。收费岛的位置非常重要，从形状上来看，其和船的样子非常相似。在车辆缓慢行驶的过程中，车辆的驶入区域就像是岛头，车辆的驶出区域就像是岛尾。所以，在收费岛的设计过程中，必须预留足够的距离长度，并使得收费岛呈现一种线性的形状。究其根本原因，主要在于以下三点：首先，收费岛创建之后，一定会提供更好的安装设置区域；其次，收费岛的创建能够帮助车辆有序行驶，防止出现插队加塞现象，促使车辆通行效率得到一定程度的保障；最后，保障岛上设施与人员安全。

收费亭是收费工作人员的办公室，无论是组合的，还是一体化的，它都应该有相应的空间与设施以保证正常工作，而景观设计自然少不了它的存在。

4.3.1.3 收费站各组成部分的景观设计方法和内容

在公路收费站设计中，不仅应该基于当地的实际条件，还应该充分结合景观设计与生态的理念进行设计，并应加入强调企业文化的各种元素。

公路收费站中各个部分都非常重要，它们之间相互作用，保持着一种较好的联系，所以在整体景观设计的过程中，务必考虑到公路收费站中的所有组成部分，形成整体景观布局，重点突出某个部分的特色，使得公路收费站的所有组成部分相得益彰。

（1）收费天棚

收费天棚是建在收费卡门处的建筑设施，严格地称为构筑物。它的主要功能是保护收费亭及防止阳光影响收费员工作和防雨作用，并起到醒目的视觉效果。

为保证良好的遮阳避雨效果，收费天棚的跨度与长度应与收费广场保持协调，它的建筑高度除要考虑通行净空需要外，还要考虑建筑效果，天棚棚底净高一般应不小于5.5m。对于较大的收费广场，应适当增大天棚的宽度和高度，以避免产生压抑感。

从美观方面来看，收费天棚的本质在于通过全新的组织方式使人产生前所未有的感受，同时建筑自身通过材料和细节的把握又与环境相融。

具体设计要点：

①天棚的设计要满足功能的需要，结构形式力求简单，材料尽可能采用轻型材料，以经济适用美观为设计原则。

②天棚的净高要留有余地，应在车辆进入收费站前提前设置侧高装置，如果发现车辆超高，即提示车辆从大件车道通过。

③收费亭前设置防撞挡杆或防撞柱，防止车辆碰撞收费亭，保护收费亭及工作人员的安全。

④天棚的设计应尽量突出地方特色。

⑤天棚是能最佳展示艺术特色的结构物，它本身的建筑设计就应该涉及地方、

文化、标识性等统一设计，特别是站名设计无论形式、大小、字体、安放位置等都具有美的要求，同时它又是收费站整体景观中的重要一员，所以它的景观要特殊设计。无论用什么结构、什么造型，它应该都是周围景观中的一个标志。

▲ 图4-19 收费站全景（云湛高速公路阳化段高州南收费站）

（2）收费岛

收费岛的主要作用是在收费卡门处将车辆分隔，安放收费设施。收费岛的长度应根据收费设施特别是收费岛上安装的设备确定，其长度一般为20～30m。其具体景观设计要点：

收费岛的设计一般有以下两种形式：

①整齐型。这种收费岛在入口方向和出口方向看，收费岛上的形式整齐美观，具有统一的美感。这种布置方式适用于全部新建的收费岛，其特点是既可以使出入口的管线直线布置，当收费广场需要设置人行道时，通道也应直接顺畅，保证长度最短，工程量小，从景观角度看设计标准统一，布置广场容易形成整体，景观设计集中。这种收费岛景观设计时应注意重复性标识的节奏与韵律美感，有时千篇一律

▲ 图4-20 收费岛头景观装饰

并不美。

②自然型。这种收费岛设计时与自然相结合，采用每个岛尽可能利用自然或原有地形，大多采用宽收费岛设计，此时，由于收费岛占地较大，每个都不同，恰好符合中式园林设计手法，在保证安全与功能的前提下，尽最大可能园林化收费岛。

（3）收费亭

收费亭安装在收费岛上，既是车道收费工作人员的工作间，又是收费系统车道控制设备的安装平台。既要满足收费岛特殊空间环境的要求，还必须考虑收费设备的安装运行和维修的需要以及收费人员的生理要求。

具体景观设计要点：

①人性化设计。收费亭除了内部空间应能保证各种设备安装运行以及收费员工作的要求外，在景观上要多注重人性的景观设计，让工作人员与驾乘人员感到温馨舒适。这种方法有很多，比如收费亭的样式、色彩，包括收费亭的装饰等，都是景观设计的内容。

②安全性与景观设计。收费亭无论用什么材料，就其本身来讲都无法保证其碰撞安全，所以大多收费岛都有为保证收费亭的安全设施，这些设施有时在岛上独立安放，有时与收费亭一并设置。对于这些粗大防撞设施来讲，其本身就是景观，也是综合景观的构成，所以如何设计这些设计，对景观影响很大，设计时应合理统筹。

（4）收费站站房

收费站房屋建筑主要包括管理办公楼（含监控机房）、集体宿舍、食堂、厨房、门卫等构筑物，附属建筑物包括变配电房、发电机房、水泵房、车库、运动场、升旗台等。

公路单体建筑是每个站、区的最活跃的要素，而管理办公楼又是收费站区内的主要建筑物，为了与环境相互协调，管理办公楼不论是从外立面效果还是室内功能布置，都应满足使用要求和环境要求，它的体量与空间的穿插变化及环境表现均要丰富，要体现高速公路交通建筑的特色。

在外观造型设计上要注重现代与传统的有机结合，创造性吸收地域文化特色，突出建筑的标志性注重服务性公共建筑特征，突出建筑的识别性注重建筑轮廓轻重有致、虚实有序，追求建筑生动愉悦的节奏感。

当车辆行驶在全封闭的高速公路上的时候，面对平直的路面，周围连续不断，变化不大的景色容易使人产生单调的感觉，因而昏昏欲睡。在这种情况下，有一定间隔的收费站建筑的出现，对长途旅行的人来说，无论从视觉上还是从情绪上都起到了一定的调节作用。因此，在设计收费站的建筑形式时，除了要满足功能要求外，还要对改善道路单调性，增强道路可识别性、可记忆性起到一定的作用，要力求新颖、活泼、别具一格。在造型处理上应简洁、大方、明快，与高速公路路体、线形及周围环境相协调，在色彩上要力求鲜艳、明快、醒目，以吸引驾乘人员的注意力，引起他们的兴奋感，从而起到调节神经、缓解疲劳的作用。设计者应该力求将其作为高速公路之景点来考虑，要遵循美学的规律，做好造型设计，使高速公路的使用者不仅得到优质服务，而且得到美的享受。

如何通过精心的设计达到设计作品自身内部以及作品与环境的和谐，是设计师应该考虑的重要问题。在管理办公楼的外观设计中，要避免使用千篇一律的“火柴盒”建筑模式，而要充分吸收、借鉴、继承当地传统建筑的优良元素，同时又考虑到建筑物所处环境特点和功能要求，使每一件作品都与众不同而又富有乡土文化的气息，达到高速公路建筑与传统民族文化的和谐统一。

（5）收费站办公生活区景观

收费站办公生活区是高速公路收费人员办公的场所，是维持高速公路使用者正常交费的中心。在办公区四周一定要有优美的环境及具有诗情画意般的园林小品，以缓解工作人员的压力。绿化设计要求严肃、活泼、整齐划一，配置富有情趣的园林小品，尽可能创造一个优雅、整洁的办公环境。

收费站办公生活区也是公司员工休息的地方，因此，应根据不同的需要进行环境设计。如车辆驶入收费区后，车速减缓，驾乘人员的视觉敏感度下降， 对这一特点设计时应予以重点考虑。办公生活区是工作人员工作、休息的地方，在设计时应考虑美化和防噪声的问题。

伴随高速公路建设发展起来的诸如收费站、服务区、停车场、管理中心等交通建筑群，随着人们文化生活的提高，必将与大自然融为一体，成为节能、无垃圾、无污染、无废气、无电磁污染的绿色交通建筑。它同时又是智能建筑和生态建筑。造就成一种与自然相近的人工生态环境， 实现温馨舒适并使资源可持续利用的健康建筑群体。

由于收费站属于管理性质用房，并不对外，只供收费站内工作人员工作及生活，所以面积较小，环境设计只包括功能区内各单体建筑物、绿化包括建筑物周围的园林艺术和庭院绿化、小品等以及各功能区入口的景观绿化等内容。

公路收费站管理区域的建筑各有不同的功能，因此，每个区域的环境组织设计主要体现在以下几个方面：

①通过建筑实体的布置，形成合理的户外空间，以适应区域内人们的活动需要。

②通过户外空间有序组织，使环境空间保持有序而完整，使各空间的过渡自然而延续，从而使人们与其使用的空间环境融为一体。

③通过各区域空间的建立，使建筑与环境更加和谐，既保证了营运生产的正常进行，又使生活交往、休憩活动得以合理安排。

绿化景观设计：

（1）入口绿化

收费站的景观绿化属于点式景观绿化，其设计应在美学思想指导下，借鉴中国绘画和雕塑理论，以追求自然神韵为首要的设计准则。这是符合以树木、花草、石为主要用材的点式景观绿化艺术的本质特征的，要求创作实践中始终贯彻源于自然又高于自然的神韵。而收费站的绿化设计，应着重考虑收费办公人员文化娱乐活动场所。配置一定的树林、竹林，在林内设置小型游乐设备，夏日浓郁凉爽，冬日阳光普照。令收费人员置身其中，劳累顿消。也可再设置小型雕塑，使其具有自然的野趣，又富于内涵。利用堆山、叠石的植物景观，不仅是观赏美丽的花、珍奇的树，而是更期待表现出自然景观之美，令人置身其中，有神游外物的情趣。

（2）庭院绿化

收费站庭院占地面积小，主要建筑为收费站的办公楼包括监控室和员工临时休息房及配电房。景观绿化一般以绿色为主色调，而在植物花色的运用上以粉色、黄色、蓝色作为点缀，特别注意减少艳红色彩对视觉的刺激，结合建筑白色的浅色调，营造平和、宁静的休息空间。在景观绿化上可采用借景的手法，借助收费站周边优美的自然景观，衬托出收费站景观绿化的和谐美。对景观较差的坟地、村落等则用密林进行遮蔽，真正实现“佳则收之， 俗则屏之”的效果。

同时，要注意在景观绿化上将配电房、水泵房等噪声产生区与宿舍楼、办公楼等办公、休憩区通过地形营造和密植阔叶常绿隔音效果较好的植物进行隔绝， 营造安静的环境空间。

景观绿化设计应从人性化角度出发，设计侧重于如何在有限空间内满足办公、人居需要，同时保证污染材料的合理排放。在规划布局上就考虑人料分离，将办公生活区设置在主要风向的东南部，在办公生活区与机、料场之间，利用有限的绿地栽植常绿且枝叶繁茂的乔木和灌木，形成绿障，配合合理的道路布局，成功地实现人、机、料有效隔离。

（3）管理办公楼室外绿化

随着多元文化社会的到来，办公环境的功能要求也变得越来越多元化。现代办公环境应该考虑在工作过程中休闲散步的场地，公司员工交流、交往、休憩的场所， 公司各种团体活动的举办场地， 或者是公司对外形象的展示厅。

管理办公楼的室外环境设计，旨在改善生态环境，提高景观舒适性和艺术水平，满足人们对绿色自然的渴求。其指导思想为以高速公路周边的自然、人文景观为背景，以植物造景和建筑经营为形式，以高速公路文化为主题，创造出简洁、大方、静谧的现代办公环境。

收费站房区里的环境设计除满足使用功能外，还要考虑与周围环境有机结合，同时也要考虑景观上的要求，设计时要结合地形地貌，充分利用原有的山丘树木尽量保护好原有生态环境。

4.3.2 中央分隔带景观设计

4.3.2.1 中央分隔带功能分析

公路上的中央分隔带的重要性不言而喻，其主要提供如下几种功能：

防穿越与防撞功能：在对向公路行驶的公路上设置中央分隔带，其作用是防止车辆穿越到对向车道。一旦有车辆穿越，大多是失控的，后果非常严重，所以防撞功能要求很高，这是工程的基本功能。

隔离防眩：在中央分隔带提供的所有功能中，隔离防眩功能居第二位，也属于工程功能。通常来说，在夜间行驶的过程中，驾驶员容易因为强光的照射而产生视力下降的情况，这就是所谓的眩光影响。这种现象发生的同时容易导致耀眼的问题，也就是说，一旦出现了强光照射，驾驶员的视野就会立即有所感应，观察到的形状越来越不真实，严重刺激驾驶员的眼睛，容易使驾驶员产生眼睛疲劳与视觉障碍问题。与此同时，带来的视觉效应往往会严重破坏暗适应状态，这直接影响着驾驶员的视觉效能，分散驾驶员的注意力，对驾驶员的视力产生了严重的影响。如果有效设计中央分隔带，中央分隔带将能够起到防眩的作用，显著降低路段事故发生概率。

引导视线：通常来说，在中央分隔带上会设置视线诱导标志，同时连续的护栏与植物的排列方式也起到了很好的视线诱导作用，可以有效引导驾驶员的视线。

美化绿化：种植植物的中央分隔带通过植物绿化的设计，也可以减少驾驶员的视觉疲劳，为驾驶员带来更好的美感体验。

4.3.2.2 中央分隔带的景观设计

（1）隔离防撞功能与景观设计

公路中央分隔带无论是什么等级的公路，它的第一作用是隔离与防撞，在进行隔离与防撞设计时，在保证基本功能的前提下，应充分采用线性美学进行景观设计，无论是形式还是色彩都会成为景观设计的要点，其中以流畅、舒顺、美观为基础，特别是在选择护栏形式、高度、摆设方式等方面加上美学要求来设计。

在高速公路中央分隔带设计中，主要中央护栏有新泽西与波型梁两大类，当然还有其他如柔性护栏、木质护栏等，选择不同质地、不同形式、不同尺寸，都会有不同的景观效果，除安全功能外，在设计与选择时，景观与美的要求应该进行选择并统一设计，而其景观当然是基于同分隔带内所有成分共同形成的。

（2）防眩功能与景观设计

中央分隔带的防眩功能有着它独特的要求，防眩设计标准也必须要与驾驶员的横向通视要求相一致，以尽可能减少对驾驶员的心理影响程度。在防眩设计的过程中，遮光角也决定了驾驶员车内遮光效果，所以，切不可全部遮挡所有的光线，必须通过部分遮光的方式来保证较为合适的透光量，减少驾驶员的不舒适体验。

在设计中央分隔带的过程中，为了能够达到防眩的目的，可以通过物理防眩与植物防眩来完成，物理防眩样式有很多，如防眩板、防眩网、防眩柱等，各种防眩产品都有自身的特点与形式，同样有不同的景观表现，其中包括样式、材质、颜色等，还包括设置方式的不同等。景观与功能是选择产品的前提，同样产品也决定了景观。

在通过植物的形式来实现防眩时，通常来说，种植树木的形式可以有两种：一种是间距型，二种是密集型。其主要作用在于借助植物间隙来对各种光束进行遮挡，最终实现较好的防眩效果。

就植物防眩形式而言，选择植物种类就是选择了景观，选择了植物尺寸与种植

▲ 图4-21 高速公路中央分隔带防眩网设施

▲ 图4-22 高速公路中央分隔带防眩植物（非洲茉莉）

方式就确定了中分带的景观效果。所以植物的种类、形状、种植方式是中分带植物景观的先决条件，须认真对待。同时，植物防眩必须投入更多的资源来进行浇水与防治病虫害，其在美观程度方面显著优于防眩板、网。

综合来看，植物防眩方式景观效果较好。在很多国家，植物防眩已经被广泛使用在高速公设计领域，为高速公路的建设与发展增添了一份自然色彩，为驾驶员的正常安全行驶提供了较好的环境景观氛围。

通常来说，对于间距型植物分隔带防眩植物的修剪形状有很多：第一种是锥形，第二种是柱形，第三种是球形。形状的选择就决定了相应的景观效果，同样所有的植物景观都需要植物搭配，有时植物搭配的效果决定了修剪的形状。

▲ 图4-23 高速公路中央分隔带防眩植物（红花继木）

通过密集种植的方式来实现防眩的，可以形成绿墙或花墙的效果，以创造更好的生态屏障，为驾驶员创造更好的防眩光效果，但是实际上，这种方式所起到的横向通视效果并不好，应该注重横向通光的要求与美学效果，采用间种或组团式种植更优。

植物种植必须始终基于当地的区域特色，采用分段栽植的方式来尽可能降低视觉麻木的概率，防止产生视觉景观混乱心理。

（3）中央分隔带的植被景观设计

在设计中央分隔带景观植物的过程中，可以根据中分带的不同形式、护栏的不同形式以及道路所处位置需求等来区别对待，特别是对于较宽的中央分隔带植物景观设计近乎园林景观设计，其所有园林设计手法都可以变通使用。

对于较窄的中央分隔带区域部分，可以分路段进行植物的配置，植物种植的品种非常之多，必须始终遵循统一求变的规律。重点种植常绿慢生灌木，因为其生长非常缓慢，可以有效减少养护和修剪的频次。

◀ 图4-24 高速公路中央分隔带防眩植物（黄金榕）

组团式植物配置主要基于园林美学要求，通过构图方式来进行插花式植物的配置，用于中央分隔带宽阔区域，常绿树种是最为常见的插花式物种，当然，也可以通过其他类型的灌木来提供辅助功能。植物的种类越来越多，衍生了各种各样的植物配置模式，对于植物配置景观效果的增强起到了很好的促进作用。在插花式植物配置模式使用的过程中，也应该遵循统一求变的规律，保证较好的旋律和节奏，体现出较好的韵律感，促使植物植被相互作用，为驾驶员提供更好的自然氛围，缓解驾驶疲

◀ 图4-25 公路中央分隔带组团式植物配置景观

劳，有效保障行车安全。

4.3.3 边坡、路侧景观设计

4.3.3.1 边坡景观

公路为保障车辆通行安全对纵向坡度变化有一定的要求，所以不可避免地存在遇山挖堑、遇坑填堤这一现象，且较为普遍，这就决定了公路的边坡存在的必然性。

在公路景观设计体系中，边坡景观占有十分重要位置，无论上边坡还是下边坡，其形状、绿化都会对公路景观起到控制作用。边坡的功能主要在于围土护坡，保持边坡稳定性，减少落石危害，维护公路交通安全重要的意义，同时对于防止水土流失起到了很大的作用。不仅如此，边坡景观的科学绿化设计，对于视觉环境的保护也非常关键。因此，边坡景观设计内容相对较广，工作量也大。

▶ 图4–26　公路两侧挖方边坡覆绿效果

（1）边坡综合景观设计要点

公路边坡景观设计的起点应该根植于景观的总体规划，在规划的基础上进行土建工程的具体落实，这方面在边坡设计上体现得十分重要，所以在边坡设计要点中有必要谈一下边坡的景观设计程序与设计要点。

公路景观设计用于指导主体设计的思想在前面反复提过，在公路边坡景观设计方面的体现就更具体，比如，挖方边坡在满足安全稳定的前提下，其坡率、台阶宽度、坡面防护形式、分级高度、边缘弧化程度等都由主体土建设计与施工，而其结果全部都是景观的范围，所以用景观设计指导边坡土建设计是景观的必然要求。

①坡率。坡率的陟缓在景观设计中与边坡的安全性、坡体地质有关，也与边坡的防护形式有关，自然与公路的景观相关。一般情况下，较缓的坡率不会被要求用太多的圬工防护，采用绿化方式有利于体现环保、接近自然。

②分级高度与台阶宽度。较高的边坡会分级设计，在每个分级的台阶上会留有不同宽度的平台，用以保证边坡稳定及排水、绿化等综合功能，平台宽窄影响选择不同的绿化植物，对行车视觉效果也决然不同，所以分级高度与平台宽度也是景观设计很重要的一部分。

③坡面防护形式。工程设计大多出于工程的安全考虑，但景观设计对于坡面的防护形式有着明确的态度，那就是植物防护。在所有工程中，不可能都能做到边坡的全植物防护，只能说这是一种环保、生态、景观的追求，我们应该朝这个方向努力。

④边缘弧化度。这是景观设计提出来的，如果不提醒，工程设计不会单独来要求。边缘弧化的起因是公路工程在大地上破土动工时，总要破坏原有的自然环境，如果工程的边缘都像刀切的一样，就与原环境不相符，那么我们就应该对这些接触的边缘进行必要的处理，最有效的办法就是弧化，在弧化的基础上进行植物覆盖。

⑤独特造景观设计。这种设计是指在边坡上具有独立成景的岩石、老树、建筑物、文化造景需求等，而这一类则多用于现场设计。

（2）公路边坡后期景观设计

土建工程完工后总有美中不足，景观设计不仅是前期指导，更要注重后期的因地制宜。所以在完工的边坡上进行景观设计也是一项正常的工作。

在美化边坡设计的过程中，出于对行车特点的考虑，应该重点关注边坡设计的连续性，强调主体景观特征的统一性，同时重视个体景观的差异性。这样，才能够减少驾驶员的疲劳程度，保障驾驶员的行车安全。具体来说，边坡景观设计要点包含以下几个部分：

①保证鲜明的主题特征，重点突出景观设计理念，体现当地的人文特色精神。具体设计时所有的景观方式都可以采用（无论材质、形式、色彩等），但要注意这种景观不能影响功能安全。

▲ 图4-27 湖南生态边坡（图片来源：hwa-design.com.cn）

▲ 图4-28 湖南生态边坡（图片来源：hwa-design.com.cn）

②选择较好的景观方式弥补工程遗憾，通过较好的园林艺术方式来弥补工程上不美之处，修补缺憾，提升景观。修补后展现出完美的图案造型，重点突出协调色彩，烘托主题。

③在所有景观设计中，必须重点视觉心理、驾驶心理，景观强调简洁性与可接受性，防止过分吸引驾驶员的注意力，保障交通安全。

④在边坡绿化植物优选的过程中，以这样几个原则为基础：首先，重点关注本

▶ 图4-29 深圳汉京九榕台（图片来源：sanwen.met）

▲ 图4-30 西班牙bilbao city护坡景观（图片来源：筑龙网）

地乡土植物，同时引进其他各种外来植物。其次，重点使用草本植物，同时使用其他类型的辅助植物，如灌木等。最后，必须选取综合性能较强的植物，其必须拥有较强的耐旱性能与耐贫瘠性能。

图4-31　草本植物覆绿的边坡景观

（3）边坡防护类型与景观

不同的边坡防护形式就有不同的景观效果，而就景观来讲可以分为三种：

第一种是全生态防护。这种防护是全植物的，看不到任何圬工痕迹。比如种草防护、种灌木、草灌结合等，然后是植树防护，还有铺草皮防护等。

第二种是半圬工防护。这种防护是以圬工为工程受力的基础，在圬工空间留下种植空间，时间长了以后，植物可能会隐藏圬工而呈现全植物状态。比如网络防护、六角空心砖防护等。

第三种是全圬工防护。虽然这不是景观设计所推崇的，但却是工程中不可少的有效的工程措施。比如挡土墙、护面墙等。

每种防护形式都注定坡面的景观效果，而景观设计的最有效部分在于改变、提升效果，比如种植灌木遮挡圬工、用开花灌木提升景观、用附着图案改变挡墙视觉等，只有了解工程深入工程，才能做好景观设计。

在过去的很多年内，人们一贯使用圬工防护，这显著提高了坡面的稳定性，也创造了较好的用地效果。但是实际上，这种防护方式严重忽略了生态平衡，破坏了自然环境。随着时间的不断推移，这种防护方式造成了混凝土的不断老化，逐渐降低了钢筋的强度，不利于防护效果的长期维持。和这些土木工程措施相比来说，虽然植被护坡的方式初期效果并不好，但是长期以来，植物生长速度不断增加，植物的综合性能更加优越，能够有效提高坡面的稳定性，发挥了较好的侵蚀效果。不仅如此，通过植物的种植，能够减少水土流失问题，对于公路绿化环境的改善起到了促进作用。不仅如此，通过植物的种植还能够达到大气净化的目的，吸收了汽车尾气和太阳辐射，有效保护了驾乘人员的视力。

另一方面，植被护坡方式也有很多的问题，尤其是在一些高陡边坡上，如果仅通过单一植物护坡的方式来进行防护，将不利于边坡的安全稳定，也不能保证植物的正常健康生长。所以，在边坡防护的过程中，应该充分结合不同类型的方法，尽可能减少边坡的不稳定性，有效维护公路的安全行车环境。

（4）边坡景观绿化设计方法

①挖方边坡的绿化景观设计

从边坡土层性质的角度来看，挖方边坡主要包括以下几种形式：

a. 岩石型边坡

对于稳定的公路岩石边坡，在景观设计上有两个观点，一是要什么景观的问题，二是否绿化的问题。当然如果接受不绿化就可以，那么对于岩石边坡来讲，可以是独特造景的，也可以是与主动防护结合的，不在此列，在此处主要谈岩石边坡的绿化问题。

在很多的欧美发达国家中，岩质边坡防护模式使用非常普遍，使用时间也较久，尤其是在一些大型广场绿地景观设计中，应用频次较高。接下来，将针对中国常见的石质边坡绿化防护技术进行简单介绍。

第一种是砌石骨架结合植草方式，此技术主要通过砌石骨架的方式来进行边坡的加固，接着通过小灌木的种植来进行绿化防护。此方式具有较好的针对性，能够很好地体现出工程防护特征，也可以拥有较强的生物防护柔和性。但是另一方面，这种方式的施工时间较长，使其难以得到广泛应用。

第二种是客土喷播绿化防护技术，这种方式主要被使用在一些岩石边坡防护方面。具体来说，可以通过锚杆与镀锌铁丝网相互结合的方式来进行加固，接着干喷营养土，最终创造较好的绿化防护效果。在使用此技术的过程中，植被成活率较高。但是另一方面，由于营养土的要求非常之高，且维护成本非常之大，大面积的使用严重受限。

第三种是集攀缘植物垂直绿化方式与绿色罩面网方式为一体的综合技术，其主要会被使用在纯岩石领域。这种技术的工程防护性能较好，能够创造出非常优良的绿化景观效果。具体来说，首先通过两种技术的融合来进行坡面的景观打造，创造前期绿化效果，接着通过攀缘植物的种植来实现长久的绿化效果。

第四种是“高基团粒”植被恢复技术，主要被使用在岩质坡面，利用专业设备来创建较好的植物生育基盘，用以保水保养。此类技术能够提供更好的保水性能，但造价较高。

最后是在广东省南粤公司创新应用的开凿石壁种植穴绿化技术，其主要通过开凿种植穴的方式来进行种植土的回填，帮助石壁进行生机的恢复，创造更好的景观效果。

b. 砂石型边坡

对于砂石型边坡，大多用网格、骨架以及客土等方式防护，这样其绿化方式也相对单一，即客土、挂网、铺草皮等，绿化效果也较为满意。

c. 土质边坡

基于土质边坡稳定这一重要基础，绿化几乎不受任何限制。草坪可以被设置成底色的状态，造景材料可以使用花、灌木、乔木等。边坡植物防护形式可以有多种形式搭

▼ 图4-32 石质边坡景观

配，园林手法与边坡视觉将共同展示绿化效果：

第一种形式是灌木护坡，将灌木混栽于边坡，灌木群落能够起到边坡稳定的作用，对于水土流失问题的减少起到了很大的促进作用，其也可以被使用在立体绿化防护领域。全灌木绿化与全乔木、全草坪的概念是一致的，只是对于景观来讲，即使使用全灌木绿化，也要注意品种搭配，形成高低与色彩的不同。

▲ 图4-33 土质边坡景观

第二种形式是草坪和灌乔植物搭配。一是通过其他地被植物的种植来创造更好的防护效果，二是通过搭配创造出更丰富的园林景观效果。当然在边坡上种植乔木要注意其品种的适应性与安全性。

第三种形式是草灌花混合护坡，使用灌木护坡的方式容易制约坡面地表径流，再加上草本植物的年限特征，往往可以通过草灌混栽护坡的形式来达到取长补短的目的，这不失为一种较好的植物防护渠道。特别是近年来，大家注重工程建设期与早期的效果，在草灌的基础上再加上花种，进行混播，能取得很好的视觉效果。

d. 多级碎落台边坡

对于多级坡面而言，可以每个坡面与平台采用不同的绿化方式来组合，方案设计时应注意远近景观结合，同时，不同坡面的土质情况不同，也决定了不同的绿化方式与效果。

②填方边坡的绿化景观设计

填方边坡景观既是给路外人看，也是给路中人看的，所以填方边坡上的绿化要注意两个视点。一般来说，这种景观设计主要有以下几个要点：

a. 在一些需要边坡防护的区域，应该通过必要的骨架等方式来实现，同时将小灌木与草种子等播种于骨架的内部区域。

b. 在正常低填方边坡的区域，应该通过植草与花的方式来创造更好的视觉效果。

◀ 图4-34 填方边坡景观

c. 在填方边坡碎落台的区域，应该注重与路侧景观的结合来选择种植。同时与全线的景观相协调进行灌木与乔木搭配。

d. 在土路肩边缘进行必要种植绿化是近年来流行的趋势，其大多与土路肩绿化一并考虑，注重总体效果。

③半填、半挖方边坡的绿化景观设计

在公路景观设计中，半填半挖是公路上难得的平地景观区，这一区域的绿化效果就显得十分重要，它可以更好地体现组团种植效果，又可以使填方景观与挖方边坡景观自然过渡，也能起到画龙点睛的作用。

▼ 图4-35 半填、半挖方道路景观

④填平区与空地绿化

这两种情况都是公路施工遗留的痕迹，要修复它们其实只需要绿化即可，当然土木工程造型很重要，如果有机会要注意其造型与地形结合来创造与打造，再进行绿化与植物配置，会取得不同的效果。

4.3.3.2 路侧景观应用与设计

公路路侧是一个宽泛的范围，这个范围最大的特点是可见不可改，所以关于公路路侧，在景观设计中一直是较麻烦的内容，尽管大家一直在努力，但所有努力可能不如路侧景观变化带来的冲击大。但是，人们也会一直努力把景观做得更好。

公路路侧景观其实包括路内域与路域外，除了上述的边坡景观外，路域内还包括了碎落台及其他场区。碎落台在下面有讲，而其他场区主要指路侧空余场区，对于这样的场区除了上述谈到的绿化外，我们可能更需关注硬质景观的设计与效果，比如置石、雕塑、标语等，能在有限空间中发挥无限创意。

对于路外景观几乎只有引导、开放、遮蔽等几种方式，争取中上景观与路外景观能达到有机的和谐。下文的路侧景观设计则多偏重于挖方段的碎落台及填方段的土路肩及边缘的设计，必要时包含各分级台阶的设计。

在路侧景观设计的过程中，能够使用的设计方式有很多，既包括了行道树设计方式，也包括了开阔草地设计方式等。同时，也应该充分结合各种景观的特殊模式来创建更好的视觉标志，包括景观通透、标示物、植物等，以尽可能创造更好的景观效果。尤其各种绿化方式的最佳使用，能够体现出公路特征与生态旋律，对公路方向性的增强也起到了很大的促进作用。

路侧景观设计的形式分为以下几种：

（1）观赏式

利用落叶和常绿进行有机搭配，结合乔灌草的立体布局，表现季相的变化和错落层次的特征。配置形式由彩叶灌木、花灌木或观叶小乔木等常绿草本地被植物等构成，整体错落有致，虽有频繁变化，但不显杂乱。主要应用于公路两侧地形较为平坦和开阔的区域。

作为标示物的雕塑、标语、文化等硬质景观，应与植物景观有机结合，包括可能的立面起伏与植物配置，应统一协调。

图4-36 草花组合的绿化景观

（2）屏障式

利用有层次的混植树林或群植等常绿植物，结合落叶为主的大乔木等，形成质感和色感的比较，应用于公路两侧需要进行隔离保护的区域、农作耕地、景色较差需遮挡的区域，这是植物围蔽的方式。

另外还有一种物理隔离方式，主要是声屏障。这种方式是为隔声而做的，但却成了景观的一部分，所以声屏障的景观设计已成为一种需要。

图4-37 塔里木沙漠公路防护林（图片来源-联盟中国）

（3）借景式

在原有景色的基础上，增添能够让原有景色变得更加秀丽的周边景观，主要应用于途经河、湖、池塘等拥有较好自然景观的地段。由于原始自然景观本身就是极为靓丽的景致，所以利用这种形式进行景观设计时，要保证留有足够的观景观赏空间，不宜在路侧形成遮挡。

在这种设计中，有时会有一种引导式景观设计，就是对远方漂亮的景点进行种植引导，形成以物引景的观景模式。

▶ 图4-38 开阔的路侧外景

▶ 图4-39 秋田县大泻村著名的“樱花与油菜花之路”（图片来源：携程网）

（4）特色植物种植式

公路特色植物绿化要遵守不同路段选取不同植物特征，又保证当地资源充分利用的原则，在具体绿化的过程中，要针对不同区域不同植物的特色完成绿化工作。

必要时，植物品种的选择当以凸显当地文化内涵或历史风情作为主要目的，打造独特的公路两侧景观。

4.3.4 互通立交景观设计

4.3.4.1 高速公路互通式立交的概念

互通式立体交叉：利用匝道将两条或两条以上处于不同平面但相互交叉的道路进行连接，之后所构建的建筑物，属于人工构造物。

由于立体交叉建筑物同时涉及多个平面的连通，所以这类建筑物的体积和占地面积均较大，对建设资金的要求较高。一般情况下，全互通式立体交叉构造物占地面积为5～8hm^2，有的可以达到几十公顷。在城市道路规划和高速公路建设的过程中，立体交叉的存在具有极其重要的意义，并且在具体投资金额的分配中立体交叉所占的比例较高，因此，相关部门须高度重视立体交叉建筑物的建设。

通常情况下，高速公路立体交叉构造物常位于两条或两条以上高速公路的交叉点处，扮演交通枢纽的角色，是保障车辆安全通行、快速通过以及通畅行驶最重要的部件，拥有车辆转道行驶和大量交通引流的功能。

无论在何处的互通立交，都会因功能而决定形式，因形式而成为景观，所以互通立交总体造型本身就是景观设计，而其中除了功能性之外，城市的地标性、休闲与观赏性很重要，特别是近城的互通立交。

4.3.4.2 互通式立交景观的功能与要求

作为高速公路的汇聚点，互通不仅连通了高速公路干线，还扮演着道路交叉出口的角色，因此，互通式立交景观设计的好坏，直接影响着整体道路景观形象，是最重要的道路景观设计区域。相比于处于其他路段的车辆来说，在立交区域的车辆行驶速度相对较慢，因此，车辆会在立交区域有较长的停留时间，驾驶员视觉在这一区域中会出现多样的变化，因此立交区域的全面绿化具有绝对重要性。

强化视觉舒适性是互通式立交景观设计所追求的最终目标。互通式立交景观设计中，工程的线性景观设计占主体，其他还包括收费站、广场、天棚、标识、照明、灯光、地形、水体、植物造景等，所有设计应遵循统一性原则，在具体设计的过程中需结合实际自然条件，从整体的角度进行全面的考虑。

从具体位置的角度来看，高速公路景观设计的区域中，互通式立交景观占地面积最大，空地景观可塑性最强。应以微地形打造作为主要景观形式，结合水体、植物形成统一图案，利用园林景观手法对各种景观构成进行镶嵌组合，打造拥有和周边环境风格相一致并具有明显层次的景观，不仅能够有效地强化道路的标识，还能为道路景观增添新的色彩。

4.3.4.3 互通绿化景观设计的原则

立交景观包含了多个方面的内容，在立交总体功能布局完成后，其中最重要的内容是互通式立交空地景观设计。互通式立交景观设计和其他景观之间相比最大的区别在于点状地被与空区景观，即互通立交景观区域相对公路来讲，是一个集中的景观点，所谓空区即指互通立交中有围合的空地可以打造景观。互通式立交景观设计的主要原则有：标志性、协调性、安全性等。

（1）标志性。无论立交位于何处，景观设计的唯一性是应该遵守的原则。其次，所谓的标志有很多种，可以是城市乡村的标志，也可以是景观的标志，不怕地无名，只怕设计没有做到。而立交景观本身就是地域景观，所以用心打造的景观会让所有路用者难忘。

（2）协调性。所有景观设计都讲究协调性，而立交区景观需讲究内部协调与外部协调，关键在于景观与地域文化的协调、微地形打造与整体景观的协调、植物的配置与地形协调以及其他如色彩、季节、置石、文字等的协调。

（3）安全性。安全性是指景观是在保证安全下的景观，功能安全、交通安全、景区安全等都是景观设计中必须要考虑的问题。

比如对于植物设计来讲，按照驾驶员视觉感官特征、视线诱导条件、行驶通视要求以及景观需求的具体内容，互通绿化植树可分为诱导树、矮树、禁树区三种类型。在划分的过程中要特别注意的是，在分流端部进行种植，要时刻遵守不影响驾驶员行车视线的原则；在道路弯道外侧进行种植时，必须要保证所种植的树木能够对驾驶员视线进行有效的诱导；在内部空地进行种植，选择进行搭配栽植，禁止在合流通视区植树。

诱导树：种植在道路弯道外侧，主要起到视线诱导的作用。

矮树：种植在道路的分流端部，常选择一些拥有较强缓冲能力和视觉缓冲效果的丛生灌木，主要目的在于诱导驾驶员降低行驶速度。

禁树区：为保证行驶视觉的通畅和道路的安全，在三角地带不得种植任何树木，只可选择花草进行栽植。

4.3.4.4 互通立交景观设计的要点

（1）以微地形打造为重点，用地形开拓视野，设置草坪，点缀灌乔，传递地域广阔的感官色彩。

图4-40 互通区微地形景观

（2）常利用多种园林艺术手段，在充分尊重绿地构图整体性的同时，对水体、山石、矮花灌木、乔木等植被物进行搭配，获得拥有一定寓意的创新景观。

植物绿化图案和绿化雕塑可以充分地体现城市的特色，所以在对靠近郊区的立交构建物进行绿化时，要尽可能保证其绿化效果和周边环境之间的有效融合。

在选择具体种植物种的过程中，需考虑当地气候条件、种植的数目以及种植区域土壤条件，通常情况下选择拥有较好适应性的植物种类。

（3）主色调的选择：要特别注重植物本身在不同季节的变化特征，在充分考虑灌木色彩特性的前提下完成城郊区域立交景观色调设计。对城区距离较近的城郊景观，整体色调设计需满足多彩缤纷的要求，相对较远的，整体设计色调偏淡雅。

（4）尽可能地利用乡土树种，利用疏林草地形式，种植一些有明显地域特色且拥有较强适应性的特色乔灌木。

▶ 图4-41　互通区湿地景观

（5）选择对艰苦环境有较强抵抗能力的草种进行种植。

（6）出入口行车方向的景观设计，可采用一些较为低矮的树球或树丛，在保

▶ 图4-42　微地形整治后的互通区鸟瞰景观

证视觉通畅的前提下，给驾乘人员一定的心理暗示。在具体种植的过程中，道路弯道内侧必须有足够的空间，以保证驾驶员的安全视距。

（7）需对日后的养护管理做出充分的考虑，比如布置一些浇灌设施等。

（8）利用标志性的标识或雕塑、置石等，凸显不同地段不同特色。标志性的壁画和雕塑能够充分反映地区精神风貌，是地区文化得以发展的重要渠道之一。

所以，互通立交的绿色景观设计不仅要满足景观广泛可续性的特征，在艺术形式方面还要和大众之间实现共鸣，在强化视觉兴奋感以及区域景观设计观赏性的同时，让其成为整个道路景观设计画龙点睛之笔。但具体在形式设计方面，需对整体视觉效果做出重点关注，特别地对色彩的搭配、材质选择等做出分析。利用抽象和具象相结合的表现方法，结合环境协调和原型思维，创造出具有标志性的艺术品。

4.3.4.5　立交绿化景观的植物配置形式

（1）规则式设计：以图案设计作为主要内容，设计布局有均衡布局和对称式布局两种。主要设计内容为利用不同植物的不同色彩进行合理的搭配，从而设计出具有一定内涵的图案。通常情况下，规则式设计的设计布局所表达的意义较为明显，相比于其他设计来说，规则式设计更注重最终设计成果的美观程度，选择低矮的植物种植比例较大；相比于立面更注重于平面的设计，但在季相方面的变化较为单一。

图4-43　浏阳互通（图片来源：新湖南）

（2）自然式设计：主要应用植物高低错落打造具有鲜明层次的绿化景观。常用于一些较为大型的立交区段中，利用乔木和灌木等地被植物的搭配，实现

▶ 图4-44 青洋路立交（图片来源：天空之城）

点与面之间的错落交叉，遵循不同植物在不同季节的不同色彩特征以及自然构图的具体法则，结合景观再造手段，实现人工造物和自然景观的有机融合。

（3）混合式设计：主要用于一些较为特殊的立交景观设计区域，在充分尊重景观设计规则的前提下，利用自然配植方式，对正确主次顺序做出进一步的保护，并为景观设计的最终效果增添更多的色彩。

4.3.5 隧道洞口景观设计

4.3.5.1 隧道洞口的工程概念

利用土木工程砌筑、结合建筑装饰所构成的隧道洞门区域景观工程，被称为隧道洞口景观工程。洞口与洞门只有在工程内含不同时才显得不同，工程的洞门设计不包含工程之外的坡体，而洞口则泛指在洞口区域的一切内容。

隧道洞口工程起到连通洞内与洞外工程的过渡作用，同时负责支撑洞口正面开挖的边坡、过渡路堑边坡、拦截边坡剥落物体等作用，是确保隧道正常运营和洞内安全的重要部分。

公路隧道常见的洞门形式有削竹式与端墙式，当然还有其他形式如明洞式、棚洞式、半棚洞式及其他特殊形式，只是由于造价及地形等因素，应用得相对较少。

4.3.5.2 隧道洞口的视觉审美要点分析

（1）审美心理

隧道洞口是公路景观设计的重要节点，车辆行驶的过程中，驾驶员和乘客通过车窗快速感受周边环境的变化，对隧道景观做出了解，此时了解只能是片面的。如果通过标识景观设计，体现不同地域文化，营造特殊的节点，让驾乘人员能够在车辆行驶的过程中了解地域文化特点，同时改变行驶的疲劳视觉，激发潜在精力，对行车安全起到积极的作用。

不同地域文化关键在于挖掘与发挥，它是不同地区居民在长期生活的过程中所积累、沉淀形成的社会心理现象，这种心理现象是民族性格在潜移默化中所形成的特定因素，是民族人民在情感、思维、行为、习惯等方面的共同意识，伴随稳定传承机制不断流传。在景观设计的过程中，文化差异性的研究也是极为重要的，只有充分地了解了文化的差异性，才能保证景观设计的实际设计结果能够和人们的寻根心理特性相契合。

景观审美是个体客观存在的，审美心理的创建会受到景观序列的影响。个体的审美水平在一定程度上代表着个体对于环境认知的能力。审美是一种独具情感性、感知性和创造性的心理，其具体过程可分为期待、展开、弥散三个阶段。其中，审美展开阶段又可以被当作是审美实践阶段，该阶段起到承上启下的作用，不仅能够充分表现审美期待的具体内容，在一定程度上还决定了最后审美弥散的质量。审美对象完全鉴赏或创造之后，所获得的因为审美心理被满足之后的审美经验，被指为审美弥散。审美弥散又可以被当作是个体对审美情境进行探索之后所积累的审美经验。

景观设计人员需要充分考虑个体审美心理的变化特征，在具体设计的过程中，要尽可能做到对审美节奏进行有效的控制，要以打造亲切宜人环境氛围作为重点内容，满足驾乘人员和景观使用者在心理方面和生理方面的需求。打造特殊的节点景观，满足节点景观设计的多样性需求和连续性需求，按照一定的顺序，创建可欣赏、可期待的景观。

（2）形式美与隧道洞口景观设计

不同的自然物质拥有不同的属性，利用这些属性所构成的不同的物质，所创造的形式美感不同。形式美的特性和点、线、面等物体在空间中的特性相类似。尤其是在振动声波、冷暖色彩等感知方式方面具有较大的相似性。

隧道洞口景观设计是否能够合理地对各种形状进行正确的运用，决定了洞口景观设计是否能够设计出有效的、能够对驾乘人员的审美思想以及情感进行把握的氛围。

装饰色彩搭配是否合理、植物配置是否科学、标识颜色是否显著，决定了驾驶员在通过这一路段时是否能够获得有效的心理暗示，乘客在通过这一路段时，是否能够产生愉悦的心情。隧道洞口景观设计对于驾乘人员的审美心理的活动变化有着极为重要的影响，同时在保障行车安全、美化生活环境方面也具有极大的作用。

目前在隧道洞口景观设计方面研究较为细致的国家是日本，日本道路景观设计人员认为，相比于一些硬性的线条来说，曲线能够有效柔化隧道洞口建筑物，会给观赏者一些不同的视觉感受，所以日本大多数的隧道洞口均采用弧线形作为主要设计形式。虽然欧美等国家在隧道洞口设计方面的多样性特征较为突出，但是大多数隧道洞口仍然以弧线作为基本形式。

除上述内容之外，物质材料的组合也可以被当作是构成审美对象形式美的另一个重要因素。从各部分之间的具体关系来看，形式美的组合规律保证了各部分之间的平衡稳定、整齐一律，是一种具有多样化特征且比例匀称，主从协调的景观设计形式。

（3）意境美的构成与静态景观

所有洞口标识物的意境设计中包含了两部分内容，这两部分内容是一对相辅相成的设计要素，属于主观情感范围和客观的物属范围，即“情”与“景”。前者是相对于客观景物所产生的主观情感，后者是为满足主观情感而设计的客观产物。由此可知，意境的情景交融决定了意境美的构成程度。

设计者在设计的过程中，必须要对于美有关的要素进行精心的提炼，尽可能地保证能够和最高艺术境界之间产生心灵共鸣，让作品成为一种浓缩大量精华的符号，并保证欣赏者可以通过这一符号充分地释放内心的情感。

存在于洞口空间设计中的意境是较难把握的，每一个意境的把握都需要对空间做出仔细且认真的品位分析。景观设计中的隧道洞口设计属于快速感知景观设计，其需要较为明显的视觉冲击，对驾乘人员的视觉进行有效的撞击，利用瞬间美感满足旅客审美情趣。

（4）动态观赏与变换景观

公路隧道洞口设计属于快速感知景观设计，瞬间美感对视觉的冲击力决定了其是否能够在景观设计中有更高的地位。同时，是否严格遵守了动态观赏理论，决定了其最终设计效果的好坏。

从动态观赏理论的具体内容来看，快速景观必须保证足够的延续性。由于留给过客对每一个洞口景观进行观赏的时间较短，所以洞口景观设计应该特别考虑部分和整体之间的连续性，设计不宜过于复杂。设计师需特别注意景观设计在过程中各景观之间的顺序衔接、景观节奏以及韵律的把握。

作为最为有效的打破沉默的手段，结合运动物体有规律和有节奏的重复特性所形成的节奏，由疏密相间、力度强度、速度快慢等多个对比因素构成。韵律是建立在节奏基础上的，对节奏进行进一步强化的情调。通常情况下，韵律和节奏是不间断的。为了保证整体设计的美感，不论是节奏还是韵律，都需要满足多样化的要求。

4.3.5.3 隧道洞口景观设计基本原则

隧道洞口景观设计的最终目的是，结合人工造景自然景观和人工绿化，构建优美山水图画。因此隧道洞口的设计不仅要满足道路设计的功能需求，还要满足道路设计的结构需求。隧道洞口设计和道路其他路段的设计相比，最大的不同在于，其限制条件中加入了地质环境和地形的约束。下面就隧道洞口设计时，需要特别注意的方面做出解释：

（1）强调工程稳定

避免施工过程中边坡、仰坡的深层失稳，选择科学有效的工程措施对边坡进行进一步的固化，然后在此基础上进一步绿化，完成绿化之后进行浅层稳定性分析，若存在较大滑坡隐患，及时采取相应措施使其稳固。

（2）发挥植物造景优势

以融入自然背景作为重要目标，打造和原有生态环境以及植被配置相融合的景观。选择对人工养护要求较低且移栽成活率较高的本地乡土种，若条件允许，在造景的过程中融入山石或雕塑等建筑，以此让隧道景观变得更加多样，让公路隧道的人文气息变得更加浓郁。

（3）符合驾乘人员的心理学理论

由于隧道属于半封闭式结构，所以驾乘人员进入隧道时，会自然而然地产生一种在心理方面的压抑感和紧张感，隧道洞口的景观设计在缓解驾乘人员的心理压力的层面上就显得尤为重要。洞口的设计要尽可能地简练、稳固、轻盈，以植物配置，缓解驾乘人员在进入隧道时所产生的压抑感。在装饰材料方面要尽可能地选择以灰色为主色调且表面经过特殊处理之后的材料，从而保证驾驶员在进入隧道时驾驶视线的绝对安全。作为动态观赏景观，隧道洞口景观切忌太过烦琐，避免驾驶员的注意力被分散。

（4）符合驾乘人员的视觉理论

隧道出入口光线变化较为强烈，因此可采用延长隧道洞口的方式设置一定的光线过渡段，或者在隧道洞口处利用栽植过渡的方法，让驾驶员能够尽快适应光线的强烈变化，从而保证安全驾驶。利用栽植过渡的方法进行光线过渡时，树木之间的栽种间距由靠近洞口向远方逐渐扩大，过渡段结束之后，两边树木种植间距不再发生变化。在植物配置方面需和洞口的灯光照明、洞口边坡绿化等实现有机融合。

（5）合理利用自然环境资源

在设计隧道洞口景观时，要充分利用原有自然资源。比如奇峰怪石、名山大川和森林瀑布等都可以被当作是隧道景观设计的要素。人工造景所设计的景观必须要做到形式的多样，景观必须和周边环境之间实现统一。

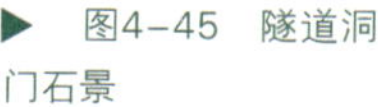
▶ 图4-45 隧道洞门石景

（6）协调周围人文环境

以凸显历史典故，人文情怀，乡土人情为重要目的，打造具有浓厚历史文化气息的景观，实现视觉理论和人文景观之间的充分融合，结合抽象和具象融为一体的设计方法，利用科学的设计手段完成隧道洞口的装饰设计。

（7）合理恢复原有植被

要充分地对植被种植区域的具体环境进行考虑，比如仰坡坡度、土壤环境、原有植物种类、植被种类适应性等。对种植区域环境进行考虑的原因在于，尽可能地保证原有的植被大环境和人工造景所设计的植被小环境之间能够实现协调统一，打造整体角度上的融合绿化景观。

（8）符合生物多样性原理

景观物种多样性保证了生态系统类型的多样性，不同的生态系统所包含的物种库和生物群落不同。生物多样性水平决定了景观设计所获得的生态效益的好坏。可以采用丰富植物种类的方式提升生物多样性水平，以多层次的景观结构，强化审美愉悦感，实现区域生态质量的有效提升。

（9）重视整体兼顾局部

隧道洞口景观设计是一个整体设计，它不仅是洞门位置的设计，还包含了所有与洞门相连接的边坡、仰坡、隧道间空地、原生环境等的综合设计，所以每个局部应符合总体设计。在具体设计的过程中，要特别注意整体设计效果的简洁性和鲜明性，要确保局部设计能够和整体设计的统一。

（10）经济、实用

隧道洞口的体积较大，投入资金较多，在景观设计的过程中要尽可能地使用原有的较为廉价的原材料，在绿化种植方面尽可能选择当地本土物种，从而对洞口景观设计的成本做出有效控制。

4.3.5.4 隧道洞口装饰的基本表现手法

（1）建筑装饰手法

隧道洞口的建筑装饰主要用于缓解驾驶员在进出隧道时由于光线强烈变化而产生的不适。常见的建筑装饰有棚洞、半明洞等与工程相结合的景观装饰工程。

（2）浮雕式装饰手法

浮雕式装饰手法主要用于隧道洞口的外墙面装饰，这种装饰手法又被称为浅独钓式装饰手法。具体内容是：设计师以悬浮雕刻为主，在充分考虑的周边自然环境和人文环境之后，所设计出的有特定作用的浮雕式设计。用于因为地质原因必须要进行外墙面装饰的隧道洞门和已经修建完成的隧道洞门。

（3）雕塑式装饰手法

这种装饰手法的最终目的，是为了进一步强化隧道洞口装饰的视觉冲击效果，主要用于对隧道的价值和意义进行纪念。和其他装饰手法相比，这种装饰手法对装饰成本的要求较高，由于其整体设计以华丽、高贵为主，所以这种装饰手法对于装饰技艺的要求也较高，是多种装饰手法中少见的贯穿于整个隧道设计的景观设计手段。但是，要特别注意的是，即使这种装饰手法的特征较为突出，但在使用的过程中也必须要遵循设计简洁、精炼的原则，避免因为视觉冲击力过强而导致驾驶员注意力被分散。

▼ 图4-46 隧道洞门墙面装饰

（4）造型式装饰手法

造型式装饰手法主要应用于各种外形设计的改变，在确保工程安全的前提下，对实际的装饰需求以及地形现状进行设计，从而改变外端墙檐的外形。常用于洞口设计的美化。

通常情况下，这种装饰手法所采用的装饰材料是墙身本身就具有的一些和整体设计相对较为统一的材料，比如塑石等。这种装饰手法最明显的特征在于其人工开凿痕迹较弱。但是就目前情况来看很多隧道洞口的设计，曲解了该种装饰手法的真正核心，在粗糙的地面上粘贴光滑外墙砖，将原本较为光滑的隧道洞口的上沿口变得粗糙，整体视觉效果不仅没有缓解驾乘人员的心理压力，反而会加大其心理压力。

（5）贴面式装饰手法

贴面式装饰手法是几种装饰手法中最为常用的一种。传统的隧道洞门的装饰以同规格、同色彩的外墙砖进行装饰，传统的装饰手法及对墙面进行了保护，并没有起到应有的装饰效果。目前所使用的贴面式装饰手法利用了多种外墙贴面材料，在具体装饰的过程中，对色彩的搭配以及材料机质的选择做出了充分的考虑，在保护墙面的同时，使墙面装饰的色彩效果有了进一步的强化，对文化氛围的营造以及整体设计的统一做出了巨大的贡献。与传统的装饰手法相比，这种装饰手法的施工更为简单，装饰成本也较低。与浅浮雕式装饰手法相同，该装饰手法只参与隧道设计的最后一个阶段，对整个工程安全以及整个工程进程不会造成任何的影响。除端墙的保护之外，还可以用于隧道洞门的装饰和修缮。

（6）弱化式装饰手法

近几年，随着生态经济发展速度不断加快，工程施工技术对自然生态环境维护的关注度越来越高。目前在进行隧道挖掘时，采用对环境破坏较小且开凿土方少的削竹式洞口设计，这种设计方式和其他设计方式相比，最为突出的优点在于这种设计方式不需要单独建筑支撑墙，依靠原有的地势结构作为支撑，其突出的立体形状为景观设计提供了良好的空间，设计师可利用该形状进行多样化的景观设计，所以在对削竹式隧道洞口进行装饰设计时，不需要特别地对某种设计要素进行考虑，只需要利用原有的特性，采取一些较为简单的装饰手法，凸显洞门特征即可。

（7）植物遮挡式设计

在隧道洞口处种植特色植物，用于美化隧道存在的突显，遮挡一些工程痕迹，用植物、花卉提升洞口景观，而且这种景观与路侧及空地景观构成较好的延伸，保证了视觉的延续与情感留滞。

（8）洞口标识物设计

所谓洞口标识物是指与上述工程相分开的独立景观工程，其可能是置石而写的隧道名，也可能是用以宣传的标语口号，也可能是一些当地文化的表达等，这些标识进化无论是主体的还是附着的，都是景观的有效组成。

由于隧道洞口大多都位于野外，所以隧道洞口的建筑材料应该根据不同环境的特征进行针对性的选择，在这里要特别注意的是，整体工程造价和景观设计之间的联系并不密切，也就是说景观设计并不会引起整体工程造价的大幅提升。耗费了大量人力、物力和财力所设计的景观并不是真正意义上的景观，其违背了隧道洞口景观设计的初衷。在确定景观设计方案时，要做好科学的选评，对多个方案进行对比分析，最终选择出最为合适的设计方案。

▶ 图4-47 隧道洞门标识图案

4.3.6 桥梁整饰景观设计

桥梁美学设计是一门单独的学问，本书不想重复，也不想过多涉及，特别是关于桥梁结构美方面，书中如有涉及，仅供参考。

此处需要表达的是关于桥梁工程的附属景观设计，称之为“整饰景观”，是基于桥梁美学设计写成之后的其他相关的景观设计工作，当然也包括工程完工后的修饰工程。

桥梁景观的总体要求是必须要和周边景观以及城市景观相结合，桥梁景观、景区景观、城市景观三者是无法分割的，所以应该有总体景观至上的观点，这种观点在很多情况下基于景观复合的理念。比如悉尼大桥就和大海以及悉尼歌剧院等复合。复合景观最为重要的内容在于，人造景观和环境景观之间的和谐统一，对复合景观产生影响的因素包括但不限于自然环境因素、人文环境因素。所以设计师在进行桥梁景观设计时，要特别注意桥梁复合景观的设计。

环境保护和经济发展的同步进行，是进入21世纪之后工程设计界中普遍所认可的理论，这一理论在具体的桥梁景观设计方面，主要通过人造景观和自然景观之间的和谐统一进行表现，桥梁景观设计中的复合景观设计，在强调桥梁景观和周边景观统一性的同时，进一步对景观的可持续发展做出了强调。

▼ 图4-48　桥梁景观

4.3.6.1　桥梁装饰景观设计

桥梁设计和符号学之间具有较为紧密的联系，桥梁景观设计是技术美学特性的具体表现，通常情况下，桥梁装饰景观设计包含以下几方面的内容：

（1）色彩设计

色彩设计是桥梁景观设计中较为重要的部分，色彩搭配是否合理决定了最终设计结果视觉效果的好坏。比如采用深蓝色或红色搭配桥梁的上承式钢管桥，很有可能会导致部分设计效果和整体效果之间产生冲突，所以在确定色彩搭配时，要尽可能地保证各部分的色彩搭配的和谐，从而保证桥梁景观设计获得较为良好的整体色彩效果。

在进行表面处理时，应该从材料本身出发，结合材料本身的属性，如材料大小、材料色泽、材料质感等，对材料进行肌理、纹样、虚实、光影等分析，从而让材料景观效果变得更好。下面是几种较为常用的桥梁表面装饰方法：

①喷涂：利用喷涂的方式，将色彩树脂或水泥砂装等涂料喷涂在混凝土表面，其中前者喷涂效果更为良好，后者喷涂之后表面会呈现出一种立体的视觉感官。

②錾凿：对表面进行加工，打造出规则的凹凸形状，这种装饰手法不仅改变了原有平面的形象，还进一步强化了光影变化对墙面装饰影响，相比于喷涂处理来说，该种装饰手法对于整体质感的改变要更为明显。

③水刷：利用清水洗刷还未完全连接的混凝土表面，从而让表面呈现出凹凸不平的立体感。

④打磨：利用彩色水泥集料结合打磨机对表面进行打磨，从而形成各异图案，让整体设计变得更加美观。

⑤模板处理：利用类似于浮雕或经过特殊处理之后的材料模板，按照设计图样进行直接切割，然后安装在墙面上。

⑥装饰：在一些能够进行贴附的设施上，比如柱面和桥台等，可以直接利用这些材料原有的色彩效果对整体视觉效果进行控制。

（2）装饰设计

对一些桥梁整体造型进行外体景观的整治，加以工程修复或纯粹的表面装饰等，如旧桥改造、地域文化宣传、产品广告等。这种方法可以图文结合、声光结合等，除此之外，在靠近游乐场的桥梁进出口处，还可以设计一些特式的桥头堡或古木桥等，从而吸引游客的注意力。

（3）绿化设计

绿化设计简单来说就是利用绿色植物对自身的护栏、立柱、桥梁下空间以及中间隔离带进行绿化。

①桥下绿化。这种绿化方式和常见的墙体绿化方式有较大的相似性，都是在桥底下进行植被的种植，然后，让植物按照桥体的外轮廓进行自然生长。这种绿化方式最为典型的代表是爬山虎。对于一些以桥梁景观为主的城市来说，桥梁景观设计是凸显其城市文化魅力的主要途径，这些城市的桥梁设计，不仅要满足当时桥梁形象的全面改变，还需要特别地对桥梁后期的维修养护做出充分的考虑，通常情况下会在绿化区域摆放一些浅色的、和交通标志颜色存在明显对比冲突的立体花箱。

②桥体栏杆绿化。为了保证桥梁使用者的安全，桥梁两侧会安装防护栏。过街天桥、立交桥以及高架桥等，由于其空间环境较为特殊，其护栏绿化常采用凹槽种植方式进行绿化。简单来说就是在栏杆侧安装花槽，并种植一些攀缘类或垂吊类植物或草本植物。

③除了桥梁两侧的防护栏之外，桥体的墩柱、立柱等，也是较为重要的绿化部分。由于桥梁立柱绿化面积较大，为了进一步控制绿化成本，可以利用铁丝网或塑料网将其围合，然后在其下方种植如金银花油麻藤等攀缘类植物，让植物沿着立柱生长，这种绿化方式在一定程度上降低了立柱受阳光直射的可能性。

④中间隔离带绿化。虽然桥梁自身空间的结构较为特殊，但是桥梁绿化隔离带和道路绿化隔离带的设置方法是相类似的，通常情况下隔离带和其他区域的绿化带相比，最大的不同在于隔离带土层较浅，种植在隔离带中的植物，大多数都是一些拥有较强抗耐性的植物。

4.3.6.2 桥梁夜景景观设计

桥梁灯光夜景设计，除了桥梁复合景观设计、整体景观设计以外，更为重要的一种桥梁景观设计类型。桥梁灯光夜景设计和普通的桥梁照明设计相比存在本质上的差别。前者是融合了桥梁艺术和照明科学所获得的景观，是能够充分体现城市多样化的渠道，是城市文化的重要体现。桥梁灯景夜景设计在表述原有的桥梁景观设计的基础上，进一步强化了桥梁的魅力，桥梁景观设计在时间上有了极大的延伸。

对于一些大型的标志性桥梁建筑来说，它们往往充当着城市战略性格局的核心，因此针对这些桥梁的夜景设计，对于城市亮化工程来说是极为重要的。从不同的承载空间，所表现出的桥梁夜景设计的侧重点不同，对于较为广阔区域的桥梁，应该将城市景观的表达作为重点内容；位于江边的桥梁，应该弱化其本身的影响，凸显交警和交警的和谐。

虽然桥梁夜景设计和建筑夜景设计存在一定的相似性，但是桥梁夜景设计所带有的设计格局以及自身规律和建筑夜景设计之间是完全不同的。简单来说，桥梁景观设计是一种结合了桥梁设计艺术以及桥梁设计科学的综合性艺术，充分地发挥了点线结合的魅力，凸显了桥梁的本质美和个性美。

桥梁夜景设计过程中，灯具的选择是尤为重要的。桥梁灯具在一定程度上也代表着桥梁设计所要表达的设计理念。如果想要凸显桥梁对于文化的追求，可以选择一些形状较为怪异且独具地域风格的灯具。目前，在桥梁夜景设计的过程中，提倡灯具选择和桥梁设计一体化的观念，希望桥梁夜景设计能够全程贯穿于桥梁的设计过程中，从而避免在设计完成之后，因为灯具的选择而导致桥梁夜景设计受到制约现象的出现。

借助灯具的灯光效果，桥梁夜景设计在充分发挥照明功能的同时，创造了多种时空环境。在原有道路照明基础上，结合不同的安装位置以及桥梁的结构特征，设置不同颜色的照明器具，利用不同角度光线的传播特征，打造出极具立体感和层次感的夜景效果；设置根据季节变化和节假日变化照明回路，创造多变桥梁景观，营造不同夜景氛围，让桥梁的形态美得到充分发挥。

对于桥梁夜景观设计来说，斜拉桥灯光设计中最为重要的是针对主塔的设计。主塔设计不仅要充分地凸显桥梁的质量美和力量美，还要表现桥梁的构造美和韵律美。桥梁钢箱底部的景观设计，要对江面行船视角做出充分的考虑，不仅要充分体现桥梁整体的高耸感，还要保证桥梁能够在江面上形成完整的倒影。

◀ 图4-49 桥梁灯光照明景观

4.3.6.3 桥梁构件的美学设计

桥梁景观设计并不是一蹴而就的，同样的桥梁附属构件的设计也需要耗费大量的时间。需要设计师对各个方面的内容进行仔细且认真的分析和推敲，特别是针对桥头建筑等的景观设计。桥梁景观设计要同时满足结构和功能的需求，在确定最终设计方案之前，要对多个方案进行对比分析，选择能够充分凸显桥梁附属构件特征，并且保证附属构件和主体之间能够实现统一的方案。

（1）桥台的景观美学

作为高架桥梁和实体道路之间的衔接结构，基于是否凸显桥台的存在感，可以将桥台景观设计分为以下两种类型：第一种，以强化桥台存在感为主，通过增加桥台的体量完成景观设计；第二种，以削弱桥台存在感为主，通过减少桥台体量，完成景观设计。

（2）桥头建筑的景观美学

桥头设计需要和主桥结构造型之间实现和谐统一。针对桥头建筑的景观设计，要特别重视桥两侧河岸建筑物等装饰要素的应用，重点在于对自然景观、引桥和主桥等进行合理的比例安排。通过对各建筑的有机联系，打造新的景观点，以较低的成本支出获得较好的不同装饰效果。

教堂式建筑和宝塔式建筑是国外最为常用的两种桥头景观建筑方式，这些建筑组合较为复杂且体积较为庞大，比如中世纪的凯旋门。这些外观宏大的桥头建筑，凸显了不同时代桥梁建设的风格特征。南京长江大桥和武汉长江大桥也采用了类似于桥头堡式的桥头装饰建筑。

（3）栏杆和端柱的景观美学

桥面的附属构件较多，除了两侧的围栏之外，还包括步梯和端柱。桥面附属构件最重要的功能是为了保护桥梁使用者的安全，在现代桥梁设计的过程中，桥梁附属构件不仅要满足最基本的职能需求，还要满足桥梁整体美学设计的要求。我国从很早以前就开始了对桥梁栏杆的造型设计，比如卢沟桥的石狮栏杆，每一个栏杆上的石狮造型都不同，趣味横生的造型让游玩者的游览满意度得到了一定的提升。

除此之外，一些较为古老的拱桥，特别是皇家园林的桥梁，对栏杆造型设计的重视度极高，在材料方面选择青白石、汉白玉等较为上等的玉石材料进行雕琢，这些桥梁栏杆造型作品往往都具有极高的艺术价值。

除了端柱造型之外，桥梁栏杆的景观美学还表现在桥梁结构形式方面，以不同的地域风格作为主要特征的桥梁形式，有效地加深了游览者对于桥梁的印象。

（4）行人步梯的景观美学

步行楼梯应该结合不同区域人流强度和桥梁所处区域的具体特征进行设计。对于行人步梯的景观美学，除了要考虑现场建设条件和人流方向之外，要保证行人的安全通行。在充分考虑桥梁步梯和桥梁整体结构统一性的前提下，设置让行人能够进行短暂休憩的缓行平台，或专门的眺望桥景的平台。在满足行人便捷性的同时，为行人创造更优良的步行氛围。

4.3.7 服务区景观设计

4.3.7.1 服务区景观概述

高速公路服务功能区中包括但不限于管理处、收费处、停车场。其中管理处，是高速公路管理人员和收费站工作人员进行办公和休憩的场所；收费处是高速公路收费工作的主要办公场所；停车场是驾乘人员进行临时停车后，解决食宿问题和生理问题的主要场所。服务区是面向于高速公路驾乘人员和工作人员的主要场所，因此相比于其他区域来说，服务区景观设计是较为特殊的，因为它是开放的场所。

从整体的角度来看，在服务区景观设计的规划中，包括环境的融合、特色的体现、布局的统一。服务区景观设计原则上需满足工作人员和驾乘人员的各方面需求。在具体规划中，对于一些原有的树木、岩石和树林以及房屋，在确定最终的设计方案时，要尽可能做到保留与利用。

在规划建筑位置和停车场位置时，尽可能地以原有的地形结构作为依赖。在美化周边环境时，特别应对自然景观和建筑设施之间的协调统一性做出考虑。植被的栽植需和路径规划之间实现统一，在确定最终的栽植规划时，对自然树林、气象、土壤等做出充分的考虑，保证规划的全局性、全面性以及合理性。

4.3.7.2　服务区的景观规划要点

（1）因为服务区的主要服务对象是驾乘人员，所以为了充分满足驾乘人员各方面的需求，服务区应该对车辆的进出做出重点分析，尽可能地保证车辆进出道路的规划和周边地区相适应。

（2）要注意硬质景观和绿化景观之间的协调统一，不得出现硬质景观和绿化景观的相互独立。除了加油站由于安全要求较高可以进行独立之外，其余如餐厅和商店等，都必须和主体建筑之间实现统一。避免景观较为分散对整体规划造成破坏。

（3）建筑在硬质景观中的比例较大，所以整个景观风格取决于建筑风格。最为合适的建筑风格应该是融入了当地文化特色以及区域历史符号的风格。

（4）绿化景观设计要力争保证四季常绿。在确定绿化植被时，要进行布局的统一考虑，对于较为零散且利用价值较低的景观，可以将其规划为隔离带；对于一些处于服务区内部的风景区，外围植被的种植应选择乔木以外的其他植物。

（5）在供驾乘人员休息的花廊、座椅以及凉亭方面，宜采用有色植物和开花植物。

（6）服务区是很好的宣传当地文化的平台，服务区景观设计要尽可能地凸显当地的文化特征，从而让游客在游览时能够对当地的人文资源以及经济特色等有更加深刻的印象。

4.3.7.3 服务区的绿化栽植

一些较为特殊的人文景观和自然景观，是在对服务区进行整体规划时需要考虑的重要因素，在具体规划的过程中需要对这些景观的存在进行充分的考虑，尽可能地保证这些景观和地方特色之间的和谐统一。作为绿化最主要的形式，绿化整体较为简洁，且布局较为宽敞，为了保证局部绿化和整体绿化之间的和谐统一，可选择种植一些自然式的植被。

不管怎样服务区景观规划的过程中，关于绿化的内容，需要根据不同功能点的不同特征进行针对性的设计，从而保证绿化设计在保有原有特色的基础上和整体之间能够实现协调统一。

（1）遮阴休息

停车场绿化设计应该考虑车辆受阳光直射的遮蔽。要尽可能避免车辆直接受到阳光的暴晒，可以选择一些较为高大的乔木进行种植。加油站等对安全有要求较高的场所，选择种植防火树种。

▼ 图4-50 高速公路服务区内庭景观

（2）舒适宜人

不同的服务区所具有的设计风格不同，服务区内侧庭院的设计需要和服务区整体设计风格之间实现统一。在绿化设计方面，可以选择丛植植物结合观赏性树木，让整个休憩区域的环境变得更加宜人，并纾缓驾乘人员的疲劳。对于办公区域来说，其花草树木的布局应该以创造舒适办公环境为最终目的。

（3）防噪防尘

在所有功能区域中，收费站对于绿化设计的美化、防噪功能要求较高。通常情况下采用类似于庭院设计的方法设计，在靠近公路的地带设置防尘带，种植吸尘植物美化周边环境。为了让驾乘人员更容易发现收费站和服务区，在颜色配置方面，可选择渐变或较为特殊的图案，提醒车辆收费站和服务区所在。

4.3.8 管理服务中心及宿舍景观

作为高速公路工作人员日常休息、生活、学习的主要场所，服务中心的绿化景观设计应该充分满足使用者交往、健康等多方面的需求，可以采用绿化配置的形式，以低碳节能作为主要特征，对整体绿化生态效果进行进一步的完善。

通常情况下，如果要提升服务中心的安全性，种植有较高抗性的常绿植物，如果要提升对于视线的遮挡水平，可以利用起伏的设计形式对常绿植物进行配置。一般来说，植物之间的间距不超过3m。常绿植物不仅能够有效吸附公路周围的空气污染，防止其扩散到服务区内，还可以对周围空气做出进一步的净化。同时2～3m的间距还能够有效地吸收汽车噪声，有效减缓中心所受到的噪声污染，让工作人员的工作环境得到进一步的优化。

4.3.8.1 管理服务中心及宿舍内部功能性景观

管理中心是处理高速公路各项业务的主要场所，为了满足工作人员的日常生活需求和工作需求，管理中心办公楼还具有一定的监控功能，主要负责对各个场所的监督和控制。为相关人员和工作人员解决住宿问题的如住宿楼、锅炉房等，属于附属用房。通常情况下，高速公路管理中心和社区之间的距离是较大的，所以在管理中心会设置食堂，解决工作人员以及其他相关人员的日常饮食问题。管理中心各功能区块的绿化设计，不仅要对植物配置方式进行充分的考虑，还要对各植物所具备的生态功能做出详细的分析。具体设计的过程中要充分实现点、线、面的全面结合，致力于打造简单大方且科学合理的绿化建设。以提高植物配置质量、强化植物炭化作用的方式，让植物对周边生态环境的恢复做出最大的贡献。针对建筑物周围的绿化设计，充分考虑植物在遮蔽方面的特性。比如在背阴面可用花灌木或低矮灌木代替大乔木，从而让日光的能量能够得到最大限度的利用；在向阳面，不仅要考虑夏季的日光遮蔽，还要考虑冬季的日光照射，可以选择种植类似于落叶乔木等较为高大的树木。

4.3.8.2 管理服务中心及宿舍内部休闲性景观

采用以自然式为主要特征的园林设计方式完成中心绿化空地的设计。基于不同空地的实际功能，可以将空地分为休闲活动区、入口景观区、健身运动区等多个区块，根据不同区块和建筑之间的联系，以及区块的具体方向和大小，设计能够将所有区块进行连通的路线图，在此基础上完成空地绿化设计。

▶ 图4-51　高速公路房建设施景观

▶ 图4-52　高速公路管理中心办公楼、综合楼

在确定分区之后，明确各分区的道路规划，在管理中心必经之路上，对各区块视线焦点做出重点分析，配置一些符合绿化植物，利用乔木等较为高大的树木作为背景，联合多层次的色彩变化和山石、草花等形状各异的装饰材料，打造令人心旷神怡的景观效果。

活动区域的景观设计，需要对休息设施和娱乐设施的分配做出详细的分析，将小型组团绿化、雕塑绿化等放置在局部视线聚焦区，从而让整个景观区域的内容得到进一步的丰富。

对于安静休息区来说，为保证环境远离噪声污染，应该将这些区域安排在远离道路的空地上。并且在外围种植灌木和乔木等较为高大的树木，将整个区域围合起来，创造出相对较为静谧的空间。

▼ 图4-53 景观亭

在建设运动健身区时，需调查当地对运动项目的喜好程度，常见的运动区块有篮球场、乒乓球场、羽毛球场等。健身运动区块的绿化设计，需要保证种植植物的“干净”简单来说就是不得种植有飞絮的植物，比如木棉、法桐、杨柳等。

可选择一些拥有较好土壤条件的位置设置果园菜地，并安排专人进行看护。管理中心可以通过果园菜地获得部分水果和蔬菜的稳定供应，中心工作人员的日常生活也可以得到一定的丰富。

植物配置需以恢复当地生态群落作为重要出发点，在具体配置的过程中，必须要严格遵守生态恢复基本原理，以植物多样性作为重点内容，选择包含生态恢复的植物进行植物配置，利用几种较为常见的搭配方式，强化园林生态效果，提升园林植物生态稳定性并让周边生态环境得到有效的改善。

4.4 高速公路附属设施景观

4.4.1 道牙、护栏景观设计

4.4.1.1 道牙、护栏的功能

公路道牙、护栏是公路上为保证行车安全、进行交通诱导以及保留水土、保护植栽、区分路面铺装等而设置在道路边界、路面与绿地分界等处的交通安全设施。

4.4.1.2 道牙、护栏的景观设计要点

公路道牙、护栏在满足安全行驶的前提下，其景观设计要点如下：

（1）道牙制作规整、线条挺拔，同时铺筑高度统一、整齐、接缝平整。

（2）一条道路护栏形式不宜过多，应统一、规整，既便于施工，又不给人留下杂乱的感觉。

（3）公路护栏必须坚固并给人以安全感，质感、色彩应与道路及周围环境设施相协调。

（4）公路护栏需要考虑车辆快速行驶和远观的视觉效果，造型宜简洁，封闭性宜强，亦可与绿化结合设置，美化公路景观（图4–54）。

▶ 图4–54 公路护栏

4.4.2 景观照明设计

4.4.2.1 景观照明的功能

高速公路景观照明对公路上的功能性照明具有辅助配合的作用，高速公路除了

必备有保障行车安全和提供道路各相关场所（加油站、服务区、收费广场、立交区等）的功能性照明外，还需具有衬托景物、装点环境、渲染气氛等功能的景观照明，构成公路景观的重要环境组成部分。高速公路景观照明主要位于隧道洞内，着重于辅助照明的同时，增强洞内的景观效果，让驾乘人员感觉身心愉悦、缓解疲劳。

4.4.2.2 景观照明设计要点

为解决在高速公路隧道中采用灯光设备来实现特殊的景观照明效果，创造舒适宜人的隧道光环境，使得独具特色的隧道照明形成一道炫丽的城市夜色风景线，丰富夜间城市空间的层次和活力，需要在设计上有所突破和创新，主要设计要点如下：

（1）灯光带的设置，通过对洞内景观饰物、照明灯具、景观灯具等元素进行全方位的合理设置，构成景观装饰特殊灯光带，形成简洁得体的综合视觉景观效果，可以有效地改善单调的照明效果，从而缓解驾驶员的视觉疲劳。

▲ 图4-55 隧道洞内照明装饰景观

（2）通过对先进高效的照明灯具和照明控制系统的使用，最大限度地降低照明系统的耗电量，减少项目的运营成本。

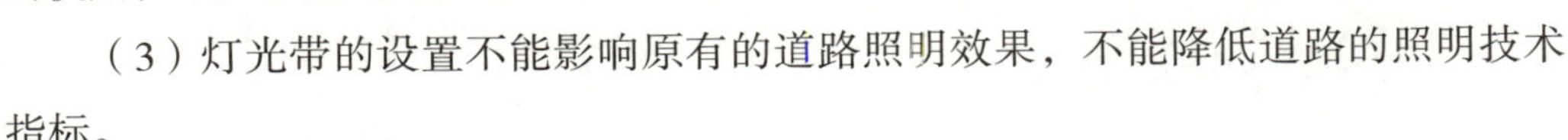

（3）灯光带的设置不能影响原有的道路照明效果，不能降低道路的照明技术指标。

（4）灯光带的设置应避免眩光对车辆行驶造成不好的影响，从而降低隧道内行车的安全性。

4.4.3 隔音屏景观设计

4.4.3.1 隔音屏的功能

隔音屏是用来遮挡声源和接收者之间直达声的设施，常用于交通噪声的治理。

它对交通噪声的衰减作用主要通过吸声和隔声来达到。吸声是靠吸声材料的性能来实现的，而隔声主要是靠增加噪声的传播距离来实现减噪。

4.4.3.2 隔音屏的景观设计要点

从公路隔音屏的功能、形式及材料方面综合考虑，其景观设计应注意如下问题：

（1）对于能利用土堤降噪的路段，尽量利用公路弃土修筑土堤隔音屏障。一可解决公路弃土问题，经济便捷，二可达到防噪目的，三与自然环境较易协调（图4-56）。

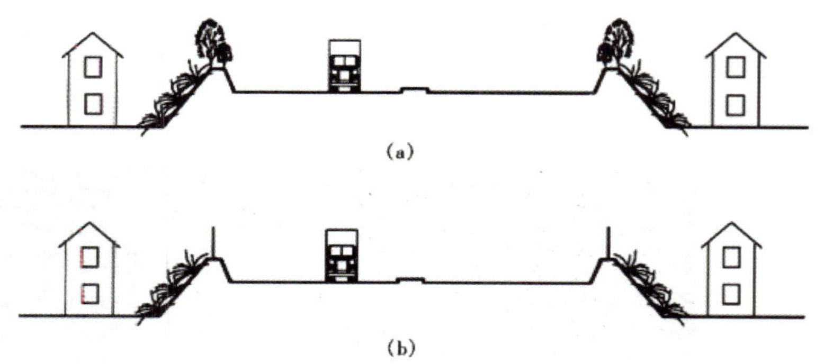

▶ 图4-56 公路隔音屏设计示意

（2）有条件情况下，尽可能采用生态型隔音屏隔音。例如：采用混凝土槽砌筑屏障壁体，在槽内填土种植绿化植物，以形成生物墙，见图4-57。在路侧堆筑土堤，在土堤侧坡及顶面进行绿化。

（3）在各式砌块类隔音屏设计施工中，为改善砌块的单一呆板性，可在砌块砌筑时或饰面粉刷时，进行与环境协调的色彩搭配设计或不同形式的浮雕面设计。使隔音屏在完成隔声防噪功能的同时，成为公路沿线的景墙，以美化道路景观，见图4-58。

▲ 图4-57 混凝土槽砌筑障壁体示意

▲ 图4-58 搭配丰富的图案元素的墙体

（4）各式板材类隔音屏在景观设计上应注意与路体景观及路外景观的整体性与协调性的处理。一般来说，若路外有较好景致，最好能采用透明板材做屏障，以借用外侧景观，开阔视野。若路外环境零乱、不雅，则用实体板材，即可障声，又遮蔽、调整景观环境，见图4–59、图4–60。

▲ 图4–59 实体屏体板材设计效果

▲ 图4–60 透明屏体板材设计效果

（5）对于地下式、半地下式或壳式隔音屏，重点考虑其出入口处的景观处理及内外饰面的环境协调（图4–61）。

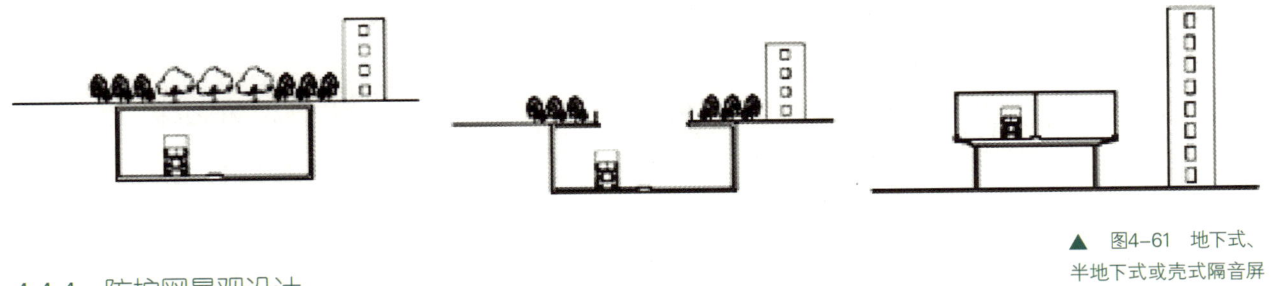

▲ 图4–61 地下式、半地下式或壳式隔音屏设计示意图

4.4.4 防护网景观设计

4.4.4.1 防护网的功能

为达到高速公路全封闭的设计要求，保障通行车辆安全，通常在高速公路中央分隔带或桥梁外侧设置防护网，既可防止抛掷物体，保证路面通行车辆安全行驶，也能起到防眩作用，避免迎面而来的车灯光直射驾驶员眼睛而造成短暂的驾驶盲区，同时也具有指示和诱导作用，引导车辆的行驶方向，增强行车的安全感（图4–62）。

▶ 图4－62 公路防护网

4.4.4.2 防护网的景观设计要点

结合高速公路防护网的功能及形式，其景观设计的要点如下：

（1）防护网要求全线封闭，埋置连接坚实、牢固、格网紧密。

（2）防护网一般由优质低碳钢丝加工而成，网身轻巧，设计形式应统一、规整，方便拆装，便于重复使用，整体协调。

（3）防护网的色彩应与道路及周围环境相协调，给人以柔和之感，用色不宜太跳，增强行车的安全感，也对驾驶员的行驶具有明显的导向作用。

4.4.5 交通标志与标线景观设计

4.4.5.1 交通标志与标线的功能

道路交通标志和标线是指设置在道路上用规定的图形、符号、文字、线条、立面标记、突起路标等来表示特定管理内容和行为规则的交通设施。

4.4.5.2 交通标志与标线的景观设计要点

（1）道路交通标志和标线的设计应符合安全、规范、舒适、醒目、准确、易懂的原则。在选取结构形式和材质时，应充分考虑信息的重要性和视认效果。

▲ 图4-63 道路交通标志

（2）道路交通标志和标线的设计应充分考虑交通设施对道路使用者的影响，并应结合道路条件、交通条件、环境条件（采光条件等）和交通管理条件进行设计。环境条件（采光条件等）不良时，宜采用照明标志。

（3）交通标志间的纵向设置距离宜不小于150m，条件受限时不宜小于80m；当标志间的纵向间距小于80m时，宜合并设置。

第5章

前沿理念的技术与应用

所有的工业革命最后都由技术发展来决定，公路景观工程也是一样，无论是新的思想得以落实，还是新的美感得以实现，新技术与新材料是必然的支撑点，同样，由于技术与材料的不同，会带来发展方向与速度的不同。目前，我们处在一个技术与理念同样飞越的时代，设计思想与方法就不能太过陈腐，所以无论如何我们要赶上时代，至少我们不会被落下。

与公路景观相关的前沿技术很多，也都在发展。有一些技术并不单纯是关于景观的，但却与景观息息相关。比如桥梁的预制拼装技术，不仅会给桥梁结构带来革命，也会给桥梁景观带来挑战；比如涵洞材料的更新，也同样对涵洞的结构与形式带来革命，而其景观也会因此不同；再比如，护栏与声屏障材料的更新也同样改变了公路景观，同时，新时代的智慧交通、智能交通、收费方式的改变等等，无一不与景观相关，而这些都是景观规划设计人所必须掌握的知识。

值得一提的是，前沿的理念不是任何想法都可以称为理念，目前明一股潮流，似乎是所有高大上的都可以，所有新鲜的都可行，比如服务区用沥青路面、匝道用沥青路面、长隧道用沥青路面，这些，我们在应用时真的应该实事求是地好好想一想，可能无关景观、无关造价，却有关安全、有关环保，如何选择 真的要谨慎。

当然，关于厕所革命、服务区功能提升目前正在进行，那么公路景观建筑学在这中间就要发挥它应有的主导与引领作用。限于篇幅，我们不可能一一介绍，只举一二例说明一种思想与态度。而更多内容还需大家共同发掘。

5.1 低影响开发（LID）

低影响开发（Low Impact Development，LID）是一种强调通过源头分散的小型控制设施，维持和保护场地自然水文功能、有效缓解不透水面积增加造成的洪峰流量增加、径流系数增大、面源污染负荷加重的城市雨水管理理念。20世纪90年代在美国马里兰州开始实施。低影响开发主要通过生物滞留设施、屋顶绿化、植被浅沟、雨水利用等措施来维持开发前原有水文条件，控制径流污染，减少污染排放，实现开发区域可持续水循环。

5.1.1 LID核心理念

（1）以生态系统为根基，让城市与大自然共生

城市源于自然、依赖自然，又在不断地改造自然、设计自然，城市与自然之间必须有新型的动态平衡，才能可持续发展。让城市建设滞后尽可能地少影响原有自然环境的地表径流模式，正式城市与自然和谐相处的体现。

（2）从降雨径流源头开始管理

降雨管理理念从原始的自然河沟排水、地下合流制管网排水、雨污分流制排水、快速消减洪峰流量到如今的生态化管理，经历了漫长的发展历程。地影响开发模式将雨水管理的起始点提前到径流源头，先模拟蒸发、过滤、渗透、储留等自然的雨水传输路径和水文情势，再进入收集管道，具有双重调节的功能。

（3）强调尊重和利用本地自然特性

减少对开发区域的扰动是实现城市与自然互惠共生的基础。同时，低影响开发模式在具体规划设计中的应用，需要结合本区域土地利用、水文地理、土壤类型、气候、降雨类型等一系列的因素，是一种尊重场地的结构性设计技术。

5.1.2 LID原则

低影响开发的原则主要有以下几条：

（1）以现有的自然生态系统作为土地开发规划的综合框架：首先要考虑地区和流域范围的环境，明确项目目标和指标要求；其次在流域（或次流域）和邻里尺度范围内寻找雨水管理的可行性和局限性，明确和保护环境敏感型的场地资源。

（2）专注于控制雨水径流：通过更新场地设计策略和可渗透铺装的使用来最小化不可渗透铺装的面积；将绿色屋顶和雨水收集系统综合到建筑设计中；将屋顶雨水引入等可渗透区域；保护现有树木和景观以保证更大面积的冠幅。

（3）从源头进行雨水控制管理：采用分散式的地块处理和雨水引流措施作为雨水管理主要方法的一部分；减小排水坡度，延长径流路径以及使径流面积最大化；通过开放式的排水来维持自然的径流路线。

（4）创造多功能的景观：将雨水管理设施综合到其他发展因素中以保护可开

发的土地；使用可以净化水质、减弱径流峰值、促进渗透和提供水保护效益的设施；通过景观设计减少雨水径流和城市热岛效应并提升场地美学价值。

（5）教育与维护：在城市公共区域，提供充足的培训和资金来进行雨水管理技术措施的实践与维护，并教导人们如何将雨水管理技术措施应用于私有场地区域；达成合法的协议来保障长期实施与维护。

5.1.3 LID工程技术

5.1.3.1 下凹式绿地

绿地平均高程低于周围地面10～20cm的绿地称为下凹式绿地，这样的绿地可以保证周围硬质地面的雨水径流进入绿地中，入渗之后进入下一步的处理设施或直接接入雨水管网中。它可以起到调蓄和净化径流雨水的作用。广义上主要包括生物滞留设施、渗透塘、湿塘、雨水湿地、调节塘等。

下凹式绿地的适用范围广、造价和维护费用均较低，且形式多样，是最常见的LID技术之一。

5.1.3.2 透水铺装

通过使用具有透水特性的新型材料对地面进行铺装，如透水砖、透水水泥混凝土、嵌草砖、特殊的还有园林中常用的鹅卵石、碎石铺装等。这也是最常见的LID技术之一。

▶ 图5－1 透水性铺装

在公园、河流两侧、人行道等承载量较小的道路上可以采用透水铺装，以增大地表的透水性，减小径流量。公路景观中多用于休息区和管理区的人行道。

5.1.3.3 绿色屋顶

顾名思义，在屋顶上种植绿化，它可有效降低屋面雨水的径流总量，并且极大程度上降低了径流污染的负荷。不过屋顶绿化对屋顶的要求条件较多，如屋顶载荷、防水条件、坡度等。

5.1.3.4 生物滞留设施

通过土壤的过滤和植物的根部吸附、吸收，以及微生物系统等作用去除雨水径流中污染物，公路景观中一般用于中央绿化带、路侧绿化带以及行道树经过一定的改造都可以作为生物滞留设施的。

图5-2 生物滞留带典型构造

5.1.3.5 雨水花园

利用物理（沉淀）、水生植物及微生物的生化作用对雨水进行处理，相当于一个集一二级处理于一身的微型污水处理厂。设计中除了考虑正常的雨水处理外，要注意设计暴雨的调蓄功能。雨水湿地在绿地和滨水区会比较常见，而在公路景观中，常用于交汇区绿地中。

▶ 图5-3 雨水花园典型构造

5.1.3.6 生态草沟

比较典型的雨水转输设施，是一种广义的下凹式绿地，拥有雨水管的转输作用，同时起到水体净化的缓冲调节作用，一般可用于较为宽阔的道路边以及绿地中。

▶ 图5-4 利用柔性的生态草沟替代生硬的排水明沟

5.1.3.7 天然/人工土壤渗滤

土壤渗滤装置主要对水体的水质进行净化，常常与各类储水设施联用，起到处理回用的效果。在房屋侧边的雨水管下设置土壤渗滤装置，可以在一定程度上控制初期雨水的污染。

5.1.3.8 初期雨水弃流设施

由于雨水对地表、屋面的冲刷作用，初期雨水被认为含有大量的污染物，因此，通过一定的方法将初期雨水进行处理，便可降低后期雨水的处理难度。初期雨水弃流设施将该部分雨水排入市政污水管，其余部分雨水照常进入雨水管网或水系。其占地面积小，径流污染降低效果好，不过弃流量一般不好控制。

5.1.4 LID在公路景观设计中的应用

5.1.4.1 应用在总体规划中

根据LID理论以及海绵城市相关建设技术规定的要求，道路设计和建设应该全面保护我国自然生态环境，比如树木、土壤、河流等。因此，在道路建设的初期阶段或者设计阶段就应该全面考虑到自然生态的问题，结合当地的生态环境，尽可能地不去破坏已有的道路排水系统，科学合理的避开河流等自然环境，合理的规范设计道路建设，保证道路具有足够的设计空间，借助LID理论对道路雨水等进行一系列处理和循环利用，比如设置人行横道、绿化带等，将道路建设对现有生态环境的影响降到最低。

5.1.4.2 应用在服务区及管理区的设计中

服务区、管理区由于相对独立，可以较好地成系统的运用低影响开发措施。其设计充分运用了低影响开发的“渗、滞、蓄、净、用、排”等原

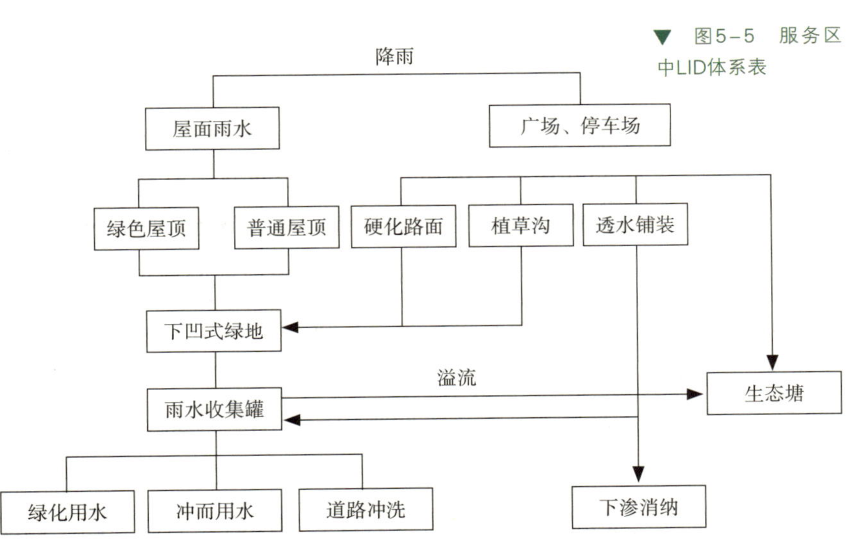

▼ 图5-5 服务区中LID体系表

则，利用绿色屋顶、透水铺装、下凹绿地、雨水调蓄池等设施对降雨范围内的雨水进行收集并利用。为避免雨水汇流方向过于集中，对“海绵城市”相关设施造成冲击，因此对服务区、管理区的场地坡度设计成中间高四周低，有利于雨水分散排放至相关“海绵城市”设施中。

▲ 图5-6 服务区建筑采用绿色屋顶

5.1.4.3 应用在排水管和排水沟的设计中

在LID理论的基础上，对排水沟和排水管进行设计。首先，排水管的设计。在设计过程中，一般需要利用直径小、颗粒小以及多孔的材料来填充排水管的四周，比如石粒等，排水管通常采用聚氯乙烯（Polyvinyl chloride，简称PVC）高分子材料，通过多孔结构对道路积水进行适当的调整。采用这样的排水管道设计方案，不仅可以减小占地面积，还可以增加其协调性，并且具有较好的透水性，因此被广泛地应用在多个领域。同时，也存在一定的缺点，就是填充的材料很难进行清理，如果这种材料堵塞了排水管，那么排水管的透水效果将会大大降低。其次，排水沟的设计，排水沟设计的目的在于保护自然生态环境，在建设使用过程中，排水沟与生态、人文环境紧密联系在一起。在设计排水沟结构时，主要分成以下几层结构：砂石层、排水层、渗透层、土壤植被层和绿化植被层等五层结构。采用这种形式的排水沟设计，可以有效发挥渗水排水的优势，还可以保护自然生态环境，对水资源进行重复使用。

5.1.4.4 应用在公路绿化带的设计中

公路绿化带的设计在应用了LID理论之后，不仅提高了渗透性能和净化雨水的性能，还增加了道路绿化带的储水直径。对道路绿化带设计来说，主要具有两种形式的设计：

第一，LID设备和行道树绿带之间的设计。行道树绿带指的是一种行道树木与地表植物等相连的绿化带。如果受到各种因素的影响或限制，那么行道树绿带就只可以栽种行道树，不可以种植其他的植被，也能够设计成生态型的树池，而且在树池内需要使用透水的材料进行填充，这种树池能够将道路雨水和积水进行汇流，然后借助渗透功能将积水或雨水汇入地下水中，从而起到净化水资源、降低水流量的作用，保护生态环境和行道树。

第二，LID设备和分车绿带之间的设计。这个设计主要有三部分：生物滞留带、下沉式绿地和雨水花园。生物滞留带指的是将各种类型的植被种植在地势低的地方，从而发挥出净化雨水、植被吸收截留等功能，主要适合运用在城市道路绿化

▼ 图5-7 利用高速互通绿地打造雨水花园

带。下沉式绿地指的是四周道路和路面要比设计的绿地高出最多200mm，对一些雨水采用植被截流、微生物净化等，其他流水沿着排水口流入水管。雨水花园具有保护环境、净化积水、降低水流量等功能，主要是在城市道路周围地势较低的区域重视花果树木等植被。

总而言之，鉴于高速公路安全的重要性，在进行“LID”设计时，应把高速公路安全放在第一位，“LID”各项措施应有选择性的运用。由于雨水的下渗会对路

▶ 图5-8 采用开口式路缘石利用中央绿化带收集雨水

基和边坡的安全带来安全隐患，因此路基和边坡范围内的雨水应尽量迅速地排放至其范围之外，“LID”设施尽量布置在路基外、互通立交地域、跨线桥下、服务区、管理区等。

5.2 太阳能光伏发电

目前，开发利用可再生能源已成为我国应对日益严峻的能源环境问题的必由之路，绿色环保理念不断深入人心，随着绿色公路的不断发展，推行绿色服务区改造与建设势在必行。太阳能因其资源丰富和低碳环保在各种可再生能源中具有最理想的可持续发展特征。早在1986年，世界能源组织就提出了光伏建筑一体化的概念，1991年，这一概念作为建筑设计的一种新技术被正式提出来，使其成为未来建筑设计的一大发展方向。在公路景观建筑设计中应用太阳能光伏发电，整个发电过程不会产生任何污染物质，可以有效减少温室气体的排放。同时，光伏建筑既可代表现代科技，又体现时代美观，是未来所倡导的新能源应用趋势之一。

5.2.1 太阳能光伏设备系统介绍

光伏设备系统是指由阳光电池阵列、集电器、逆变器、蓄电池及防雷器等设备组成的系统，它可以将太阳光能转换为电能，并供给用户。光伏系统产生的电能可以直接供给用户使用；也可以与电网连接，向电网供电，当有需要时，也可以从电网取回相应的电能。

并网光伏发电系统是与电网相连并向电网输送电力的光伏发电系统。可以分为带蓄电池和不带蓄电池的并网发电系统。有蓄电池的并网发电系统具有可调度性，可以根据需要并入或退出电网，还具有备用电源的功能，当电网因故停电时可紧急供电。有蓄电池的光伏并网发电系统常常安装在居民建筑或相对独立的边远地区的建筑上；不带蓄电池的并网发电系统不具备可调度性和备用电源功能，一般安装在较大型的系统上。受我国目前电网相关的规定的约束，光伏建筑一体化项目绝大多数尚未能并网，多为项目独立的自用电系统。

光伏发电系统是利用太阳电池的光伏效应，将太阳辐射能直接转换成电能的发电系统。由光伏方阵、光伏接线箱、并网逆变器、蓄电池及其充电控制装置、电能表和显示电能相关参数的仪表组成；并网光伏系统的线路设计一般包括直流线路设计和交流线路设计。其部分设备的作用是：

（1）光伏电池：将太阳辐射能直接转换成电能的一种器件。在有光照（无论是太阳光，还是其他发光体产生的光照）情况下，电池吸收光能，电池两端出现异号电荷的积累，即产生“光生电压”，这就是“光生伏打效应”。在光生伏打效应的作用下，太阳能电池的两端产生电动势，将光能转换成电能，是能量转换的器件。太阳能电池一般为硅电池，目前市场的主要有单晶硅太阳能电池，多晶硅太阳能电池和非晶硅太阳能电池三种。光伏电池也称太阳电池。

（2）光伏组件：具有封装及内部联结的、能单独提供直流电流输出的，最小不可分割的太阳电池组合装置。也称太阳电池组件。

（3）光伏方阵：由若干个光伏构件、光伏组件在机械和电气上按一定方式组装在一起，并且由固定的支撑结构而构成的直流发电单元。

（4）蓄电池组：储存太阳能电池方阵受光照时发出的电能并随时向负载供电。太阳能电池发电对所用蓄电池组的基本要求是：自放电率低；使用寿命长；深放电能力强；充电效率高；少维护或免维护；工作温度范围宽；价格低廉。

（5）充放电控制器：能自动防止蓄电池过充电和过放电的设备。由于蓄电池的循环充放电次数及放电深度是决定蓄电池使用寿命的重要因素，因此能控制蓄电池组过充电或过放电的充放电控制器是必不可少的设备。

（6）逆变器：将直流电转换成交流电的设备。光伏系统可以分为独立光伏发电站系统和光伏建筑一体化系统。前者与建筑物无关，产生的电力全部输入市电电网。

5.2.2 太阳能光伏发电系统在高速公路景观建筑中的应用

在高速公路景观中，太阳能光伏发电系统常用于服务区建筑之中，形成光伏建筑一体化系统。

光伏建筑一体化系统的发电系统设计与光伏电站的系统设计不同，光伏电站一般是根据负载或功率要求来设计光伏方阵大小并配套系统，光伏建筑一体化系统则是根据光伏方阵大小与建筑采光要求来确定发电的功率并配套系统。光伏建筑一体化系统光伏系统设计包含三部分，分别为光伏方阵设计、光伏组件设计及光伏发电系统设计。

▲ 图5-9 太阳能光伏发电系统布设

（1）光伏方阵设计：在与建筑墙面结合或集成时，一方面要考虑建筑效果，如颜色与板块大小；另一方面要考虑其受光条件，如朝向与倾角。

（2）光伏组件设计：涉及电池片的选型（综合考虑外观色彩与发电量）与布置（结合板块大小、功率要求、电池片大小进行），组件的装配设计（组件的密封与安装形式）。

（3）光伏发电系统的设计：包括系统类型（并网系统或独立系统）确定，控制器、逆变器、蓄电池等的选型，防雷、系统综合布线、感应与显示等环节设计。

在光伏建筑一体化系统建筑中，我们可通过相关设计将接线盒、旁路二极管、连接线等隐藏在幕墙结构中。这样既可防止阳光直射和雨水侵蚀，又不会影响建筑物的外观效果，做到与建筑物的完美结合，实现建筑师的构想。

对建筑物来说光线就是灵魂，其对光影的要求甚高。一体化建筑是采用光面超白钢化玻璃制作的复合玻璃组件，能够通过调整电池片的排布或采用穿孔硅电池片来达到特定的透光率，即使是在大楼的观光处也能满足光线通透的要求。当然，光伏组件透光率越大，电池片的排布就越稀，其发电功率也会越小。

一体化建筑中使用的双玻璃光伏组件是由两片钢化玻璃，中间用PVB（Polyvinyl Butyral，聚乙烯醇缩丁醛酯）胶片复合太阳能电池片组成复合层，电池片之间由导线串、并联汇集引线端的整体构件。而组件中间的PVB胶片有良好的黏结性、韧性和弹性，具有吸收冲击的作用，可防止冲击物穿透，即使玻璃破损，碎片也会牢牢黏附在PVB胶片上，不会脱落而四散伤人，从而使产生的伤害可能减少到最低限度，提高建筑物的安全性能。

位于屋面的光伏系统，其坡度不应小于3%，宜采用5%。雨水的自然排水坡度为2%，玻璃在自重下产生挠度，坡度小于3% 时，容易在板块中部形成“锅底”，积聚污物和灰尘，降低光电转换的效率。

第6章

公路景观实施与管理要点

6.1 综述

在前几章中，我们写了很多理念性思路和原则性的设计要点。那么这一章中，我们用工程实例详细说明上述理念和原则如何落地。有了设计方案的实施管理，就成为景观能否实现和实现到什么程度的关键点，所以我们挑些相对有效的管理方法介绍给大家。

管理相关的内容很多，本处主要针对现场管理，即工程管理部分。公路景观工程是所有工程的集合体，它所展示的是人们能够看到的所有工程外观，所以大家一定要有一个认知，那就是景观是所有工程的，是所有参与工程人员的，可以说，“所有工程都是景观工程，景观工程由所有工程决定”。这种理念必须贯彻到工程管理与施工的每个人，公路景观才能真正实现从图纸到现场的落地。

这样，景观的实施管理在很大程度上是具体工程管理，只不过是在工程管理中加入了景观管理工作，工程是不可分的，工作同样是不可分的（当然景观专项工程除外）。本章节相关论述无法对景观工程进行纯粹性论述，仅供参考。

公路景观现场实施管理无处不在，本章选取主要内容论述，主要是地形施工、

▼ 图6－1　建成后的公路景观

苗木施工、硬质景观施工、桥梁景观施工、隧道景观施工、水景景观施工、附属工程景观施工组成。

公路景观管理组织架构由业主、设计、监理、施工四方组成，业主方为主导景观工作，设计方提供景观设计方案，监理方对进度、质量、安全进行监督，施工方组织工、料、机进行施工实施。以“融入自然，以人为本”路域景观建设的总要求，坚持“绿色发展、建设美丽中国”的理念开展全过程管理。

6.2 地形景观施工管理要点

6.2.1 边坡地形施工

路基边坡地形主要由路堑上边坡和路堤下边坡组成，包括急流槽、坡顶截水沟、平台截水沟、排水沟、边沟等，边坡面与排水结构物应连接顺畅，确保不积水；排水设施可采用生态沟或砌筑工艺形式，采用砌筑工艺的，应确保砌缝整齐、匀称、美观。

6.2.1.1 边坡开挖准备

（1）开挖前弃土场地、施工临时便道已完成。

（2）交通导行措施已经得到实施。

（3）高边坡周围排水沟已经修好，并能够正常使用。

（4）根据高边坡开挖进展情况，做好临边防护，在高边坡四周搭设强度符合要求、高度不低于1.20m的防护栏杆，护栏外侧挂设绿色密目安全网封闭，防止物体打击、高空坠落等不安全因素的发生。

6.2.1.2 路堑开挖注意事项

（1）路堑开挖除要求符合土石方开挖的要求外，在施工前应详细复查设计图纸所确定的挖路堑地段及路堑边坡的工程地质资料。

（2）由于挖路堑的边坡较高不易控制坡率，因此在施工前，必须在坡口位置先测量放样出坡口桩，经复核后沿坡口开挖出一条0.2m×0.2m的坡口沟（若岩石裸露，则采用红油漆等标注），以防施工中边坡错位。

（3）施工时及时做好排水工作，按设计要求开挖截水沟，尽量完成铺砌工作，拦截地面水。对易滑坡、坍塌地段，加强观测并及时做好防护措施。

（4）施工过程严格控制边坡坡率，坡率采用坡度尺检测，在坡口处设置明显标志，以防侵线。边坡修整时预留0.3m用人工修整。每降低两层重新测量放样。在开挖过程中发现土质变化较大时，应暂停施工，并及时报告监理工程师是否进行地质补勘或修改边坡坡率。

（5）挖至土石分界线时，经监理工程师现场确认后，按石方爆破施工。

（6）当挖到边坡平台位置时，采用机械整平后，在施放的坡口桩位置往下继续开挖。

（7）路堑路基施工遇到雨季时，对已开挖的边坡及时用防水材料覆盖，并修建一部分临时排水设施，防止边坡被冲刷。

6.2.1.3　边坡地形景观施工要点

（1）挖方上边坡坡口线均需弧化处理，达到边坡顶与山体形成自然地形。施工时参建各方务必认真执行到位。

①项目业主应会同总监办、设计单位、施工单位逐坡排查，防止弧化位置错漏并及时绿化。

②对低矮边坡坡顶、迎坡面需弧化；二级边坡以上的，原则上一级至二级边坡坡口线应弧化，其他坡级及坡顶有条件宜弧化。

③因地形限制不具备弧化条件边坡，应根据实际情况在坡面种植适当比例灌木进行遮盖。

④主体设计部门应在设计文件中标识和说明弧化处理技术要求。

（2）挖方上边坡坡面平整，整体坡形圆滑平顺，无棱角状凸出或凹陷，与周边地形融为一体。

①对于变坡形设置的坡体，原则过渡段应平顺过渡，如过渡过急或影响视觉时，宜种植矮灌木遮蔽。

②对于出现局部滑塌处治过的边坡，如采用浆砌片石回填的，原则上宜对回填增设造型，如窗户式回填黏性土、格式回填黏性土等，回填厚度≥30cm，回填部分

每平方米种植约5株矮灌木，坡脚、坡顶种植攀藤植物。

③对于设置抗滑桩或抗滑挡墙的边坡，坡脚宜种植攀藤植物。

④对于边坡坡面存在孤石的，应先确定孤石是否稳定，如稳定，可保留孤石景观，与坡面形成独特景观；否则应清除或采取加固措施。

⑤对于石质边坡，如形成坡面平整，坡面可不进行绿化或坡脚种植攀藤、竹林等植物及坡顶种植向下垂生长植物；如形成坡面凹凸不平，应考虑坡面主动防护网或植生袋、厚层客土喷播防护，并点播耐旱开花矮灌木。

（3）填方下边坡坡脚外侧有条件的优先考虑放缓边坡，坡脚处需弧化处理，达到坡脚与地面形成自然地形。当外侧有不良景观时，如为了遮挡不良景观而预留种植乔灌木的，应核查土路肩、平台或护坡道宽度是否满足种植乔灌木的空间。

①不足空间的应增大土路肩、平台、护坡道或排水沟外填筑宽度。

②平台乔木的植物类型、植株间距应满足设计要求。

③平台、护坡道、排水沟沟背表层上部30cm应采用黏性土填筑。

④排水沟外侧填筑高度应与沟壁顶齐平，沟壁回填土应夯密实。

▲ 图6-2 完工后的路堑边坡景观

▲ 图6-3 完工后的上边坡景观

6.2.2 穴植施工要点

所谓穴植，是指在岩质边坡上开挖洞穴，回填种植土用种上植物的一种边坡绿化方式，此方法与概念都是在广东省英怀高速公路上首次大规模实施，取得了良好的效果。

穴植所针对的坡面是岩体坡面，在无必要全面绿化时，可以选取其中部分位置集中进行一定范围的穴植，达到美化坡面、点缀景观的效果。穴植的具体尺寸与方案可以根据不同坡面、不同岩性、不同植物区别对待。

岩石边坡开挖后，保留岩石开挖自然面并采用穴植复绿又是一道公路的景观，就是在岩石边坡上种植穴槽的挖掘，回填土壤后，种植植物，植物主要吸收岩体裂隙水分生长。

▲ 图6-4 岩石边坡穴植勒杜鹃（开花后）

▲ 图6-5 岩石边坡穴植勒杜鹃苗（开花前）

6.2.2.1 穴槽挖掘设备

穴槽挖掘现场主要机械设备有发电机、潜孔钻等。如英怀项目穴植采用“新世

▲ 图6-6 边坡支架搭设

▲ 图6-7 边坡支架搭设过程

纪”牌新动力常柴油机ZS1100型，功率为12.1kW/h和“矿通”牌电动潜孔钻KTD-100配钻头孔径15cm。

6.2.2.2 穴槽挖掘施工

（1）穴槽位置的测量放样，选择岩石边坡面裂隙较发育的坡面，离路面高度为5～10m。

（2）穴植采用搭设双排四层钢管排架（每层2～3m），排架牢固并设置安全设施，便于设备移位作业。

（3）使用电动潜孔钻KTD-100配钻头孔径15cm 进行“三钻一孔”钻孔工艺，形成穴植钻孔孔径30～40cm，孔深50～60cm，穴槽回填土壤，种植植物，满足植物生长要求。

（4）采用簇团穴植形式，灌木簇团距离30～50m，穴距1～1.5m，每簇灌木20～25株，簇团苗木品种为每簇中心种植三株小叶榕或松树，周边采用勒杜鹃点缀，苗木品种分别为勒杜鹃（规格：高40～62cm）、小叶榕（规格：高150cm）。

▲ 图6-8 支架搭设完毕

▲ 图6-9 栽种植物

6.2.2.3 工艺流程

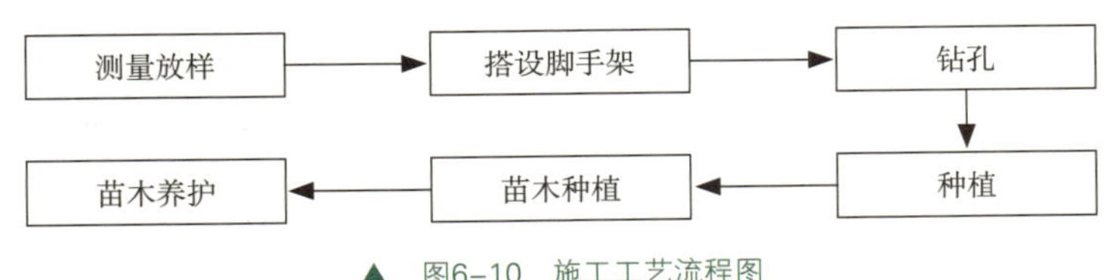

▲ 图6-10 施工工艺流程图

▲ 图6-11　岩体凿种植穴

▲ 图6-12　种植后的效果

▲ 图6-13　种植穴填种植土并栽植灌木

6.2.3　土路肩景观施工要点

路侧地形施工是否到位直接影响路域景观、护栏立柱埋深厚度及坡脚排水效果，其中以填方段土路肩施工为例说明施工管理要点，施工时严格执行现场验收程序。

（1）土路肩回填土不得高于平缘石高程，以使路面水尽快排除，应保证护栏立柱埋深厚度。

（2）路侧土路肩施工后，业主组织监理方、施工方进行点对点验收，并出具验收移交报告，方可进行下一步种植施工。

（3）当路侧设置填平区、取弃土场或存在不良景观的，应针对性地提出相关处理措施。

①填平区高度必须保证设计要求，填平区横坡应设置≥2%的向排水沟或边沟方向的横坡，确保不积水。

②当填平区低于路面时，原则要求填平区靠近路基一侧的填土应略高于排水沟沟壁顶，沟壁回填土应夯密实。

③当填平区与路面齐平或高于路面时，应确保填平区高程高于边沟沟壁顶，沟壁回填土应夯密实。

④取、弃土场场区横坡应设置≥2%的横坡，保证场区内不积水。按设计及时完成防护绿化、排水工程，满足水土保持、环境保护要求。

（4）路堤边坡在风景较好的路段，从造景和视线引导的角度考虑，土路肩采用开花灌木种植，并在第一级下边坡3～5m处以组团形式（3～5棵）点缀性种植乔木。

◀ 图6–14　路堤苗木栽植

6.2.4 中分带填土施工要点

中央分隔带填土施工是否到位直接影响路域景观、中央排水、植物防眩作用，施工时严格执行现场验收程序。

6.2.4.1 施工流程

中央分隔带填土施工工艺流程为：施工准备→铺设中粗砂→铺设透水土工布→土质运输、填筑和夯实。

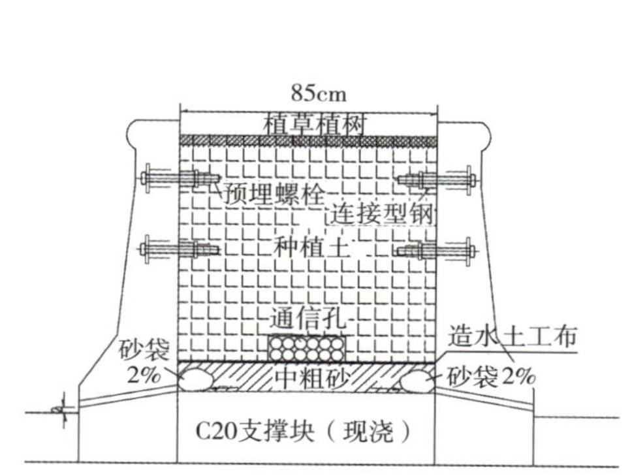

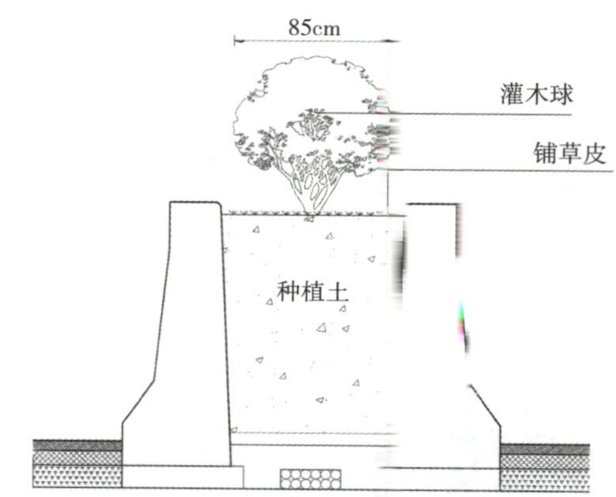

▶ 图6-15 中分带景观示意图（单位：cm）

6.2.4.2 施工要点

（1）中分带回填种植土宜选用土质疏松的地表土，土壤透水性好，酸碱度适中（pH值为6～7），有机质含量在1.5%以上。

▲ 图6-16 中分带景观（红叶石楠）

▲ 图6-17 中分带景观（红绒球）

（2）顶面以龟背形为宜，要求边角低于新泽西护栏顶面5cm，中间最高点与护栏齐平，且保持纵向线性顺直。

（3）中央分隔带的苗木选择应结合新泽西护栏的形式，宜选用生长较缓慢，株形较矮的品种，以单一品种方式种植，并每隔 2 ~ 3km 进行品种替换。

6.2.5 微地形施工

地形是公路景观的基础，也是基本构成，因为公路的施工，可以说好的地形都是打造出来的，所以关于地形就有很多事可以做。我们把这部分地形称为微地形，微地形景观就成了所有公路景观的重要组成部分，其施工主要包括挖、运、填、压、平等工序。分离式中分带微地形主要在分离式隧道洞口路段和分离式路基，微地形营造直接影响路域景观效果，施工时严格执行现场验收程序。

▲ 图6-18 微地形景观（石头配景）

▲ 图6-19 微地形景观（草地）

6.2.5.1 施工准备

良好的施工准备及部署工作是绿化工程顺利完成的必要前提条件，主要有施工图的识读、技术的准备、施工现场机械设备、人员、材料的准备等工作。

（1）施工图识读是施工人员必须具备的能力，结合现场理解设计意图，对总平面图、坚向设计图、种植平面图、平面分区图、各分区放大平面图以及详部图等进行详细核实。

（2）技术准备主要研究、审查施工图纸和有关的设计资料，查勘施工现场、调查分析原始资料，编制施工组织计划、制订施工方案等。

（3）工、料、机的准备主要根据工程规模大小计算编制机械设备、人员、材料的投入。

6.2.5.2 挖土施工

挖方施工中一般不垂直向下挖很深，要有合理的边坡。高速公路微地形基本都采用机械开挖，主要挖土机械有推土机、挖掘机、铲运机等。如用推土机进行挖湖施工，定出湖边边线和边坡就可动工，开挖过程中采用全站仪检查开挖深度，真至达到设计深度；如用挖掘机进行山体边坡施工，定出开挖线就可动工开挖。

▲ 图6-20 微地形营造（土方修整）

▲ 图6-21 微地形营造（土方平整）

6.2.5.3 装运施工

高速公路土方运输常用机械运输。运输工具主要是装卸机和运输车，运输距离长的采用挖掘机开挖的土方装卸在运输车上，运输距离短的可采用装卸机直接装土运输。在土方调配图中，一般按照就近挖方就近填方的原则，采取土石方就地平衡的方式，土石方就地平衡可以极大地减少

◀ 图6-22 微地形营造（土方调运）

土方的运输距离，从而节省劳动力，降低施工费用。

6.2.5.4 填土施工

互通、分离式中分带的填土由运输车辆指定位置卸载，如用推土机填土，只要标出堆山的边界线，机械手参考堆山设计模型，就可推土，等推到一定高度以后，用全站仪检查高程，使之达到设计要求。

◀ 图6-23 微地形营造（土方局部动态完善）

互通圆弧匝道范围内及三角区域平整地形营造成起伏错落的地表形态。土方调配完成后根据微地形图纸进行大致粗整，粗整后再由景观设计师现场指导进行细整，最后营造成自然起伏错落的地表形态。自然起伏波浪微地形不能过小或形状突然高出，微地形营造的关键要点是做到缓延、自然起伏。

6.2.5.5 土方压实

土方压实一般包括人工夯实和机械压实。填筑量不大的采用人工夯实，填筑高度一般大于2m需采用机械压实。

（1）人工夯实

①人力打夯前应将填土初步整平顺，打夯要按一定方向进行，一夯压半夯，夯夯相接，行行相连，两边纵横交叉，分层打夯。

②用蛙式打夯机等小型机具夯实时，一般填土厚度不宜大于25cm，打

◀ 图6-24 微地形营造（隧道洞口段）

夯实之前对填上应初步平整，打夯机依次夯打，均匀分布，不留间隙。

（2）机械压实

①在填土过程中可以采用推土机或挖掘机来回走动，使表面干实，对填土压实达到均匀性及密实度。

②采用振动平碾压实爆破石渣或碎石类土，应先静压，而后振压。

6.2.5.6　微地形施工管理流程

现场施工人员是打造微地形景观主体施工人，打造微地形前，认真做好施工图识读，检查测量现场地形，微地形施工需多次反复修整。打造微地形分步骤进行：首先，微地形粗整由土建施工单位实施，由绿化施工单位现场指挥。其次，微地形精整由绿化施工单位实施；最后，对粗整、精整分阶段进行验收，验收达标后方可进行草皮铺设及乔灌木的种植。

（1）每个互通、分离路基逐个方案构思再二次设计。

（2）微地形整治时由现场施工技术人员指导先进行粗整，主要是土方的调配。

（3）微地形实施精整，主要是形成起伏错落的自然地表。

（4）业主主导监理对微地形粗整、精整分阶段进行验收，验收达标后方可进行草皮铺设及乔灌木种植等。

▲ 图6-25　互通微地形施工修整前

▲ 图6-26　互通微地形施工反复修整后

▲ 图6-27　中分带分离式微地形施工修整前

▲ 图6-28　中分带分离式微地形施工修整后

6.2.5.7　微地形验收（英怀项目实例）

为提升路域景观，广东省南粤公司英怀管理处组织设计单位对每个互通立交、隧道分离路基逐个方案构思设计。首先由土建施工单位进行微地形粗整，主要是土方的调配工作，施工完成后由业主组织监理、绿化施工单位、土建施工单位进行四方验收。验收合格后交由绿化施工单位进行精整，主要进行微地形营造成自然起伏地形，管理处组织监理及绿化施工单位进行验收，验收达标后方可进行草皮铺设及乔、灌木种植。

汶朗互通粗整地形验收表

标段	序号	部位	分项工程	验收时间	验收结果	备注
LM9	1	汶朗互通B匝道内侧	地形粗整	2018.4.20	合格	
	2	汶朗互通B匝道、C匝道及主线三角地带	地形粗整	2018.4.20	合格	

TJ39合同段：　　LM9合同段：　　总监办：　　业主：

◀ 图6-29　地形验收表（一阶段）

▶ 图6-30 地形验收表（二阶段）

汶朗互通精整地形验收表

标段	序号	部位	分项工程	验收时间	验收结果	备注
LM9	1	汶朗互通B匝道内侧	地形精整	2018.4.28	合格	
	2	汶朗互通B匝道、C匝道及主线三角地带	地形精整	2018.4.28	合格	

LM9合同段： 总监办： 业主：

6.2.5.8 微地形施工要点

（1）现场勘察互通匝道圆弧范围内土方进行量测，在互通匝道区域内调运土方，对凹凸高低不平的进行营造自然地貌，平整地形形成起伏错落的自然地表。

（2）匝道为填方或少数路基为挖方，宜放缓路基填方边坡至1：5～1：2，环圈匝道内侧边坡应与圆弧中间区域共同营造微地形，边坡放缓且采用生态排水。

（3）匝道为多级挖方边坡时，当本标段需借方，应挖除环圈内挖方体，并平整地形形成起伏错落的自然地表；当为弃方时，适当放缓边坡，曲线边坡过渡圆顺，坡顶及开口线采取弧化处理，或作为中央分隔带和土路肩回填土，消耗富余土方，并平整地形形成起伏错落的自然地表。

（4）主线与匝道汇合流时应对主线、匝道之间的路基进行营造微地形，填方时宜采取坡率逐渐过渡到正常坡率的方式，挖方时宜将汇合流口约20m内挖除

▲ 图6-31 互通立交合流区 景观图

▲ 图6-32 互通立交围合区景观

并整平圆顺。

（5）环圈内地方水渠、道路穿越时，地方水渠、道路两侧宜放缓坡或基本与环圈内整平地形形成自然走势。

（6）对于互通内小山丘，保留其原状地形和植被；环圈内对于高于路面的原有山林植被进行就地保留，对临近匝道的坡面应结合匝道线性进行人工修整和灌木点缀，根据原始山势突出坡率变化特质，岩质边坡宜选用爬藤植物进行遮挡，形成苍郁浓密的绿化山林，保留原有生态自然景观。

（7）互通匝道与地方道路相接的平交口处及相应的连接线位置，应保证绿化植物有相应种植位置及种植深度，保证车道顺畅。

▲ 图6-33 互通匝道围合区（原貌地形保留）

▲ 图6-34 互通匝道视角

6.3 苗木施工管理

6.3.1 参考植物种子配方

（1）边坡植物种子配方1

百喜草（8g/m^2，温水催芽）+百慕达（1g/m^2）+白茅（0.5g/m^2）+多花胡枝子（5g/m^2）+车桑子（5g/m^2）+马尾松（3g/m^2）+多花木兰（2g/m^2）（软枝黄蝉、簕杜鹃，按1株/5m^{2}栽植），前期以百喜草、百慕达为主，后期以白茅、零星小灌木为主。

（2）边坡植物种子配方2

百慕大（5g/m^2）+百喜草（4g/m^2）+山毛豆（5g/m^2）+多花木兰（4g/m^2）+木豆（5g/m^2）+糖蜜草（2g/m^2）。

（3）边坡植物种子配方3

竹节草（10g/m^2）+狗牙根（1g/m^2）+桃金娘（5g/m^2）+山毛豆（5g/m^2）+木豆（10g/m^2）+野牡丹（3g/m^2）。

▲ 图6-35 路堑边坡坡面草本植物效果

▲ 图6-36 路堑边坡坡面草灌搭配效果

6.3.2 植草施工

公路植草主要在路基边坡、互通、桥下等区域，植草工艺主要有客土植草、三维网植草、喷播植草、植生带植草等。

6.3.2.1 客土植草

公路客土植草主要用于土石或岩石边坡复绿，客土厚度一般为6～10cm，在公路绿化中被广泛运用。

（1）施工顺序

清理坡面→安装锚杆→固定镀锌铁丝网→喷射有机基材→喷播草籽→覆盖无纺布→养护管理

（2）施工方法

①清理坡面

一般用人工方法进行处理，清理坡面浮石、浮土等，并且做到处理后的坡面倾斜一致、平整、无大的石头突出与其他杂物存在，使其有利于有机基材与岩土表面的自然结合。

②挂网及打锚杆

采用高镀锌菱形铁丝网，铁丝直径2mm，网孔规格为6cm×6cm。岩石处用风钻或电钻按1m×1m间距梅花形布置锚杆和锚钉。锚杆长90～100cm。挂网施工时采用自上而下放卷，两网交接处至少要求有10cm的重叠，锚钉每平方米不少于5只。网与作业面保持一定间隙，并均匀一致。较陡岩面处，可用草绳按一定间隔缠绕在网上，以增加附着力，使客土厚度得到保证。挂网可以使客土基质在岩石表面形成一个持久的整体板块。

③有机基材喷播

客土喷播前浇水湿润坡面，将泥炭、腐殖土、草纤维、缓释营养肥料等混合材料经过专用机械的搅拌后喷播在铁丝网上，厚度为6～10cm。

▲ 图6-37 客土植草工艺（土壤原材）

▲ 图6-38 客土植草工艺（挂网喷播）

④喷播植物种子

根据施工作业面土壤或岩面性质、当地气候条件、施工季节，并结合各种植物生长特性选择植物的种子，并增加当地类似地貌作业面上的乡土树种种子，使次生植被在今后的数年内逐渐与自然生态植被融合，不显人工雕琢的痕迹。

灌木种子用80℃热水（含浸种剂）浸种1d，草本植物种子在喷播前浸种1～2h，使种子吸水湿润即可。

将处理好的种子与纤维、黏合剂、保水剂、复合肥、缓释肥、微生物菌肥等经过喷播机搅拌混匀成喷播泥浆，在喷播泵的作用下，均匀喷洒在工作作业面上。

⑤覆盖

为保证多雨季节时植物种子生根前免受雨水冲刷，寒冷季节时植物种子和幼苗免受冻伤害以及正常施工季节的保温保湿，要求采用无纺布覆盖并力求仔细，这样可防早期无纺布被风吹跑，其目的：一是预防成型后的作业面被雨冲刷；二是可保温保湿，促进植物的生长。

⑥养护管理

植物种子从出芽至幼苗期间，必须浇水养护，保持土壤湿润。从开始坚持每天早晨浇一次水（炎热夏季早晚各浇水一次），浇水时应将水滴雾化（有条件的地方可以安装雾化喷头），随后随植物的生长可逐渐减少浇水次数，并根据降水情况调整。

▲ 图6-39 苗木养生

▲ 图6-40 苗木养生

6.3.2.2 三维网植草

三维网植草防护适用于填方土石混填边坡，覆土后可有效促进植物生长，增强防护效果。

（1）工艺流程

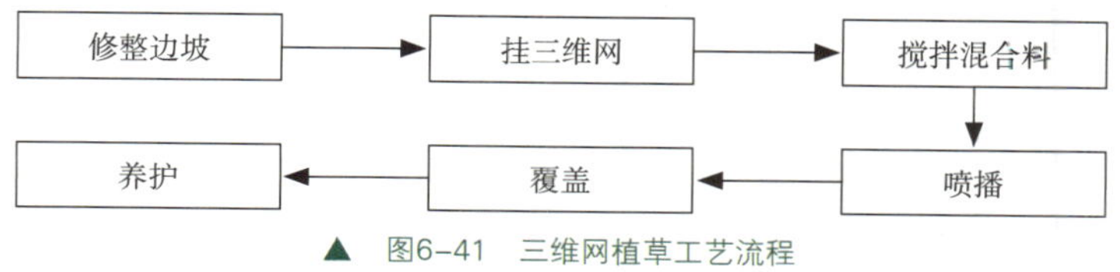

▲ 图6-41 三维网植草工艺流程

（2）施工方法

①修整边坡

清理边坡上的碎石杂物，特别是浮石、浮土，同时对于影响挂网的凹凸不平坡面做简易修整，使挂网平整顺畅。边坡平整度应符合设计要求。

②挂网锚固

先在边坡坡顶40cm处用锚杆将三维网的一端固定，接着将三维网沿坡面顺势铺下，用U形钉固定三维网、喷播。

a．铺挂三维能防止坡面坍塌和增强护坡能力，三维网采用塑料三维土工网，其纵横向拉伸强度不得低于4kN/m，抗光老化等级应达到Ⅲ级。

b．锚固用U形钉，ϕ=8，L=300～400mm，按斜坡行间距1000mm×1000mm，交错布置。

c．将三维网沿坡面顺势铺下，铺设时应拉紧网，铺平顺后用U形钉自上至下固定，三维网与坡面保持平顺。三维网之间搭接不少于5cm。在坡顶处，三维网应伸出坡顶40cm，用锚用U形钉砸紧埋于土下。在坡底，应有20cm的三维网埋置于填土中。

③搅拌混合料

利用搅拌设备将有机质、土壤、肥料、黏结剂、保水剂、pH缓冲剂及水等按比例搅拌均匀。

④喷混

通过湿喷机将混合料均匀喷射到坡面上，平均厚度约6cm，作为基质，覆盖三维网，三维网上保存有混合基质材料1～2cm。

⑤喷草

与喷播植草工艺相同。

⑥覆盖

选用无纺布（16g/m^2）从上至下进行铺盖并固定。覆盖无纺布不仅能保护施工工作面，而且形成温室效应，保温、保肥、保湿，促进植物健康生长。

⑦养护管理

植物种子从出芽至幼苗期间，必须浇水养护，保持土壤湿润。从开始坚持每天早晨浇一次水（炎热夏季早晚各浇水一次），浇水时应将水滴雾化（有条件的地方可以安装雾化喷头），随后随植物的生长可逐渐减少浇水次数，并根据降水情况调整。

6.3.2.3 喷播植草

喷播植草适用于挖方土质骨架防护边坡及填方土质边坡，且坡率为[illegible]：1～1：1.5的土质边坡，是目前最简便的边坡快速绿化技术，其原理是利用喷播机将搅拌均匀的有机质或纤维、肥料、黏结剂、种子混合物喷射到修整后的坡面上，植物在坡面上发芽生长，从而达到防止水土流失、稳定边坡、恢复生态的目的。

（1）施工工艺

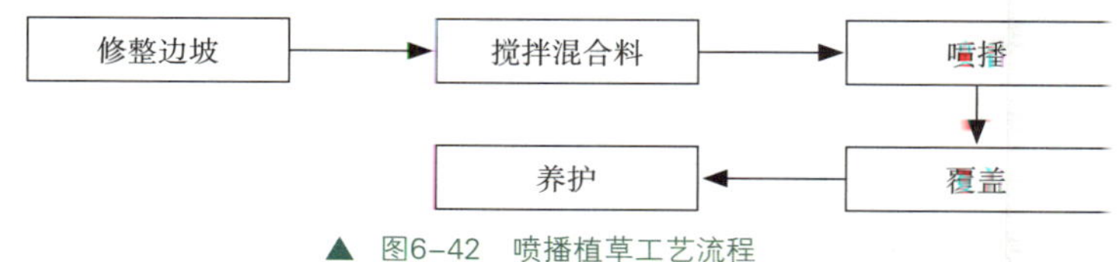

▲ 图6-42 喷播植草工艺流程

（2）施工方法

①修整边坡

清理边坡上的杂物，特别是浮土，同时对于影响凹凸不平坡面作简易修整，边坡平整度应符合设计要求。

②搅拌混合料

利用喷播机将有机质或纤维、肥料、保水剂、种子及水等按比例搅拌均匀。

③喷播

通过喷播机将混合料（草灌种、纤维、黏结剂、保水剂、肥料、土壤改良剂、

▲ 图6-43 喷播植草工艺

▲ 图6-44 喷播植草工艺

水按一定的比例混合）均匀喷射到坡面上。

④覆盖

选用无纺布（16g/m^2）从上至下进行铺盖并固定。覆盖无纺布不仅能保护施工工作面，而且形成温室效应，保温、保肥、保湿，促进植物健康生长。

⑤养护管理

植物种子从出芽至幼苗期间，必须浇水养护，保持土壤湿润。从开始坚持每天早晨浇一次水（炎热夏季早晚各浇水一次），浇水时应将水滴雾化（有条件的地方可以安装雾化喷头），随后随植物的生长可逐渐减少浇水次数，并根据降水情况调整。

6.3.2.4 植生带（条）植草

植生带（条）植草是利用特制喷混机械将土壤有机质、肥料、保水剂、植物种子、黏合剂等混合干料搅拌均匀后加水喷射到岩面上，形成一层既保障植物生长发育而种植基质又不被冲刷的多孔稳定结构层，从而达到快速恢复植被，改善生态环境的目的。

（1）修整边坡

清理边坡上的碎石杂物，特别是浮石、浮土，同时对于影响挂网的凹凸不平坡面做简易修整，使挂网平整顺畅。边坡平整度应符合设计要求。

（2）挂网锚固（含挂植生带）

先在边坡坡顶30cm处用锚杆将铁丝网的一端固定，接着将铁丝网沿坡面顺势铺下，然后铁丝网和坡面之间加挂植生带，最后才能打锚杆固定铁丝网、喷播。不能将坡面铁丝网固定后在加挂植生带，否则难于施工，且无法保证植生带效果，最后导致喷混植生效果的失败。

①铺挂铁丝网能防止坡面坍塌和增强护坡能力。

②锚杆具有护坡及固网的双重作用，应根据坡面情况进行布置。不稳定和裂缝发育明显的坡面，坡顶及网搭接处使用规格大的锚杆，必要时密度大于设计要求，否则相反。锚杆ϕ=12～14mm，L>30～60cm，按斜坡行间距1000mm×1000mm，长短间隔交错布置。

③将铁丝网沿坡面顺势铺下，铺设时应拉紧网，铺平顺后用长锚杆和短锚杆自上至下固定，铁丝网与坡面保持平顺。铁丝网之间搭接不少于5cm。在坡顶处，铁

丝网立伸出坡顶30cm，用锚杆砸紧埋于土下。在坡底，应有20cm的铁丝网埋置于马道平台填土中。用钻机在坡面上打孔，然后用锚杆将铁丝网固定。

◀ 图6-45 植生带（条）植草工艺

▼ 图6-46 植生带（条）植草工艺

（3）搅拌混合料

利用搅拌设备将有机质（泥炭土、堆肥等）、肥料、保水剂、pH缓冲剂、种子及水等按比例搅拌均匀。

（4）喷混

通过湿喷机将混合料均匀喷射到坡面上，分三层（次）喷射。第一次喷射纤维营养土，厚度4～5cm；第二次喷射纤维营养土，厚度10～11cm；第三喷射含有种子的营养土，厚度3～4cm。种子用量30～40g/m²，竹节草：狗牙根：桃金娘：山毛豆：木豆：野牡丹=1：0.1：0.5：0.5：1：0.3，随着坡面质地及坡度的变化，喷混基层总厚度可酌情增减，范围在10～25cm。

（5）覆盖

选用无纺布（12～14g/m²）从上至下进行铺盖并固定。覆盖无纺布不仅能保护施工工作面，而且形成温室效应，保温、保肥、保湿，促进植物健康生长。

（6）养护管理

植物种子从出芽至幼苗期间，必须浇水养护，保持土壤湿润。从开始坚持每天早晨浇一次水（炎热夏季早晚各浇水一次），浇水时应将水滴雾化（有条件的地方可以安装雾化喷头），随后随植物的生长可逐渐减少浇水次数，并根据降水情况调整。

6.3.3 苗木施工

6.3.3.1 种植工序

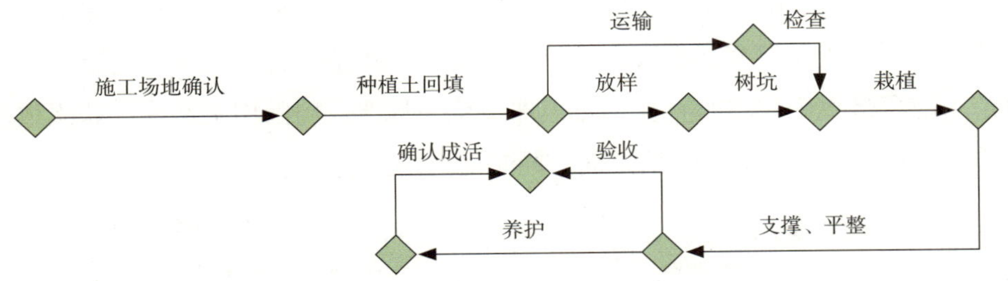

图6-47 种植工序流程

6.3.3.2 植物栽植前的准备工作

（1）清理障碍物：在施工场地上，凡对施工有碍的一切障碍物，如堆放的杂物、违章建筑、砖块等杂物清除干净。

（2）营养种植土回填：采用菜园土、有机肥、无机肥、菌肥、保水剂、杀菌剂、pH值调制剂等按一定的配比混合而成。其质地疏松、通气良好、隔热，保水、保温、保肥性能好，满足植物生长足够的条件和养分，无病菌、虫卵，无有害物质地，无石块、垃圾等。

（3）设置水源，为了保证大量绿化效果，水源是必备条件，以滴灌、抽水结合养护。

6.3.3.3 苗木运输与栽植

（1）苗木规格：一般选择一年生实生苗（袋苗）生长健壮，枝叶丰满，无病虫害和机械损伤，地径、高度达到设计要求（乔木胸径0.8cm，苗高在70cm以上；灌木三角梅苗高25～30cm，冠幅20～30cm，红绒球苗高40～50cm，冠幅25～30cm；藤本10cm以上）。

（2）苗木运输提前15d炼苗，提高苗木的成活率。

（3）定点挖穴：按照设计的图纸定点挖种植穴，种植穴、槽的大小和深浅，根据苗木根系、土球直径和土壤情况而定，一般坑深应比土球高度大10 ~ 20cm，种植穴应上、下口径大小一致。

（4）定植：苗木要及时栽种，在种植穴底垫上少量混有机肥的土，然后将树苗放入穴内，使树苗直立稳定，然后剪开包装材料，将不易腐烂的材料一律取出，为防止灌水后土塌树斜，填入表土至一半时，应用木棍将土球四周砸实，再填至满穴并砸实。种植后浇透水。

（5）假植：苗木运到种植现场，若不能及时种植，应进行假植。裸根苗木可平放地面，覆土或盖湿草；也可事先挖好假植沟，将苗木排放整齐，逐层覆土。带土球苗木应尽量集中，将其直立，将土球垫稳、排严，周围用土培好。若假植时间过长，则应适量浇水，保持土壤湿润，同时注意防治病虫害。

（6）浇水和支撑：新植树木用小木条支撑，使之稳定；树苗在当日浇透第一遍定根水，半月之内再浇2 ~ 3次，以后每周浇一次，直到植物成活。

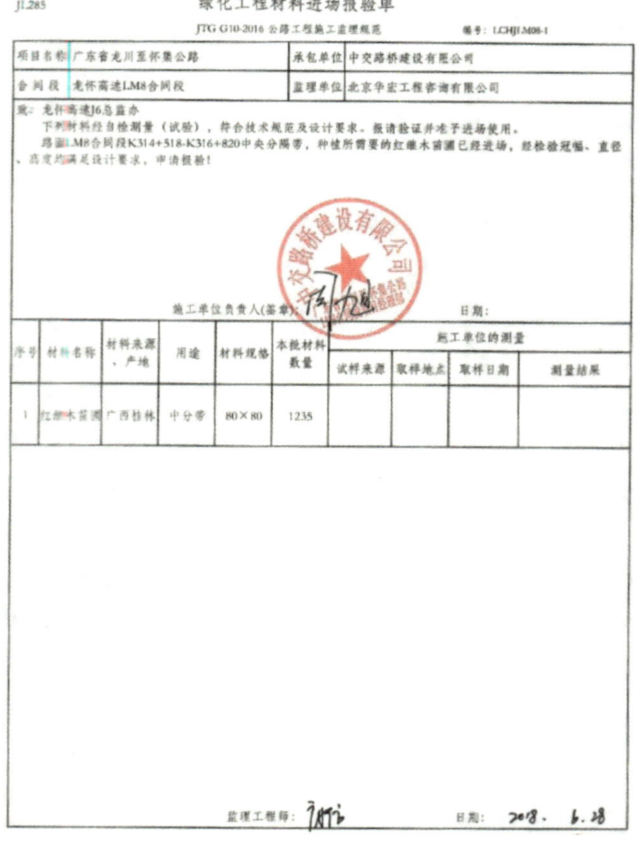

JL285

绿化工程材料进场报验单

JTG G10-2016 公路工程施工监理规范　　编号：LCHJLM08-1

项目名称	广东省龙川至怀集公路	承包单位	中交路桥建设有限公司
合同段	龙怀高速LM8合同段	监理单位	北京华宏工程咨询有限公司

致：龙怀高速J6总监办

下列材料经自检测量（试验），符合技术规范及设计要求。报请验证并准予进场使用。

路面LM8合同段K314+518-K316+820中央分隔带，种植所需要的红继木苗圃已经进场，经检验冠幅、直径、高度均满足设计要求，申请报验！

施工单位负责人(签章)：　　日期：

序号	材料名称	材料来源、产地	用途	材料规格	本批材料数量	施工单位的测量			
						试样来源	取样地点	取样日期	测量结果
1	红继木苗圃	广西桂林	中分带	80×80	1235				

监理工程师：　　日期：2018.6.28

▶ 图6-48　绿化工程材料进场报验单

6.3.3.4　苗木验收（英怀项目实例）

英怀管理处要求每批进场苗木，需经过监理验收后，方可进行栽植，对不符合设计要求的苗木，坚决清场处理。过程中，管理处每周组织总监办、施工单位对种植的苗木进行检测，对于不符合设计要求的苗木要求返工处理。

6.3.4 养护管理

定植后的苗木和草坪种植的养护管理非常重要，养护到位会提高植物的生长、成活率。

6.3.4.1 苗木养护

（1）浇水

新植树木应当在移栽当日浇透第一遍水。第一次要及时浇透定根水，使泥土充分吸收水分与根系紧密结合，以利于根系的恢复和生长；第二次浇水应在定根后2～3d进行；以后可根据实际情况酌情浇水。

新移植的常绿树除了对根部浇水外，还要多对树冠和叶片喷水，以减少树体蒸腾而失水。在灌水时，切忌水流量过大，冲毁围堰，如发生土壤下陷，树木应及时扶正培土。

（2）围堰

树木栽好后，应做好围堰，即在树穴周围用土筑成高15～20cm的土围子，其内径要大于树穴直径，围堰用细土，要筑实，围底要平，不得漏水，用于浇水时挡水用。灌水中树干有歪斜的，还要进行扶正。

（3）设置支柱

缠干对新植树木用草绳缠干，其高度为1.3m。立支柱栽植胸径5cm以上的乔木，应立支柱支撑树干，以防树木被风吹倒，立支一般用竹子。支柱应牢固，绑扎树木处应夹垫物，绑扎后的树干应保持直立。

（4）中耕除草

乔木、灌木下的野草特别是对树木危害严重的各类藤蔓必须铲除。中耕除草应选在晴朗或初晴天气、土壤不过分潮湿的时候进行，中耕深度以不影

▼ 图6-49 除草工艺

▲ 图6–50 整形修剪工艺

响根系生长为限。

（5）整形修剪

整形修剪是控制调节生长和发育的作用，使其美观。种植品种不同，环境条件不同，生长季节不同，长势不同，修剪的次数也不尽相同，对于景观树木来说，“三分种，七分养”，整形修剪是一项极其重要的养护工作。高速公路中分带植物要保持整齐美观、防眩作用，中分带灌木在交通安全维护下一般采用人工修剪和机械修剪。

（6）施肥

各类绿地常年积肥应广开肥源，以积有机肥为主。有机肥应腐熟后施用或用蘑菇肥。新种乔木在施肥时，要保证足够的水分。

树木休眠期和栽植前，需施基肥。树木生长期施追肥，按照植株的生长势进行。树木青壮年期欲扩大树冠及观花、观果植物，应适当增加施肥量。乔木和灌木均应先挖好施肥环沟，其外径应与树木的冠幅相适应，深度和宽度均为25 ~ 30cm。

6.3.4.2 草坪养护

（1）喷灌

草坪植物不能缺水，草坪施工后应及时喷灌。在气温过高或降雨量偏少时必须进行人工喷灌，喷灌时水速不要超过土壤渗水的速度，应避免坪表积水。

草坪草的灌水应取决于耗水量。为保证草坪草的正常生长，对新植草坪除雨季外，前一周每天浇水1次，水量要足，土壤湿润到20cm时，草坪正常生长就有足够的水分供应。

（2）草坪施肥

为使草坪草生长茂盛，颜色鲜绿，覆盖度好，应根据草坪草的长势情况增施氮、磷、钾肥。施肥的方法主要有撒施、随水施、随土施等。

撒施：撒施的技术关键是单位面积要适量，要撒施均匀，否则局部施肥量过大，一是刺激猛烈生长造成坪面景观不一致，二是造成肥害灼伤草坪，形成斑秃。

随水施：有条件的可以通过喷灌系统随水施肥，还可以用喷雾器等工具进行叶面喷肥。

随土施：结合草坪复壮、疏草、打孔，给草坪覆沙、覆肥土时加入腐熟、打碎均匀的有机肥或复合肥。

（3）草坪修剪

草坪修剪原则上是控制高生长，使其美观。草种不同，环境条件不同，生长季节不同，长势不同，修剪的次数也不尽相同。冷季型草修剪频率会高些，暖季型草相对要少些。

（4）草坪杂草防治

新建植的草坪以人工除草为主，对野草应按“除早、除小、除了”的原则进行人工清除。养护阶段以机械除草为主，避免野草种子成熟。如野草过多，也可考虑化学除草。

◀ 图6-51 草坪修剪工艺

◀ 图6-52 草坪杂草清除

6.4 硬质景观施工

公路景观中硬质景观有很多种，比如标语/广告/壁画/雕塑等，也包括交通工程的各种可见设施，甚至还专门制作广告标语墙来进行宣传等，硬质景观的内容很多，此处只列举工程石产利用。

▲ 图6-53 原生碎石点缀

6.4.1 墙面砌筑

采用沿线开挖隧道石或石质边坡开挖片石对人工构筑物进行墙面装饰，放置景石对水池周边进行点缀，也可以采用乡土工艺营造出具有地方特色的景观。干砌石挡墙内部回填种植土并绿化，将硬质景观和软质景观相融洽形成自然景观，既节约成本又充分利用资源。

6.4.2 雕塑小品及置石施工

为提升隧道洞门路域景观，采用红线内利用景石对隧道洞门进行装饰。广东省南粤公司英怀项目结合项目实际，充分利用本项目K287+572 ~ K288+000段石质边坡开挖所产生的大块且自然面较好的岩石块。采用平板拖挂车、挖机、吊车等设备配合，将选中石块运至全线89km共12座隧道洞门，摆置较为自然的造型，并雕刻隧道名称，周边进行绿化。

无论是天然放置的石头，还是有意堆放的造型，景石的施工需注意以下几点：

▲ 图6-54 置石吊装施工

▲ 图6-55 景石刻字

（1）天然性或称自然性，利用石头就是要用其来自自然的属性，当然造型也要顺适。

（2）运得动、放得稳为基本条件。

（3）不影响安全，包括视线与行车。

（4）位置很重要，是整体景观的点睛之处。

（5）与地形相配才能充分发挥作用。

（6）与植物相配才更完美。

6.4.3 墙体手绘3D壁画

6.4.3.1 绘画环境

要确定作画的场合属于哪一种环境范围及具体的位置，因为这将决定要用的材料、技法、工具，如挡土墙、附属配电房等。

6.4.3.2 手绘墙制作步骤

在墙面上根据图案大致的形状贴上胶纸，这是为了在上面画图案用的。

（1）在胶纸上面用铅笔打稿，用深色马克笔描出要用的线条，然后沿着这些线条将图形刻出来。

（2）在墙面铺满报纸，以使图案外的墙体不被颜料污染。

（3）为了使颜料漆出来的效果更好，在图案上先上一层白色的底漆。

（4）在图案部位喷涂或刷涂颜色。

在墙体上绘制图案所使用的颜料可选用丙烯或者墙漆。

6.4.3.3 DIY手绘墙画的材料、制作方法

充满创意的手绘墙画制作出了属于每个场景的独特风景，而这种风景并不局限于场景的某个位置。

手绘墙画的材料有各色环保涂料、丙烯颜料、毛笔、排笔、粉笔、铅笔、涮笔筒、小面积的墙壁。丙烯颜料深受手绘画家们欢迎。

（1）可用水稀释，利于清洗。

（2）速干。颜料在落笔后几分钟即可干燥，不必像油画作品那样完成后需等几个月才能上光。喜欢慢干特性颜料的画家可用延缓剂来延缓颜料干燥时间。

（3）着色层干后会迅速失去可溶性，同时形成坚韧、有弹性的不渗水的膜。这种膜类似于橡胶。

（4）颜色饱满、浓重、鲜润，无论怎样调和都不会有“脏”“灰”的感觉。着色层永远不会有吸油发污的现象。

（5）作品的持久性较长。时间久了，油画中的油膜容易氧化，变黄、变硬，易使画面产生龟裂现象。而丙烯胶膜从理论上讲永远不会脆化，也绝不会变黄。

（6）丙烯颜料在使用方式上与油画的最大区别是带有一般水性颜料的操作特性，既能作水彩，又能作水粉用。

（7）丙烯塑型软膏中有含颗粒型，且有粗颗粒与细颗粒之分，为制作肌理提供了方便。

▲ 图6-56 普通配电房

▲ 图6-57 手绘3D壁画景观的配电房

6.4.3.4 壁画画法

壁画以技法区分，有绘画型和绘画工艺型两类。绘画型指以绘画手段尤其是手绘方法直接完成于壁面上。具体画法有：

（1）干壁画。在粗泥、细泥、石灰浆处理后的干燥墙面上绘制。

（2）湿壁画。基底半干时，以清石灰水调和颜料绘制，须一次完成，难度较大。

（3）蛋彩画。以蛋黄或蛋清为主要调和剂的水溶颜料，在干壁上作画，不透明、易干、有坚硬感。

（4）蜡画。蜡与颜料混合画在木板或石质上，再加热处理。

（5）油画。画于亚麻布或木板上。

（6）丙烯画。以丙烯酸为主要调和剂，其快干，无光泽，现代壁画常用。

6.4.3.5 维护

画完后要通风，待墙面干透后，才可触碰。虽然丙烯颜料干后防水防划。

6.5 桥梁景观施工

6.5.1 桥梁涂装施工

桥梁涂装主要在大桥索塔、墩身、防撞护栏、天桥等部位进行景观涂装，其施工设备、材料、工艺详见案例。

6.5.1.1 作业平台实例（某高速公路大桥）

（1）索塔高空吊板。

对以桥面起算35m以上范围，采用蜘蛛人坐板作为施工作业平台从塔顶向下施工，每个坐板配置1条施工主绳和1条安全绳，主绳及安全绳在塔顶、检修井内钢楼梯、墙体预埋件，三层捆绑固定。桥面在钢制防撞栏捆绑锚固点，上下锚固牢靠，施工主绳、安全绳处于紧绷状态，避免施工过程中风力、摆甩造成的晃动。

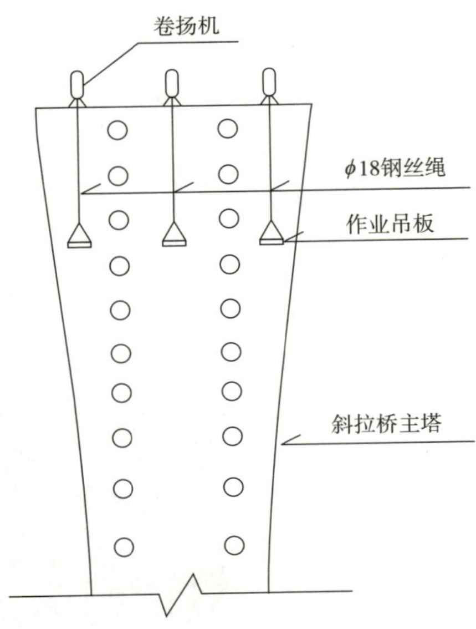

▼ 图6-58 主塔吊板施工示意图

考虑安全性和稳定性，对有斜拉索区域，采用施工作业人员在桥塔不同侧面同步施工，通过长杆递送的方式设置横绳，将安全绳呈一个套箍套在桥塔上，根据主塔的截面大小变化，施工作业人员同步收紧或放松横向活动安全绳。涂装过程中，主塔四个面同时同步进行涂装，在遇到斜拉索的位置处，需要四个面的作业人员协同完成对横向安全绳的拆除和连接。锚索区工作人员可利用斜拉索作为横向稳定临时固定。

▶ 图6-59 高空吊板工具图

对桥面及其35m范围内，采用高空作业车作为施工平台进行涂装。

（2）塔顶所有安全绳、施工绳锚固点设置在塔内牢固的楼梯及钢构件上，设置三个固定点：第一个固定点设在钢管架上，第二个固定点设在钢锚箱上，第三个固定点设在索塔的预埋件上。

▲ 图6-60 高空绳锚固点

▶ 图6-61 现场施工场面

◀ 图6-62　桥梁涂装后的索塔效果

6.5.1.2　涂装施工要点

（1）表面修补要求

对混凝土结构存在松散、破碎、剥落、蜂窝、麻面、钢筋锈蚀、钢筋外露等病害的位置，在混凝土破损区域的清理完成后，采用清水混凝土专用腻子找平并对破损区域进行修补。

①对混凝土存在松散、破碎、剥落、钢筋锈蚀膨胀引起保护层等缺陷部位以及钢筋外露区域，采用人工凿除或高压水将该处松散、破碎、污损的混凝土清除干净，直至露出坚硬密实的基面，同时注意保证该部位无油污、油脂、蜡状物、灰尘以及附着物等；本方案中主要针对塔吊附墙预埋件进行处理，首先需将外露的型钢割除，对预埋件除锈打磨处理，然后涂刷防锈漆再进行正常的涂装施工。

②清理混凝土病害部位时不要损伤梁体原有钢筋（尤其是主筋）。

③在混凝土表面破损清理完毕后，用钢刷清除钢筋表面的浮锈。

④对钢筋锈蚀区域，清除掉混凝土表面的油污、油脂、蜡状物等有机物。

⑤在混凝土破损区域的清理完成后。采用修补材料与界面剂对破损区域进行修

补，修补后的构件表面应密实平整。

⑥如必须太阳暴晒或雨天施工，务必做好遮阳或挡雨保护。

（2）混凝土表面修补

①混凝土基层的处理标准工序：高压水冲洗→桥体病害处理→混凝土表面处理→表面清洁→打磨→高压水再冲洗→检查验收。

②针对混凝土表面的不同的质量状况，混凝土基面处理的要求如下：

a. 对于光滑的混凝土表面，可仅针对混凝土表面进行清洁处理。

b. 对于桥塔景观要求高的部位，为保证结构外形轮廓的分明及平顺，其基面整体打磨。

c. 对于混凝土表面存在的明显凸起和凹槽需要局部打磨平整。

（3）桥塔、天桥涂装

①采用环氧修补腻子补平凹洞和不平整位置，打磨平整并清洁表面。

②第一道：滚筒涂刷环氧底漆，涂层厚约40μm，要求厚涂，不得漏。

③第二道：滚筒涂漆氟碳中涂（环氧类），涂层厚约70μm，涂刷均匀。

④第三道：滚筒涂漆氟碳中涂（环氧类），涂层厚约70μm，涂刷均匀。

⑤第四道：滚筒涂漆氟碳面涂，涂层厚约60μm，涂刷均匀，无色差。

⑥第五道：滚筒涂漆氟碳面涂，涂层厚约60μm，涂刷均匀，无色差。

如表面有分色，则还需增加粘贴分色纸和去除分色纸两道工序。涂装过程中需控制好每层涂层施工的间隔时间，需保证上层涂料干化后（不小于12h）才能

▲ 图6-63　桥梁涂装后的整体效果

▲ 图6-64　跨线桥涂装后效果

进行下道涂漆的施工。

6.5.2 景观照明施工

桥梁景观照明主要在大桥索塔、墩身、防撞护栏等部位进行景观照明，其施工设备、材料、工艺详见案例（虎门二桥实例，有删减）。

6.5.2.1 景观照明施工设备

洞内照明、通风施工设备主要有高空升降车、电钻、柴油发电机、切割机、电焊机、悬挂滑车、安全绳、生命绳、电工工具等。

6.5.2.2 景观照明施工仪器

洞内照明施工现场检测仪器主要有兆欧表、万用表（万能表）、接地电阻测试仪、绝缘电阻测试仪、激光测距仪等。

6.5.2.3 景观照明灯具

景观照明灯具主要有星光灯、投光灯、空中玫瑰灯、航空障碍灯等，形成美丽的湾区夜景。

6.5.2.4 供电电缆敷设

（1）星光灯、投光灯、空中玫瑰灯供电电缆敷设

①电缆敷设前要进行每盘绝缘测试，1kV的电缆采用1000V摇表进行遥测相间、相零、相地、零地绝缘电阻是否达到规范要求，并做好记录，符合规范要求的电缆才能够敷设。

②高空星光灯供电电缆安装于桥梁悬索主缆上敷设，敷设难点在悬索主缆上敷设施工，此部分施工方法采用放线架+分段倒敷的形式，由高点向低点进行施工，首先将放线架及电缆分批通过主塔检修电梯（在电梯允许载重范围内）运至塔顶平台，安装摆正放线架后，将放线架四个方向用钢丝绳加固，确保无任何晃动，将电缆盘架入放线架内，确保电缆从缆盘底部引出，缓缓升起缆盘，脱离地面，缆盘能够转动即可，在电缆引出侧缆盘前端安装一润滑脂槽，润滑脂槽内装入电缆专用润滑脂，线缆先经过润滑脂槽再穿入管道，缓缓开始施放电缆。

③涂装了润滑脂后，在管道内行走时可以减少电缆与管道内壁的摩擦阻力，保护电缆外皮不会损伤，同时避免了可绕金属软管脱裂。

图6-65　桥梁夜景

④电缆穿过接线盒时在盒内要留有一定的弯曲量，以便后续接配线操作。

（2）航空障碍灯供电电缆敷设

①电缆敷设前对所需敷设电缆做好单盘绝缘测试，采用1000V摇表对1kV的电缆进行摇测相间、相零、相地、零地绝缘电阻测试，测试是否达到规范要求，并做好记录，满足要求的电缆才可敷设。

②施工准备：将高空提升机、电缆放线架等工具通过检修电梯运至索塔塔顶，稳固施工机具，做好安全防护所需各种附属工作。将牵引绳穿入塔顶管道口，缓缓下放至地面或箱梁内。

③将待放电缆盘架起脱离地面能够自由转动，再把电缆头与牵引绳绑扎牢固后，通知塔顶人员开动提升机，提升机应可调速并带有遇卡顿阻力时的自停功能，缓慢向上提升电缆。

（3）电缆敷设要点

①电缆提升前，将保护管管口安装一个放线滑车，电缆绕过滑车后进入管道，避免管口划伤电缆。

② 电缆提升时上下两端管口处派专人看护，密切观察电缆行走情况，如遇异常现象立即通过对讲机通知提升机操作员停机。查出异常并处理后，再行施放操作。

③ 可绕金属管内施放电缆时，涂装了润滑脂后在管道内行走时以减少电缆与管道内壁的摩擦阻力，保护电缆外皮不会损伤，同时避免了可绕金属软管脱裂。

④电缆穿过接线盒时在盒内要留有一定的弯曲量，以便后续接配线操作。

◀ 图6-66 桥梁照明整体效果

6.6 隧道景观施工

隧道工程景观主要在洞口及洞内两部分组织，其景观在满足基本功能（通车、通风、照明、排水、应急等）的前提下，从公路建筑心理学、建筑空间、光学与色彩、建筑环境等方面入手，追求结构与艺术、心理、环境的统一、协调。

6.6.1 洞口涂装施工

隧道洞口形式主要有端墙式、削竹式、遮光棚式等，其景观应结合工程结构功能及自然美学，充分考虑驾乘人员的视觉感受和心理特征，融合地方人文特色与自然景观，使本来较生硬、单调的公路行车景观变得丰富多彩，减少隧道工程

▲ 图6–67 隧道洞口彩绘景观

对周围环境的负面影响，使公路工程灵巧妙地融入大自然之中，给高速公路的使用者——驾驶员和乘客提供一个优美宜人、舒适、和谐的行车环境。同时，通过隧道洞口景观的文化展示，使隧道景观更加丰富多彩，使地方知名文化得到一定的弘扬，并且能形成一定的系列性、时代感，给过往的驾、乘人员留下深刻的印象。

6.6.1.1 洞口涂装设备、工具

洞口涂装施工的设备、工具主要有手持切割机、角磨机、发电机、无气喷涂机、手持搅拌机、砂纸机、投影仪、铲刀、抹子、靠尺等。

▼ 图6–68 隧道洞口景观施工

6.6.1.2 洞口涂装作业平台

洞口涂装施工作业平台宜采用钢管排架，满足施工安全要求，并设置车辆行驶通道。

6.6.1.3 洞口涂装材料

洞口涂装材料主要有抗裂砂浆、补墙柔性腻子、混凝土基底调整材、丙烯颜料、水性抗碱渗透型封闭底涂、水性半渗透明性中涂、水性氟碳树脂面涂。

6.6.1.4 洞口涂装施工

（1）基面处理，打磨清理原有基面，保证专用腻子施工无脱落脱层风险：

①检查基面。

②打磨清理。

③基面找平抛光。

（2）仿清水凝土颜色、纹理质感制作：

①混凝土颜色调整。

②混凝土纹理质感制作。

③颜色质感修饰。

（3）用仿清水混凝土专用修补腻子对仿清水饰面墙面满批2遍，厚度为2～3mm。

（4）打磨抛光腻子层，对做好的光面腻子层精细打磨2遍。

（5）彩绘图案绘制。

（6）对彩绘图案及饰面墙面整体着色1遍，然后进行仿混凝土纹理质感制作，最后再按混凝土颜色整体着色1遍。

◀ 图6-69 隧道洞口景观施工（现场作画）

（7）滚涂或喷涂水性抗碱渗透型封闭底涂2遍。

（8）滚涂或喷涂水性半渗透透明性中涂1遍。

（9）滚涂或喷涂水性氟碳树脂面涂2遍。

6.6.1.5　洞口涂装基面处理要点

（1）基层应清洁干净，表面无灰尘、无浮浆、无油迹、无锈斑、无霉点、无盐类析出物和无青苔等杂物。

（2）基层应干燥，夏季一般养护期为14d，冬季一般养护期为28d，且基层含水率不得大于10%。

（3）靠尺和放线检查，先用抗裂砂浆刮平凹陷较大部位，然后满批整墙，对结构结合部应进行挂网处理。后面再进行两遍腻子层施工，每遍批刮要压实，厚薄适中，墙面凹凸差别较大的部位，应分次批刮找平。特别是腻子层的第二遍，应特别注意收刀，减少或消除气泡现象，用量尺辅助刮平，基面平整度差小于1mm。

（4）调配腻子：严格按照要求调配腻子（每25kg腻子加6.25～7L水，然后按比例加乳液），先注水，后加干粉料，边使用电动搅拌器低速充分搅拌至均匀（无结

▶ 图6-70　隧道洞口景观

块、无沉淀、浓稠浆状），搅拌时间不得过长，静置3～5min后再搅拌1～2min即可（须在1～2h内使用完）。

（5）设计有装饰螺栓孔的；按图纸设计要求，使用专用工具进行开孔处理，最后用腻子进行孔洞修复。

（6）设计有装饰分格缝的；按图纸设计要求，首先在腻子面进行弹线，然后使用专用切割机进行分格缝切割工作，最后用腻子进行分格缝修复至平整、顺直、光滑。

（7）墙面抛光需采用抹刀抛光和打磨机抛光的配合方式，抛光砂纸尽量选着目数高的，避免打磨抛光痕迹。

6.6.1.6 洞口涂装仿清水凝土颜色、纹理质感制作要点

（1）仿清水凝土颜色、纹理质感制作所需的调整材应选择同一厂家同一批号的配套产品，以便获得最佳的使用性能。

（2）同项目调整材尽可能一次性调配好，每次涂装上墙时需充分搅拌，避免色差。

（3）大面施工前需先做好样板确认。

（4）制作清水混凝土颜色和纹理质感时，需采用配伍好调整材满涂一遍，然后用专用工具制作清水纹理质感，最后再采用配伍好的调整材压花一遍。

6.6.1.7 洞口涂装彩绘图案绘制、着色要点

（1）丙烯颜料绘制：用专用工程仪放形，由于墙绘的主观性大于一般装饰工程，墙绘工程中必须配备具有徒手造型能力即素描功底强的画师。

（2）采用丙烯颜料进行施工，施工采用优质画笔与刷子，认真按图案要求绘制。

6.6.1.8 洞口涂装保护涂层系统要点

（1）底涂、中涂、面涂：采用滚涂或喷涂方式，滚涂间隔表干或时间大于60min，涂装遍数分别为2遍–1遍–2遍。

（2）涂装收口时一定保持从下往上的方向。要求涂层饱满、均匀、花纹一致、无漏刷、无流坠 。

（3）如墙面涂料须进行分段施工 ，需保持上下段工作面衔接无痕、平顺、光滑，污染部分及时清理干净 。

（4）完成后各班组人员必须组织相关人员自检、互检，并处理好收尾工作。

6.6.1.9 洞口涂层和彩绘施工气象条件

（1）5℃以下的低温或80%以上的高湿度将使材料的性能长时间无法发挥，涂膜、主材性能低下，应避免施工。

（2）若在下雨、下雪及其前后施工，将发生涂膜流失，造膜不良，若施工中遇下雨、下雪应立即停止施工，用保护膜保护涂装面。

（3）强风时会发生涂装不匀、涂料飞散现象，应避免施工。

（4）由于气象条件的变化而引起底材、涂装面结露时，会引发涂膜黏结不良，请立即终止施工。

▶ 图6-71 夜幕下隧道洞口景观

6.6.2 洞口真石漆施工

洞口真石漆施工方法和工艺需进行洞口混凝土基面处理、涂刷抗碱底漆、分隔缝施作、喷涂超耐候真石漆、真石漆打磨等工作。

6.6.2.1 洞口基面处理

洞口混凝土表层铲去浮层，打磨清理原有基面，清除墙面的杂质，对多孔质粗糙基面进行专用腻子修补，打磨清理，基面找平抛光。

6.6.2.2 洞口基面处理

用防水专用腻子对饰面墙面满批2遍，腻子在现场调配，搅拌均匀，厚度为2～3mm。确保表面平整、均匀、洁净，无刮痕、无裂缝。

图6-72 隧道洞口景观施工

6.6.2.3 涂刷抗碱底漆

在腻子完全干透后，用外墙专用抗碱底漆对基面进行全面封闭，底漆应充分搅拌，保证均匀。确保喷涂均匀，不漏涂，不露底，不流挂，涂刷底漆4～6h后方可进行分隔缝施工。

6.6.2.4 分隔缝施作

（1）分隔缝弹线：对墙面进行分格，分隔从上而下进行，横平竖直。

（2）涂刷分隔缝漆：用分隔缝漆涂刷分隔缝，分隔缝涂刷宽度可适当加宽，以保证分隔缝宽度范围不出现露底现象。

（3）分隔缝二次弹线：由于涂刷分隔缝漆后，第一次分隔缝漆已经被遮掩，为了让胶带分隔条顺直，需进行二次弹线。

（4）铁分隔缝美纹纸：美纹纸粘贴时，与第二次分隔缝弹线对其即可。

6.6.2.5 喷涂超耐候真石漆

（1）真石漆首先要根据设计文件要求的色系进行试配，达到规定的效果后，由真石漆厂家按排比批量配置，避免现场配比控制不严格造成色差，运至现场后直接喷涂。

（2）喷涂时从上往下按顺序进行。

（3）施工前进行试喷，已确定所用喷嘴、工作压力、喷枪移动速度等施工因素，确保施涂质量和效果。

（4）确保喷涂均匀、厚薄一致、色泽一致，颗粒点状均匀，大小符合要求，不露底、不漏喷、无流坠等现象。

6.6.2.6 真石漆打磨

（1）在喷涂罩面漆之前，在有必要的部位用普通400～600目砂纸磨掉一干透图层表面的浮砂，保证防护膜的完全覆盖。

（2）撕揭分格美纹纸。

① 揭纸时间控制，指压半干状态最好。

② 撕揭前需用裁纸刀将胶带在纵横交界处，沿分隔缝将胶带切断，以避免撕揭时造成破损。

6.6.2.7 喷涂防尘罩光面漆

（1）在真石漆喷涂完成后，图层表面硬干后才能进行罩面漆施工。

（2）罩面漆要严格按照产品规定的细石比例进行稀释，要充分搅拌均匀。

（3）滚涂施工应从上往下进行施工。

（4）可采用喷涂，亦可采用滚涂，要确保面漆均匀，色泽一致，不漏涂、不流挂。

▶ 图6-73 隧道洞口景观

6.6.3 洞口雕塑施工

洞口雕塑施工方法和工艺需进行绘制图案、现场制作固定点、骨架结构绑网、水泥直塑塑形、上色等工作。

6.6.3.1 绘制图案

（1）清理墙面，在墙表面画500mm × 500mm或其他尺寸的方格。

（2）按照甲方给出的图纸绘制图案。

6.6.3.2 制作固定点

（1）根据墙面绘制的图案进行画点、打孔。

▲ 图6-74 隧道洞口景观施工方案（效果图）

（2）在混凝土墙面打M10mm × 100mm膨胀螺栓，每两个间隔不大于50cm，用以支撑固定雕塑。

6.6.3.3 焊接钢架结构

（1）以膨胀螺栓为固定点，使用30mm × 30mm镀锌角铁和镀锌方管按照雕塑形体焊接搭建主骨架，根据雕塑空间调节骨架的起伏高低。

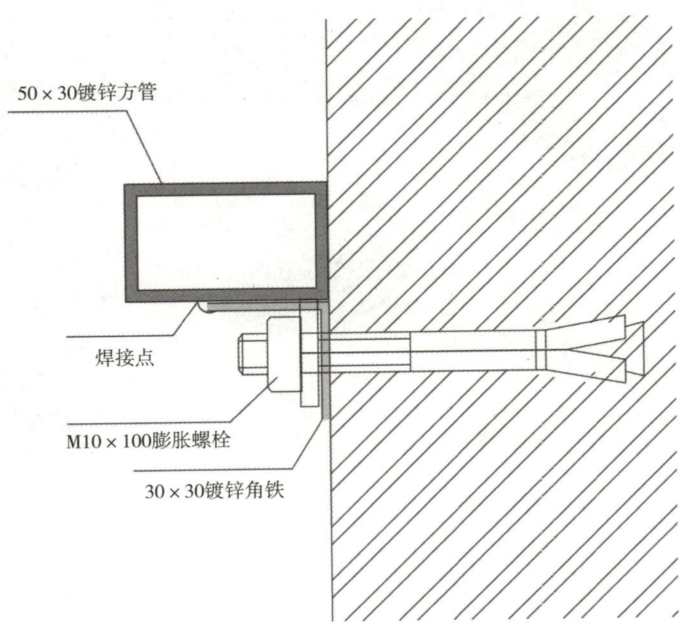

◀ 图6-75 钢架结构

（2）在搭建好的主骨架基础上，使用ϕ1cm钢筋细致完善地雕塑外形结构，使雕塑造型更流畅。

（3）观察并检查骨架整体牢固性，对薄弱的部分进行加固。

（4）对焊接点进行防锈处理。

6.6.3.4 骨架结构绑网

（1）根据焊接的钢骨架和雕塑外形，使用2mm×2mm镀锌铁网，用绑线进行固定，使铁网和骨架紧密贴合。

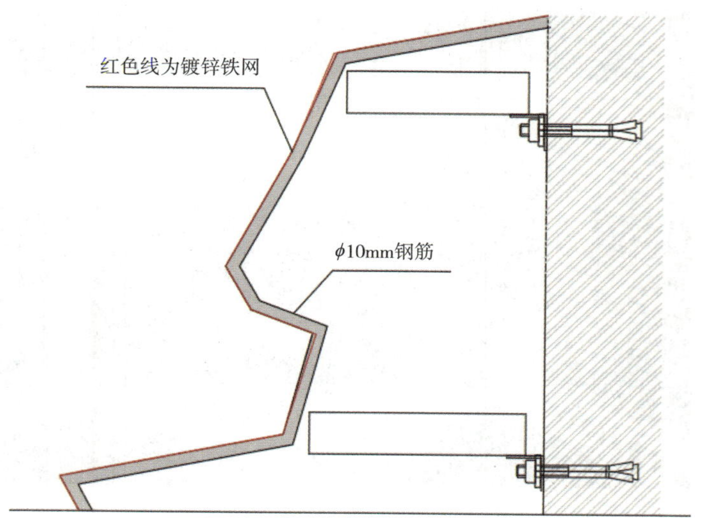

▶ 图6-76 骨架结构绑网

（2）检查绑网牢固性，完成绑网工作，绑铁网用于后期的水泥塑造和承重。

6.6.3.5 水泥直塑塑形

（1）使用高压气泵在绑好的铁网上喷第一遍水泥砂浆，待干透再喷第二次水泥砂浆。

▶ 图6-77 隧道洞门造型施工

（2）第二次水泥砂浆干透，用水泥手工填补漏喷的地方。

（3）雕塑师进行手工塑造大概雕塑形体。着重进行高低点的处理、层次的区分强化及雕塑空间把控。

（4）大体造型塑造完毕后进行细化。

（5）调整整体，完成造型。

6.6.3.6 上色

（1）水泥干透后，雕塑表面处理干净。按照效果图进行丙烯上色。

（2）喷枪喷涂大面积色调，然后用刷子和笔描绘细节，对暗面和高光进行强化。

（3）调节整体，然后喷饰面漆，防止掉色。

▲ 图6-78　夜幕下的金门隧道洞口景观

6.6.4　洞内照明施工

隧道照明是高速公路隧道机电系统必不可少的一个组成部分。隧道照明灯具安装的基本要求是在符合设计要求的同时，达到协调美观。灯具及桥架安装是否协调美观直接影响人们对工程项目质量的感官判断，因此必须从各个环节入手，做好前期调查、现场测量及安装过程中的质量控制，确保灯具及桥架的安装质量可靠及协调美观。

6.6.4.1　洞内照明施工设备

洞内照明、通风施工设备主要有升降车、冲击钻、柴油发电机、切割机、电焊机、小型工具等。

6.6.4.2　洞内照明施工仪器

洞内照明施工现场检测仪器主要有兆欧表、万用表（万能表）、接地电阻测试仪、绝缘电阻测试仪、激光指向仪等。

6.6.4.3 洞内照明施工方法

（1）现场调查

现场调查的主要目的是找出路面、隧道壁、拱顶的差异，为定位划线做好基准；其次，现场调查也是核实灯具、桥架及其他设备、主材设计数量的过程；灯具、桥架支架、托架的结构、尺寸需严格按照图纸施工。

（2）灯具及桥架测量定位

隧道照明灯具及桥架定位时一般以隧道入口为基准点，隧道入口的定位也直接影响到整个隧道灯具的安装效果。所以，隧道入口处灯具桥架的定位一定要准确。

在灯具及桥架定位时，根据隧道中心点及有关参照物尺寸，先对隧道进行了一次粗测，目的是了解所有隧道的土建平整和地面起伏度，做到心中有数。根据各起伏点的不平整性沿隧道侧壁做标志点，同时采用激光指向仪进行水平定位，利用光的折射程度找出土建施工造成隧道顶凹凸不平的地点并做出明显标识，然后根据水平、垂直的各点标识，计算出基准线点的误差。根据误差和隧道的机电安装限距，确定水平基准线并用测量尺逐点定位。此定位方法可提高工效3～5倍，精确度较经纬仪高出1.5～2倍。

▶ 图6–79 洞内照明施工

灯具及桥架高度定位时，先找出路面中心及拱顶中心点，灯面底边对地面的高度设计要求是双排灯按5400mm和5200mm，是从路面中心线向两边分等距路面定点，并以地面点测量出灯具对地面的高度，再用水管对定出的点进行调平，看隧道两侧灯具、桥架的点是否与地面平行，如果是平行的放线时可以此点为基准；桥架底座定位时一定要根据桥架吊臂的长度来定出桥架底座的中心点。

（3）划线

根据以上定位的点和对地面的垂直高度，以前面所定的隧道壁或中线引上定点基准放线，可根据隧道的弯曲程度确定放线长度。一般隧道弯曲段，放线时根据基准点可放线长40～60m，同时放两根，一根为灯具放线，另一根为桥架放线，这样可使灯具、桥架的两条线弯曲间距相等，视觉好；直线段可放10～15m。

实际施工中还需注意：弯道处必须灯具、桥架两侧在同一点上放点，不得在异点放点定位；使用的定位线最好是与隧道壁颜色不同的线，稍粗一点，这样人在下面复查时容易发现问题，以便及时改正；在放线时发现有隧道壁不平整时要及时记录，以便在灯具、桥架底座订货或加工时根据现场情况相应地加长或缩短吊臂，以便后期调整。

（4）桥架及灯具安装

隧道照明工程中，直线段使用长度为4000mm一节的桥架，这样做可使弯道处桥架显得自然平滑。桥架在托臂上面安装的位置距托臂边沿在直线段一定要统一，不

▼ 图6–80 隧道洞内照明景观

能随意摆放，否则影响线形美观，在曲线段也须尽量做到这一点。

灯具安装时，可先安装一个照度区的灯具，安装完成后，点亮该照度区灯具，再根据设计的角度和现场实际情况调整灯具角度，以满足设计要求并达到最佳视觉效果和设计的照度要求，后续的灯具以此为样板进行安装；同时以此照度区的角度基准做一角度尺，以后灯具安装可采用此角度尺来安装调整，灯具调整必须以一个区段来调整，不可以单个调平。

灯具、桥架安装后主要体现一个整体的视觉效果，一般可乘车靠左和靠右纵向观看整体效果，并站在每一照度区段的中间检查这一段的水平效果，如果因为隧道壁平整度太差影响效果，可对其进行必要的调整。桥架可通过加长吊臂、移动吊臂底座的方式进行调整；灯具也要根据现场实际情况来调整，调好后使灯面达到最佳的视觉效果。

6.7 水景景观施工

6.7.1 人工水景营造施工

当互通、建筑区、路侧红线范围内等实际有水体景观资源，如鱼塘、洼地、湿地等时，应尽可能维持原生态，打造水体景观。可对岸坡进行适当放缓修整，必要时，应根据地形开挖水坑进行水体营造，岸坡坡率宜为1：5，水体深0.5～1.2m，并与周边地形平顺过渡，形成生态的湿地景观。

水体营造开挖施工主要设备有挖掘机、装载机、推土机、自卸运输车、小型工具（铁锹、锄头）等。

生态景观湖开挖采用机械配合人工开挖，要求按照由深到浅、由中到边的开挖顺序，在开挖过程中，根据湖边线放样位置，预留0.2～0.3m的保护层，以利于人工修坡，开挖采用挖掘机，配合自卸车运输，地形营造配合装载机、推土机等设备。

◀ 图6-81　水景营造施工过程

某管理中心水景生态湖位于广东省肇庆市怀集县二级水源保护区，水景生态湖水体面积为6440m^2，治理水域面积6440m^2，设计水深0.5～3.5m，采用大型浮游动物和微生物引导水体生态系统构建技术，通过构建“大型浮游动物和微生物—水下森林—底栖动物”共生生态，净化水体，并建立水体良性生态循环系统，使水体具备自净能力，形成对新的污染源的免疫功能，长期保持清澈状态；同时还可以建立以沉水植物为主导的四季常绿的水下自然景观，下面以此为例。

6.7.1.1　水生态修复技术要求

（1）初次补水：自来水；日常运行补水：自然集雨或自来水。

（2）水体感官效果

①杜绝蓝绿藻爆发、水黑臭等现象。

②水清气爽，水体散发自然气息。

③水体清澈，透明度≥1.5m。

（3）水体生态景观效果

①除暴雨期外，水体全年清澈透亮，全面构建“草型清水态”水体。

②系统构建后，竣工验收时沉水植物覆盖率≥60%，水生植物保持四季常绿，显著提升水体景观。

③构建多级食物网，完善水体生态食物链，维持生态平衡，确保浮游动物或微生物、底栖动物、鱼类等群落结构健康合理，水体长期维持清水态优美景观效果，并建立后续生态平衡维护保养系统。

④水体实施生态修复和构建后，内部形成完善的生态结构，能形成长效自净功能，抵御大气沉降和地表径流等带来的外源污染，长久保持健康的生态系统和良好的水质。

（4）水生态修复技术流程

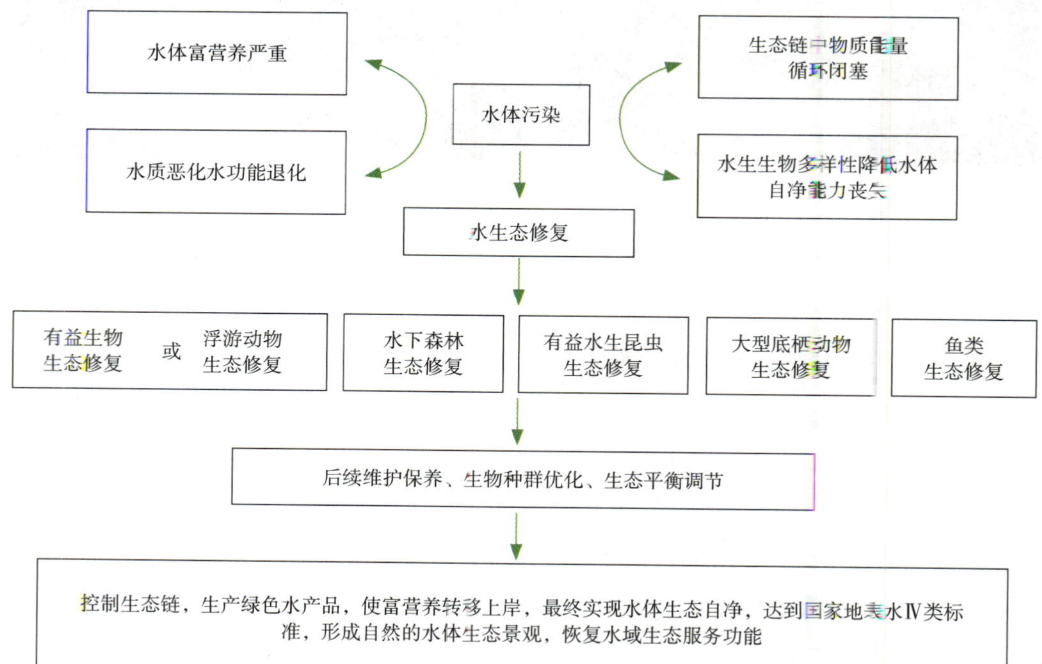

▶ 图6-82 水生态修复技术流程

6.7.1.2 栽植水生植物

6440m^{2}水景生态湖投入栽植水生植物详见表6-1。

6440m²水景生态湖投入栽植水生植物 表6-1

序号	品种名称	计量单位	工程量	备　注
1	栽植水生植物（苦草，8～10株/丛、15～20丛/m²）	m²	6000	植物种类：苦草
2	栽植水生植物（睡莲，2～4株/m²）	m²	100	植物种类：睡莲
3	栽植水生植物（再力花，9～15株/m²）	m²	80	植物种类：再力花
4	栽植水生植物（美人蕉，6～10株/m²）	m²	60	植物种类：美人蕉
5	栽植水生植物（芦苇，5～10株/m²）	m²	80	植物种类：芦苇
6	栽植水生植物（香蒲，6～15株/m²）	m²	250	植物种类：香蒲
7	栽植水生植物（荷花，2～4株/m²）	m²	80	植物种类：荷花
8	栽植水生植物（千屈草，6～10株/m²）	m²	40	植物种类：千屈草
9	栽植水生植物（鸢尾，6～10株/m²）	m²	40	植物种类：鸢尾

6.7.1.3　施工工艺流程图

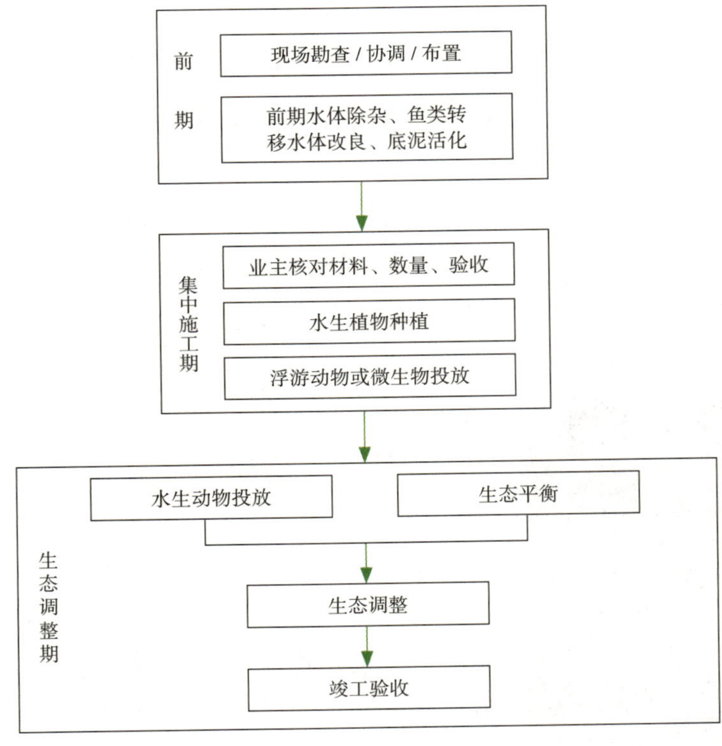

▲ 图6-83　施工工艺流程

6.7.1.4 施工前期生态结构控制工作：

（1）水体除杂工作

清除或转移水体原有有害物种及垃圾杂物。

（2）鱼类转移工作

水体中的鱼类等水体动物对项目施工造成阻碍，因此须在施工前期进行转移处理。

（3）水体底质活化改良工作

①水环境监测与分析。

②水体底质改良活化。

6.7.1.5 水生态景观施工

（1）根据需要对水体底泥进行消毒及活化处理施工。

①杀灭原来富营养化水体底质中的福寿螺及其他病原体。

②改善底质酸碱度。

③采用多种有益微生物菌种活化底质。

（2）改善基质用的微生物菌种，根据施工实际进度逐步进行调控施工，主要有两类：

①光合细菌、有益放线菌和有益芽孢杆菌的混合系统微生物群体，主要用于对水体中COD（Chemical Oxygen Demand）、含碳有机物、含磷和硫物质的分解。

②氨氧化细菌与反硝化细菌的混合系统微生物群体，主要用于对水体中含氮物质：氨氮、尿素、尿酸、氨基酸、蛋白质和硝态氮等的分解。

（3）大型浮游动物或微生物引导水下生态修复施工。

利用大型浮游动物或微生物摄食水体中的藻类、有机悬浮物等物质，迅速提高水体透明度，改善水下光照条件。促进沉水植被的生长及生态系统的恢复。这其中主要包括大型浮游动物的改良驯

▼ 图6-84 水生态景观施工

化、投放以及沉水植物的种植等。

（4）沉水植物群落配置施工。

因地制宜，配置“改良四季常绿矮型苦草”沉水植物群落系统，固碳产氧、净化水质、完善生态系统生长环境，打造水下“水草萋萋，鱼虾嬉戏”生态自乐的诱人美景。

▲ 图6-85 水生态景观施工

（5）浮叶植物配置施工。

因地制宜，配置“宫廷睡莲”浮叶植物系统，固碳产氧、净化水质、完善生态系统生长环境，打造生态景观美景。

（6）挺水植物配置施工。

根据现场实际勘察，配置多种挺水植物系统，固碳产氧、净化水质、打造丰富的生态景观美景。

（7）大型底栖生物分解施工。

大型底栖生物是水生态系统恢复循环与流动中具有特殊地位和作用。可以促进恢复后水生态系统的长期稳定与平衡，提高系统水质净化效果。

▲ 图6-86 水生态景观图

▲ 图6-87 管理中心水库景观

（8）食物网构建施工。

鱼类的调控关系是水生态修复的成败的关键之一，因此，为了有效控制野生杂鱼对生态系统的负面影响，必须构建健康的食物网结构，同时兼顾景观效果，投放部分黑鱼等肉食性鱼或水鸭，以达到促进水生态系统平衡与稳定的目的。

（9）全生态系统调节施工。

通过沉水植被的光合作用把大量的溶解氧带入底泥，使淤泥中的氧化还原电位升高，促进底栖生物的滋生，进而恢复水体生态系统多样性，形成良性循环的水生生态自净系统，恢复自然生态的抗藻效应，使水体保持清澈状态。

▶ 图6-88　水生态景观

6.7.2　自然湖泊营造

公路周边或互通范围内利用原有湖泊、鱼塘、洼地、湿地、河流等，保持原地貌，路侧稍加些苗木、置石等点缀，没有过多有修整，与周边环境非常融合，完成没有施工动土作业的痕迹，极其生态自然的公路水景景观。这些景观如为公路所用，肯定是很好的资源，并且，在必要时还可以提升间景观工程。

▲ 图6-89 湿地湖泊景观营造效果图

▲ 图6-90 小湖泊景观效果

6.8 附属工程景观施工

6.8.1 路侧波形梁护栏施工的景观要求

波形梁护栏是一种半刚性护栏，它是以2波或3波防撞钢护栏板相互拼接并由钢立柱支撑的连续结构，其施工简单快速。

现场安装采用液压护栏专用打桩机打桩，每台打桩机均配置2～3个技术熟练的技术工人操作。

（1）定点放线

根据设计图纸数据，以路基中线为基准，以大中小桥涵洞、通道、立交、手孔井等构造物为控制点，进行测距定位。按照布设账台表结合实际地形用钢卷尺进行测距定点放线并在立柱定位处打上十字交叉线，然后用水准仪对已定好的定位点进行测量，并计算相对高差和相对高程，确定每个点立柱的打入深度。

立柱放样后，应勘查清楚每根立柱位置的地基状况。如遇地下通信管线、泄水管等，或涵洞、通道顶部埋土深度不足时，应调整某些立柱的位置或改变立柱固定方式。立柱放样时利用调整段调整间距，利用分配方法处理间距零头数。

（2）立柱安装

一般路段，立柱可以采用打入法进行施工。立柱打入时，应精确定位，打入过深时不得将立柱部分拔出加以矫正，须将其全部拔出，待基础回填夯实后再重新打入。无法采用打入法施工时，可采用现浇混凝土护栏立柱基础，现浇混凝土基础与护栏的空隙的回填采用合适材料回填并夯实。采用打入法进行立柱安装时主要控制立柱的间距、垂直度、立柱高度、立柱距路肩边缘线的距离。具体操作如下：

①控制立柱间距

按照定点位置，以立柱边缘为控制点，用角尺（或钢尺）垂直于路面。以角尺边缘通过放线点和立柱外边缘确定立柱的4m或其他间距。另外用一根定位钢管，钢管两头焊半圆端头，一端与已安装好的立柱贴紧，另一端与将要安装的立柱贴紧，以确保立柱的间距为4m。

②控制立柱垂直度

在立柱定位时，将立柱顶部套在桩套内，立柱底部利用桩机的前后和侧向收放功能，用水平尺贴紧立柱，指挥桩机操作人员移动桩机，直至水平尺在相邻角为90°的两个点上都显示水准为止，方可进行施工。

③控制立柱与路肩边缘线距离

根据放线位置，以路缘带边缘为准，不得使护栏面侵入公路建筑限界以内。立柱外边缘到路肩边缘的最小距离：当路肩宽度为0.75m时，不得小于0.25m；当路肩宽度为0.5m时，不应小于0.14m。

▶ 图6-91 波形梁护栏精细化施工（保证车行的线形景观）

④确定立柱高度

用水准仪测量计算出每根立柱的打入深度。根据计算结果，在立柱上相应的位置画一条线，在打桩过程中，当标尺与这条线重合时，就表明该立柱已到达安装高度，可以停止打入。所以在立柱打桩过程中，当立柱基本达到安装高度时，要减小油门，减小桩锤的冲击力，使立柱一次性达到标准。

（3）线形调整

①立柱准确定位后，即进行护栏板安装，拼接方向应与行车方向一致。

②护栏板的螺栓初始时不宜过早拧紧，以便在安装过程中利用护栏板长圆孔进行调整，使其形成平顺的线形，避免局部凹凸。

③护栏板的顶面，立面应与路面弯道曲线、平面线协调，然后拧紧螺母。终拧扭矩应符合本项目招标文件的相关技术规定。

④波形梁护栏的拼接螺栓采用高强度螺栓。安装高强度螺栓时，护栏板的摩擦面应保持干燥，不得在雨中作业。高强螺栓应顺畅穿入孔内，不得强行敲入。

⑤护栏板的安装，不应出现任何损坏。

▼ 图6-92 波形梁护栏施工

（4）端头安装

端头安装应根据路侧护栏的地锚式端头、紧急电话开口处的端头等不同结构分别采用不同的施工方法进行安装。凡需浇筑基础混凝土的地方，必须等到混凝土强度达到设计强度的50%以上才能拧紧连接螺栓，基础混凝土必须符合规范要求。

▶ 图6-93 波形梁护栏线形景观

6.8.2 声屏障施工

声屏障主要在靠近村庄、居民区、学校、厂区等建筑物而设置，减轻行车噪声对居民的影响，其材料构件均在专业工厂生产，运输到现场安装在预先浇筑的混凝土基础或混凝土护栏上。

6.8.2.1 声屏障安装

钢结构安装前，对建筑物的定位轴线、基础轴线和高程、地角螺栓位置进行检查，并进行检测和办理交接验收。

▶ 图6-94 声屏障施工

立柱底部钢板与防撞栏杆顶部预埋钢板连接时，应严格按安装要求进行，确保立柱的垂直度、间距、底面高度以及安装强度，同时应用标准模尺校正立柱的位置。如遇有雨，应停止施工，确保施工安全。

6.8.2.2 声屏障制作工序

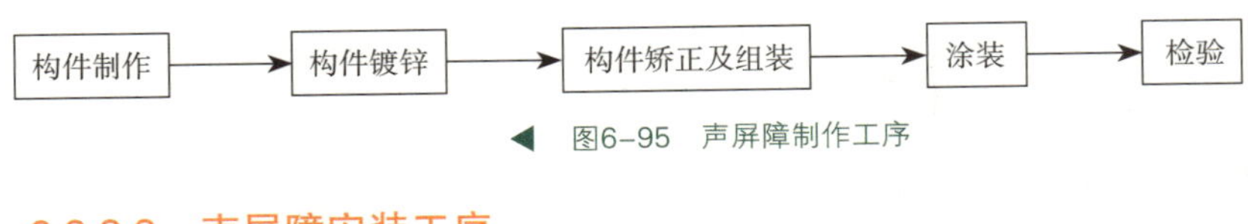

图6-95 声屏障制作工序

6.8.2.3 声屏障安装工序

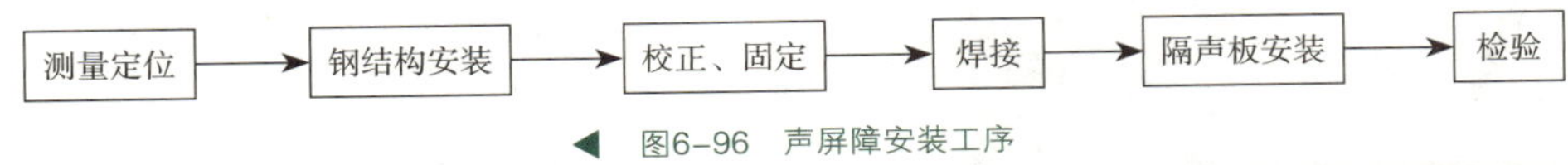

图6-96 声屏障安装工序

图6-97 建成后的声屏障景观

6.8.3 路侧照明施工

路侧照明主要安装在隧道洞口、避险车道、重要桥梁、特殊路段（抗冰、雾区等路段）、一般道路（村庄、居民区、学校、厂区等）而设置，便于夜间行驶或活动，其材料构件均在专业工厂生产，运输到现场安装在预先浇筑的混凝土基础或混凝土护栏上。

（1）灯位放样。按设计施工图及现场情况，以设计的灯位间距为基准确定路灯安装位置。

（2）采用汽车吊车吊装灯柱、灯具等就位安装。

（3）挖沟及埋管（如太阳能灯无须此项工作）。按照设计施工图纸开挖电缆管预埋沟，预埋相应的电缆管。

▼ 图6-98 照明安装

（4）敷设电缆应符合下列要求：

①电缆规格、型号应符合设计要求。布放电缆排列整齐，无机械损伤，标志牌齐全、正确、清晰。

②电缆的固定、间距、弯曲半径应符合技术规范的规定。

③电缆接头良好，绝缘应符合要求。

④电缆沟深度应符合要求，沟内无杂物。

⑤保护管的连接、防腐应符合规定。

6.8.4 普通标线、雨夜标线施工

标线以确保交通畅通和行车安全为目的，主要以传达信息、指引方向、诱导行驶、提醒驾驶员而设置的交通设施。标线应保证在白天和晚上都具有视线诱导功能，并应做到车道分界清晰，线形清楚，轮廓分明。其景观追求简明、清晰、明亮，使驾驶员、乘客快速接收信息。标线按材料施工分为普通标线和雨夜标线。

▶ 图6-99 标线标识景观

6.8.4.1 标线材料技术指标

在严格执行国家和行业标准规范的基础上，提高热熔反光型标线涂料原材料的施工要求：

（1）逆反身亮度系数（RL）：根据《公路工程质量检验评定标定标准 第一册 土建工程》（JTG F80/1—2017）的有关要求，白色非雨夜反光标线等按不低于Ⅱ级的标准控制施工（≥250mcd · m^{-2} · lx^{-1}）。

（2）玻璃珠：玻璃珠内混比例指标按20%～25%控制；面撒、内混玻璃珠的粒径型号采1号玻璃珠；成圆率指标按≥90%控制。

（3）钛白粉：为提高标线亮度和反光性能，施工时TiO_2的质量分数指标按A1型等级控制（≥98%）。标线涂料材料技术指标要求详见表6-2。

标线涂料材料技术指标要求　　表6-2

标线类型	设置原则	技术要求
普通热熔反光标线	一般段落	钛白粉 13%，内混玻璃珠 25%，国产树脂 15%，面撒玻璃珠 800g/m^2
热熔雨夜反光标线	雾区	钛白粉 13%，内混玻璃珠 25%，国产树脂 26%，面撒玻璃珠：普通珠 400g/m^2 和雨夜珠 400g/m^2

图6-100 雨夜标线雨天夜间现场效果

6.8.4.2 标线施工方法

（1）加强交叉施工作业管理。

▶ 图6-101 标线施工

①根据有关管理要求，强化标线施划过程中的污染防控措施，确保标线施划质量。

②加强交通管制力度，原则上以中央带开口为起讫点，在半幅全封闭的条件下开展标线施划，以减小交叉施工引起的安全隐患。

③加强对施工人员的技术交底，扎实做好试验段标线“首件制”管理（可选取300～500m作为“首件制”实施范围，可在互通匝道做“首件制”）。通过“首件制”总结，调整并确定热熔釜温控、划线车行走速度、原材料使用量、玻璃珠漏斗撒播量、面撒量等参数指标，固化标线施划工艺。

（2）选取基准点放样，为了确保基准线的精确，在直线段部分每隔10m选取一个基准点，在曲线部分每隔5m选取一个基准点，利用基准点，用测绳放出基准线，用水线放样车沿基准线进行放样，放出水线后进行检查，对不顺直部分进行调整，使线形平直圆顺。

（3）在划标线前，将路面上的污物、灰尘、沥青块、松散的颗粒和其他杂物清除干净，使路面干燥，以符合施工要求。

（4）精确放样，并划出底线，线形与道路线形一致。沿水线按200g/m²的用量，用底漆喷涂机均匀喷涂底漆（油），其宽度和长度应大于热熔反光标线设计尺寸5mm，以确保在标线施划范围内，底漆能够均匀涂敷。

（5）为提高路面与标线之间的黏结力，须在路面与标线之间喷涂热熔型专用黏结剂。

（6）应将热熔型标线涂料预混一定比例的玻璃珠并均匀地撒下玻璃微珠（涂

料中含20%～25%的玻璃珠），玻璃珠使用热镀膜、成圆率好，且大小粒径严格按照国标配比进行。

（7）在施工时，温度不宜太高，防止玻璃珠下沉；温度不能太低，否则容易脱落，从而影响逆反射系数。装入热熔釜中均匀加热并不断搅拌，涂料至一定的温度（施工最佳温度为180～220℃），已由粉状变为熔融状且具有一定的流动性后装入划线车中。

（8）热熔刮涂型标线厚度为2.0m+0.2mm，热熔突起型标线基线厚度为2mm，凸起厚度为5.0mm±0.5mm；涂料中应混合占总重20%～25%的玻璃珠，在施工标线时应均匀撒布玻璃微珠（300～400g/m^2）。

（9）涂敷工作一般在白天进行，路面潮湿、灰尘过多、风速过大或温度低于10℃时，应暂停施工。

（10）不同颜色的标线涂料转换使用时，应对划线车、涂料容具进行彻底清洁，避免混色。

（11）涂敷标线时应匀速、连续，确保涂膜厚度均匀、整齐。施工时，标线起终点应粘贴胶带纸。

（12）清除溢出和垂落的涂料，对不符合要求的标线进行修复，检查厚度、尺寸、玻璃珠的撒布情况，收集四处散落的玻璃珠。

（13）涂敷标线时，应有交通安全措施，设置警告标志，组织车辆及行人在非作业区内通行，防止将涂料带出或形成车辙，直至标线充分干燥。

（14）在涂敷车行道边缘线时，每隔15m设置一道100mm宽的排水通道。

（15）振荡标线根据设备不同是在平滑的基础标线后直接在底油上，一次成型长方形排骨式突起型高亮度道路标线，即使在雨天也能取得超强的高视认性，在汽车压线的瞬间引起轻快的振动，以提醒驾驶员注意安全。

6.8.4.3　标线管理要点

标线管理要点主要从设计、现场管理、施工事项等方面控制。

1）设计方面

（1）水沟盖板与标线位置冲突。如超高段内侧设置排水沟段落，水沟盖板与标线位置冲突。

▶ 图6-102 隧道洞口标线景观

（2）核查视距不良段纵向视觉减速设置情况。根据项目安全评估报告相关内容，业主组织设计、施工、监理进一步核查小曲线半径、中央分隔带视距不良段标线设置情况。

（3）振动标线设置是否完整。核实特大桥、隧道是否设置横向减速标线及其边缘线、分界线。

（4）斑马线与车道边缘线之间应留出10cm的间隙，以利于排水和清扫。

2）现场管理方面

（1）加强原材存放管理，防止污染、潮湿等。

（2）加强标线施工方案管理，杜绝照搬照抄，严格审查施工方案，严格执行施工方案。

（3）标线施工阶段防污染管理，重点是如下部位：

①中分分隔带开口护栏部车辆转换交通频繁。

②S形减速水马使车辆沿固定轨迹行驶，同时加减速过程导致标线污染严重。

③伸缩缝清渣使用铲车破坏标线 。

④重型机械严禁在已施划标线的路面行走。

3）施工方面

（1）关注施工时现场温度、湿度，气温低于10℃，应停止施工，下雨或路面潮湿状态禁止施工。

（2）涂料温度控制。严格控制涂料温度180～210℃。

第7章

高速公路景观的实际案例

7.1 公路景观欣赏

7.1.1 全景鸟瞰

▲ 图7-1 田园中的高速公路景观

▶ 图7-2 静谧的清晨

▲ 图7-3 公路河流生态和谐

◀ 图7-4 绿色长廊景观

图7-5 嵌入秋色中的高速公路

▲ 图7-6 最佳线位，人与自然的交汇

▶ 图7-7 路地和谐景观

▲ 图7-8 保护自然生态

◀ 图7-9 与湖光山色融为一体

▶ 图7-10 公路与环境相衬成景

▼ 图7-11 充分利用地形布线

◀ 图7-12　合理穿山跨谷定线

▼ 图7-13　尊重自然利用自然

▲ 图7-14 充分利用自然条件布设工程

▲ 图7-15 减少占用耕地的线位景观

▼ 图7-16 合理利用土方全面绿化

▲ 图7-17 公路穿越台地景观

▲ 图7-18 沿山线位景观

▲ 图7-19 减少破坏自然的路线景观1

▲ 图7-20 减少破坏自然的路线景观2

▲ 图7-21 群山舞蛟龙

▶ 图7-22 滨海公路景观

▲ 图7-23 静谧与喧嚣

◀ 图7-24 半填半挖道路覆绿景观

7.1.2 聚焦路侧

▲ 图7–25 路堑边坡：红色小花绿草陪衬

▼ 图7-26 路堑边坡覆绿景观1

▲ 图7-27 路堑边坡覆绿景观2

◀ 图7-28 路堑边坡碎落台造景：大红花点缀

◀ 图7-29 路堑边坡造景：金凤花点缀

▲ 图7-30　路堑边坡造景：勒杜鹃点缀

▶ 图7-31 边坡全覆绿

▶ 图7-32 开阔的景观视野

▶ 图7-33 路堑边坡绿化融于自然

◀ 图7-34 路堑边坡平台栽植勒杜鹃

▲ 图7-35 路侧草花造景

◀ 图7-36 路堑边坡全覆绿1

▼ 图7-37 路堑边坡全覆绿2

▼ 图7-38 路堑边坡全覆绿3

▲ 图7-40 路堑边坡整体覆绿效果2

▲ 图7-41 路堑边坡整体覆绿效果3

▼ 图7-39 路堤边坡整体覆绿效果

▲ 图7-42 路堑边坡全覆绿

7.1.3 聚焦路面

▶ 图7-43 方向

▲ 图7-44 岔路

▲ 图7-45 晨曦

▲ 图7-46 路面雨夜标线

7.1.4 聚焦中央分隔带

▶ 图7-47 中央分隔带防眩植物景观

▲ 图7-49 中央分隔带防眩植物造景

▲ 图7-50 中央分隔带防眩植物景观：青山跳跃

▲ 图7-48 桥梁中央分隔带采取防眩植物造景

▲ 图7-51 中央分隔带色叶植物造景

7.1.5 聚焦桥梁

▲ 图7-52 历史与现代相映

▶ 图7-53 丰收季节景观

▲ 图7-54　田野中的跨线桥景观

◀ 图7-55　穿越秘境

▲ 图7-56　依山而行

▼ 图7-57　穿越崇山峻岭1

▲ 图7-58　穿越崇山峻岭2

▼ 图7-59 青山叠翠

▲ 图7-60 桥梁墩柱侧景

7.1.6 聚焦互通立交

▶ 图7-61 营造自然地形景观

▼ 图7-62 逆风飞翔

▲ 图7-63 充分利用自然

▲ 图7-64 绿色交融

7.1.7　聚焦隧道及洞门

▶ 图7-65　隧道洞门造型

金门隧道
金门隧道

◀ 图7-66　隧道洞内景观

▼ 图7-67　隧道洞口综合景观

▲ 图7-68 隧道洞口空地景观

▼ 图7-69 隧道洞内照明装饰景观

▲ 图7-70 隧道洞内照明装饰景观：时空效果

▲ 图7-71 隧道洞门景观

九連山
隧道

▲ 图7-72 洞口景观石

▶ 图7-73 隧道出口景观：满目山色扑面而来

◀ 图7-74　隧道出口分离式路基景观

▼ 图7-75　隧道洞口景观：地形+层次分明的草灌乔组合

7.1.8 聚焦服务区

▼ 图7–76　良垌服务区及相关主线段景观

▼ 图7-77 厕所入口景观

▲ 图7-78 服务区厕所标示

▲ 图7-79 服务区洗手台

▶ 图7-80 服务区风雨连廊造景

▶ 图7-81 服务区服务楼建筑景观1

◀ 图7-82 服务区连廊

◀ 图7-83 服务区场区景观1

7.1.9 聚焦收费站

▶ 图7-84 主线收费站场区景观

▼ 图7-86 收费站场区景观

▲ 图7-85 收费站场区景观

◀ 图7-87 收费站场区景观

7.1.1C 聚焦管理配套设施

1 管理生活区美景

▲ 图7-88 管理中心环湖步道

▼ 图7-89 管理中心场区景观

图7-90 管理中心场区景观

▼ 图7-91 管理中心场区景观

▼ 图7-92 管理中心办公楼景观

▼ 图7-93 管理中心回廊

▼ 图7-94 管理中心园林景观

2. 管理办公区内景

▶ 图7-95 监控中心机房设施

▼ 图7-96 监控中心

7.2 典型案例

7.2.1 微地形景观

公路微地形景观营造主要适用于视野开阔、景观视线较通透、场景尺度较宽广的景观空间，如：互通立交、隧道出入口、路侧填平区、管理生活区绿地等，以宽阔平坦的绿地、大型草坪或疏林草地，来展现宏伟壮观的场景，景观承载体主要以微起伏地形、绿色草坪以及疏落的风景树为主，展现疏林草地的大地美景。

微地形景观营造重心在于地形景观，结合自然地形、地势地貌条件，通过“因势利导”“因地制宜”“因形造势”等手法，在满足场区排水要求的前提下，打造“龟背状”起伏地表，草坪和地被群落为主的景观展现。

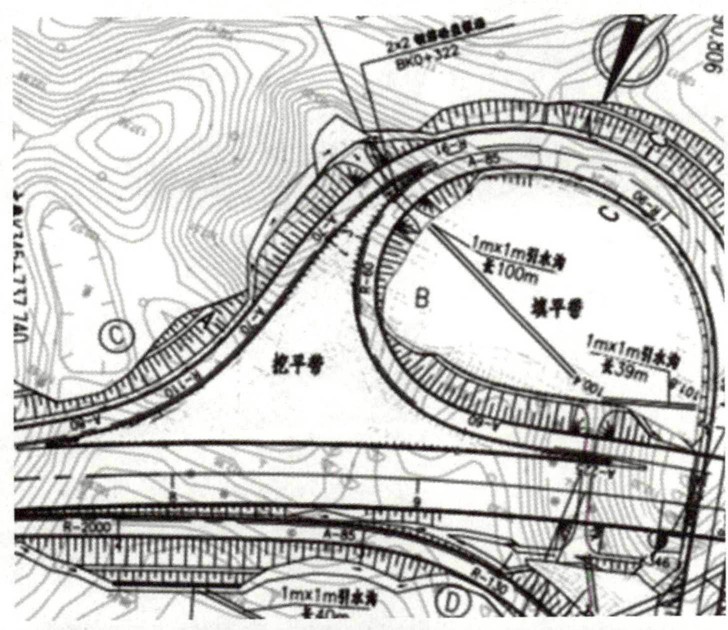

◀ 图7-97 地形设计指导地形打造

▲ 图7-98　以地形为主、苗木为辅的景观打造手法

▶ 图7-99　场区草地与匝道路面自然交融

▶ 图7-100　地被色块在平缓地形中的应用

7.2.2 隧道洞门序列景观

隧道洞门景观有多种创作方式，这里我们只选取部分与文化相关的设计内容作为示例展现给大家。

7.2.2.1 龙凤隧道（进口）

（1）元素提取

龙作为一种怀集当地传统的民间表演艺术龙鱼舞中重要的文化元素，结合隧道名字龙凤隧道的命名，打造出一番龙凤呈祥的生活景象，展现怀集县传统民间艺术的独特风貌及怀集人民以歌舞欢庆在党和国家领导下的幸福生活。

▲ 图 7–101

▲ 图 7–102

（2）改造方案

提取龙和凤为元素，采用阴刻涂漆的方式，绘制“龙凤呈祥”的图案。

◀ 图7–103 效果图

▲ 图7-104 龙凤隧道实景

7.3.2.2 龙门隧道（出口）

（二）元素提取

怀集又有燕都之称。怀集燕岩是我国内陆唯一有金丝燕栖息的地方，是风景区最迷人的景点，也是群洞中最为壮观的一个。此段选用怀集燕都的金丝燕作为端墙饰面的主要元素，不仅体现了怀集得天独厚的自然环境条件，更是从更深层次反映了怀集绿色、生态、活力的城市风貌。

▲ 图 7-105

▲ 图 7-106

（2）改造方案

提取金丝燕为元素，采用阴刻涂漆的方式，绘制“燕舞迎春”的图案。

◀ 图7–107　效果图

◀ 图7–108　龙门隧道实景

7.2.2.3　桔子岭1号（进口）

（1）元素提取

沙糖桔以清远市清新区禾云镇官田村出产的为正宗，唯其鲜美而极甜，无渣，口感细腻，被视为极品。此段提取砂糖桔作为端墙饰面的主要元素，反映了清远地区人杰地灵，不仅滋养孕育出砂糖桔这一风味独特、产量大、深受人们喜爱的品种，也养育了一代代勤劳、智慧的清远人。

▲ 图 7-109

▲ 图 7-110

（2）改造方案

先取砂糖桔为元素，采用阴刻涂漆的方式，绘制“桔子树枝”图案。

▼ 图7-111　效果图

◀ 图7–112 桔子岭隧道实景

7.2.2.4 桔子岭3号（出口）

（1）元素提取

怀集特产黄庆笋以其粗大、肉质鲜嫩、清脆爽口、色香味俱全而闻名，被喻为“笋中之王”，在怀集县是喜筵、酒席常有的头道菜，名曰“出笋”，寓意出芽、开枝、散叶和吉利。以绿色植物作为怀集段的开端，与十九大精神中的“绿水青山”遥相呼应。

▲ 图 7–113

▲ 图 7–114

（2）改造方案

采用黄庆笋为元素，采用阴刻涂漆的方式，绘制“出笋开枝”的图案。

▶ 图7-115 效果图

▶ 图7-116 桔子岭隧道实景

7.2.2.5 杨梅隧道（出口）

（1）元素提取

阳山双凤舞为广东省非物质文化遗产名录，这个端墙式隧道口的饰面改造，从清远市阳山县传统民俗文化活动阳山凤舞中获取灵感。当地人使用竹篾编成凤凰，配以笛子，锣鼓助兴，高举写着“风调雨顺，国泰民安”“五谷丰登、六畜兴旺”的红木牌，拿着拜匣穿山过寨，登门到户作舞，以示驱邪消灾，迎祥纳福。这种民间活动，传达着淳朴的清远人民对美好生活的向往和追求，展现出在中国梦的号召下，清远人民满怀热情，撸起袖子加油干，共建小康社会的精神风貌。

▲ 图 7–117

▲ 图 7–118

（2）改造方案

选取双凤为元素，采用阴刻涂漆的方式，绘制“双凤齐舞”图案。

◀ 图7–119 效果图

▶ 图7–120　杨梅隧道实景

7.2.2.6　桃源隧道（出口）

（1）元素提取

蒲坑茶是清远市石潭蒲坑特产茶，石潭镇出产的蒲坑茶早已被誉为清远特产。蒲坑茶特点为“清香、味浓、甘香、纯净、耐冲、可口”。此段是取蒲坑茶作为端墙饰面的主要元素，反映了清远地区气候温暖，自然环境优越，滋养孕育出蒲坑茶这一馨香无比、色泽如琥珀透亮的品种。

▲ 图 7–121

▲ 图 7–122

（2）改造方案

选取茶田为元素，采用阴刻涂漆的方式，绘制“青翠茶田”图案。

◀ 图7-123 效果图

◀ 图7-124 桃源隧道实景

7.2.3 路侧标语序列景观

路侧标语是可选择的内容，比如大小、内容、色彩，而这些都是景观的范畴。好的标语会让人振奋，而好的设计可以让人记住一个时代。一个项目的标语建议先进行统一规划，再实施。

▶ 图7-125 某项目的标语规划设计图

改造方案：石壁不平整，挂不锈钢文字“一带一路”。

▶ 图7-126 工点效果图

◀ 图7-127　中国梦实景

◀ 图7-128　“撸起袖子加油干”实景

▶ 图7-129 “新时代，新征程”实景（特殊材料制作）

▶ 图7-130 “走在前列”实景

7.2.4　饰面景观

图7-131　良光服务区挡土墙彩绘标语——风正一帆悬

对于公路沿线大面的混凝土挡墙、砌石边坡、房屋建筑墙体等构筑体，除了采用标语刻痕以外，还可以通过彩绘、彩色面板等进行装饰，通过不同的主题元素，在构筑体上进行图形化组合，增加观赏性，提升公路景观的内涵。

图7-132　在宿舍楼外墙通过彩色饰面板构图，丰富建筑体外景

▶ 图7-133　在混凝土挡墙、砌石边坡上通过彩色饰面板构图，大大弱化了混凝土冰冷单调的质感

▶ 图7-134　在混凝土挡墙上彩绘“乐符”

7.2.5 边坡平台打造

边坡平台景观装饰——以汕湛高速公路云浮至湛江段阳（春）化（州）段为例。

图7-135 路堑边坡一级平台栽植勒杜鹃

汕湛高速公路云浮至湛江段阳（春）化（州）段利用沿线主体土建工程施工富余的小型预制构件，在沿线边坡一级平台区域种植池，种植池高0.8m，池长1.2m，池宽根据边坡平台的实际宽度确定（现场大致按1.2m施工），池内主要以栽植勒杜鹃等灌木品种为主，灌木苗高1.5m，冠幅1.5m，为实现有效的存水、存肥、引水等要求，种植池与二级边坡相连。

图7-136 路堑边坡整体覆绿效果

▶ 图7-137　路堑边坡一级平台栽植勒杜鹃

▼ 图7-138　路堑边坡一级平台栽植勒杜鹃

7.2.6 桥梁中央分隔带绿化防眩景观

为打造公路全线中央分隔带景观的一致性，汕湛高速公路云浮至湛江段化（州）湛（江）段、武深高速公路新丰至博罗段通过特殊设计，在桥梁段中央分隔带统一采用与路基段一致的绿化防眩方案，形成全线统一的防眩景观效果。具体方案为：采取在桥梁防撞护栏中预埋钢筋及预制梁板内边梁植筋的方式完成与桥梁的连接，然后浇筑混凝土形成牛腿机构，将预装盖板安放在牛腿之上，形成承载绿化种植土的平台空间。

▼ 图7-139 中间分隔带

▶ 图7-140 中央分隔带设计图（尺寸单位：cm）

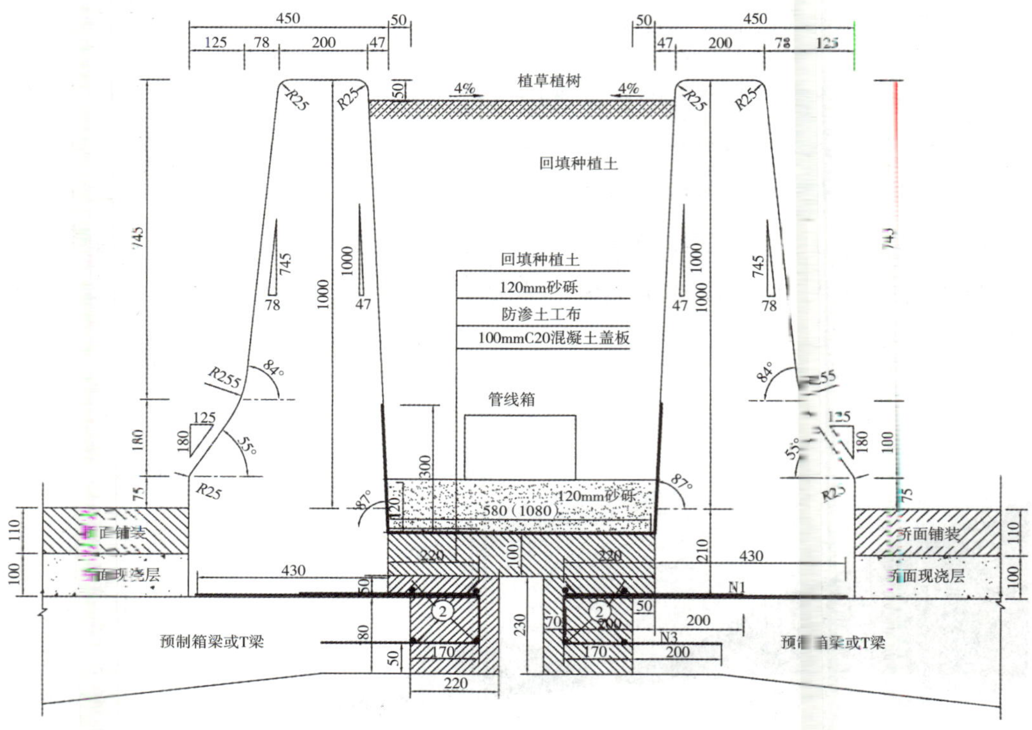

▶ 图7-141 桥梁中央分隔带绿化防眩景观效果

7.2.7 野花地被景观

如何让互通立交、边坡等景观造面更加出彩?

——在这里，引入以波斯菊为主景的地被草花方案。

图7-142 波斯菊

波斯菊，也被称为格桑花，是一种美丽的地被草花。茎干坚韧直立，发枝力强，生长繁茂。波斯菊的叶态极其特殊，从基部撕裂，裂片线形，稀疏弯曲，态若龙爪。波斯菊茎干坚韧挺立，株高可达120~150cm。波斯菊株态潇洒，线叶对生，呈现二回羽状全裂，裂片稀疏，全缘。茎枝顶端抽生花葶，形成总状花序。波斯菊花色丰富，有紫红、鲜红、粉红、玉白等颜色。盘心管状花多为金黄色，花期6~10月，花后坐果，瘦果有喙，种子成熟后会自行开裂，容易散落，形成自播循环。波斯菊，原产墨西哥及南美其他地区的海洋性湿润气候环境，因而性喜温暖和凉爽的气候，不耐寒，也怕高温酷热，耐贫瘠。对土壤要求不严，但以疏松肥沃的砂质土壤栽培最好。波斯菊，自生能力强，在一般栽培地方，次年能长出大量的实生苗来，并多年不衰。因而，在坡地、草坪、路边都可大量播种，使之形成半野生状态。

▶ 图7-143 路堤边坡绽放的波斯菊

▼ 图7-144 隧道洞口分离式路基段满地绽放的野花

◀ 图7-145 落日下竞放的路侧野花

▼ 图7-146 互通立交绽放的一片草花地被

7.2.3 景石利用案例

景石作为园林造景的重要元素，在高速公路景观打造中同样发挥了重要作用。当高速公路位于穿山越岭的线位之上时，往往在施工过程中可以开挖出一些造型独特的石头，这些都是景观石的重要获取资源，而且因其源于施工所得，而被赋予了公路建设的历史意义。

▶ 图7-147 互通景观：景石+色叶草灌组合

▶ 图7-148 互通景观：景石组合

◀ 图7–149　隧道洞口景观石

◀ 图7–150　隧道景观石

◀ 图7–151　景观石

▶ 图7-152 粤闽界景观石

▶ 图7-153 隧道洞口景观石

7.2.9 管理生活设施景观实例

汕湛高速公路云浮至湛江段化（州）湛（江）段所属的路段管理中心位于广东省茂名化州市良光镇，场区四周环水（横江水库），原始地形中间高、四周低，呈龟壳状起伏，场区地形先天优势明显。

该场区在景观打造中，充分展现了地形景观特点，以水景区、办公区、生活区、景观亭等为载体，采用错台设计等手段充分保证了水体景观可通视性、建筑景观的一致性、休闲硬质景观的多样性、植物景观的丰富性和层次感，同时采用了景观照明的手法，打造了不同时段的场区景观特点。

具体如下：

（1）利用小岛四周环水的特点围绕岛四周进行建筑物布设，且按照办公区、住宿生活区、文体休闲区等功能进行分区设置，使管理处的员工无论在办公、生活还是文体休闲时，在各个建筑单体中均能领略到化州横江水库的美景。

▼ 图 7-154

（2）利用管理中心优美的轮廓，结合晚上照明的需求，打造绚丽的化湛夜景。

▶ 图 7-155

（3）员工宿舍楼采用错台设计，既保证了建筑物的视野通透，也与整个管理中心中间高四周低的地势融为一体。

（4）利用项目施工期间开挖利用的石头制作景石，宣扬“大道为公”的高速公路企业文化。

▶ 图7-156 现场景石

（5）办公楼外墙上装饰瑞鹤祥云图案，借用了唐朝诗人刘禹锡的“晴空一鹤排云上，便引诗情到碧霄”的意境，寓意了高速公路管理者在高速公路事业上奋发进取。

图7-157　管理中心办公楼外墙点饰

（6）办公楼大堂结合时事宣传栏、宣传视频LED（发光二极管）和服务宗旨，打造浓厚的学习、工作气氛。

图7-158　管理中心办公楼入口大堂景观

（7）为舒缓员工的工作压力，管理处利用环水的区域优势设置亲水平台、健身步道、休闲凉亭等，同时结合各功能分区，完善了相应的绿化景观。

▶ 图7-159　管理中心观旗平台、休闲亲水平台

▶ 图7-160　管理中心健身步道

◀ 图7-161 管理中心路侧绽放的小花

参考文献

[1] 胡圣能 . 高速公路景观规划与设计技术研究 [D]. 西安：长安大学，2011.

[2] 齐菲 . 高速公路景观设计的研究与实践 [D]. 咸阳：西北农林科技大学，2013.

[3] 黄清 . 道路景观设计理念与方法研究 [D]. 南京：东南大学，2015.

[4] 王永 . 高速公路景观美学评价研究 [D]. 南京：东南大学，2013.

[5] 贾刘强，邱建 . 浅析景观建筑学之专业内涵 [J]. 世界建筑，2008，(1).

[6] 杨洋，向曦 . 关于我国当前景观建筑学设计的探究 [J]. 中国新技术新产品，2011，(5)：162.

[7] 冯玉祥，欧纯祯 . 浅谈高等级公路的景观设计 [J]. 黑龙江交通科技，2006，29 (7).

[8] 王刚 . 公路交通噪声污染分析与环境保护 [J]. 黑龙江科技信息，2010，(17)：34.

[9] 朱琳，冯林林 . 衬托乡野风光的城乡公路景观设计初探 [J]. 现代园艺，2017，(2).

[10] 陈建新 . 高速公路路际景观系统研究 [D]. 武汉：武汉理工大学，2005.

[11] 谌韦韦 . 基于视觉特性的高速公路景观要素设计研究 [D]. 西安：长安大学，2011.

[12] 张阳 . 公路景观学 [M]. 北京：中国建材工业出版社，1990.

[13] 乔翊 . 摄影因你而美 [M]. 广州：羊城晚报出版社，2016.

[14] 王凤晨，韩子程 . 浅谈太阳能光伏发电在高速公路服务区设计中的应用 [J]. 建筑知识，2016，(10)：29-31.

[15] 秦晓春，张肖宁 . 公路与园林建筑景观的比较研究 [J]. 公路交通科技，2006，(7).

[16] 熊广忠 . 城市道路美学 [M]. 北京：中国建筑工业出版社，1990.

[17] 赵晶夫 . 城市道路规划与美学 [M]. 南京：江苏科学技术出版社，1994.

[18] [英] 麦克卢斯基 . 道路型式与城市景观 [M]. 张仲一，卢绍曾，译 . 北京：中国建筑工业出版社，1992.

[19] 杨少伟. 道路立体交叉规划与设计 [M]. 北京：人民交通出版社，2000.
[20] 吴国雄，李方. 互通式立体交叉设计范例 [M]. 北京：人民交通出版社，2002.
[21] 苏丽. 高速公路收费站设计研究 [D]. 西安：长安大学，2012.
[22] 王靖. 湖南省高速公路收费站设计研究 [D]. 湖南：中南大学，2006.
[23] 胡圣能. 高速公路景观规划与设计技术研究 [D]. 西安：长安大学，2011.
[24] 张静. 高速公路互通立交绿地景观规划设计研究 [D]. 南京：南京林业大学，2004.
[25] 姚阳. 高速公路景观系统设计——基于文化、生态、视觉、心理行为的视野角度 [D]. 重庆：重庆大学，2007.
[26] 杨一龙. 高速公路线性景观及服务区景观设计的研究 [D]. 西安：西安建筑科技大学，2013.
[27] 交通部公路司. 新理念公路设计指南 [M]. 北京：人民交通出版社，2005.
[28] 王云，李海峰，陈学平. 公路路域景观美学评价 [J]. 公路，2009.
[29] 宁琳，阴磊. 基于记忆理论的公路文化景观营造 [J]. 公路交通技术，2016.
[30] 张慧丽，孙海龙，肖健. 高速公路建设对路域景观生态影响分析 [J]. 石家庄铁道大学学报（社会科学版），2013 年.
[31] 广东省南粤交通投资建设有限公司. 决胜千里——高速公路勘察设计典型案例分析 [I]. 北京：人民交通出版社股份有限公司，2018.
[32] 广东省南粤交通投资建设有限公司. 南国红豆——高速公路路域景观建设成果图集 [I]. 北京：人民交通出版社股份有限公司，2018.

致“公路景观建筑学”

我站在你出生的边缘
浇水　施肥　守护　盼望
想象着你像清晨的太阳一样
把大地照亮

所有的奔跑都有影子跟随
我的想象有自己的翅膀
当你振翅飞翔的时候
我依旧奔跑在路上

如果说出生代表舍弃
那么就舍弃吧
如几十年的孕育
如所有灯下挥汗的时光

如果说成长的过程就是血脉的延伸
那么无论过去与将来
你与我　都不可分离
哪怕　你不再是你

风筝要飞起来时不会在乎季节
只要有风　就可以上天
我手里那条线　是不是会无关紧要
因为有云　有雨

那晚清凉时
谁一身的戎装站在门口　归航
如此闲暇
一杯茶　香气沁心入脾

环境解说系列丛书

解说人员指导手册

环境解说设计和展示技巧

[美] 凯瑟琳·雷尼尔 迈克尔·格罗斯 罗恩·齐默尔曼 著

赵金凌 张 岚 译

中国环境出版社·北京

致　谢

本书的出版要感谢很多同仁的参与，他们为撰写此书提供了诸多帮助。国家公园服务处的汤姆·丹东完成了第一章的大部分内容，为我们的职业提供了历史性视角。辛辛那提博物馆的大卫·因布罗尼奥提供了关于沃伦·韦尔斯和伊丽莎白·韦尔斯的个人简介。

威斯康星自然资源部的苏珊·吉尔克里斯特真诚分享了故事讲解的技巧。北卡罗来纳州野生资源委员会的马蒂·凯恩，明尼苏达州动物园的贝斯·黑德恩，蒙特利湾水族馆的派特·路托维斯基博士，圣十字国家景观河道的保翠兹·沃森和康妮·李，他们提供的图片和想法使本书展示一系列技术成为可能。

有三位朋友和同事为本书提供照片和构想。他们提供的图片在本书自始至终都可以看到。国家公园服务处的沃伦·比伦贝格，联邦森林管理处的仙蒂·弗罗斯特，威斯康星赛文波恩特大学的道格·摩尔，向他们表达诚挚谢意。书中还引用很多图片，由不同机构和组织提供。

麦克·福里德和大卫·谢弗慷慨准许可以重新改编他们的解说员背包手册。

查尔·平托尔又一次成为团队中不可或缺的一员。她帮忙编辑，设计，排页校对。她的高超技能及对本项目的热忱，使得本书得以顺利出版。

封面照片：怀俄明州黄石国家公园，艾伦提供

扉页照片：加利福尼亚雷斯岬国家海岸，唐娜·齐默尔曼提供。

译者序

环境解说是一个过程，一种表现，藉此，游客亲身观看、学习与感受，并透过第一手的体验得到启发。环境解说是在诉说某一区域的景色与历史背后的故事，它也是一种过程，帮助人们看到非本能所见的。环境解说是提高人们体验质量的重要手段，不是说教，也不是上课，是通过解说员或设施帮助人们更深入地了解自然环境。

翻译本书前，我常常思考两个问题，一、环境解说的目的是什么？二、如何能提高环境解说效果？

第一个问题，美国著名环境解说家韦尔斯认为，好的环境解说不仅是教育，而是重在启发。环境解说的目的是让自然成为很多人生活的重要部分，并影响他们对自然、环境、世界、生命的观念。

我国现阶段发展的关键问题是生态文明建设，地理学者白光润认为，生态文明是提高人对自然的认识和觉悟，从而实现人类的进步。环境解说的目的提高人对自然及环境的认识，对生态文明建设有非常重要的意义。人类认识自然的过程可以分为三个主要层次：一是认识，因为认识而了解；二是了解，因为了解而欣赏；三是热爱，因为欣赏而热爱。例如，植物的特性以及外貌只是其基本资料，而叶子是他们的名片，让我们可以在短时间内认识它。环境解说并不仅是介绍如何判断它是哪种植物，更重要的是怎么去认识它，了解它，以及生活在它周遭的其他动物朋友们，就如同想了解一个人，藉由个人的兴趣、爱好、结交的朋友了解是相同的道理。环境解说活动不是生硬的让人背诵植物的属性、特征，而是透过环境解说让人了解身边生态的美妙，大自然的奥秘。只要能静下心来细细地观察，就能发掘一花一树都是丰富的世界，透过环境解说让我们心中躲藏许久的小孩愿意再次走出来亲近大自然，探索世界的美好。

第二个问题，环境解说要达到上述目的，环境解说设计人员和解说人员的理念、方法及技巧都不容忽视。《解说人员指导手册》对环境解说方法、技巧的论述有实证案例，经验的总结也很有借鉴意义。首先，对于环境解说设计人员和解说人员，解说的理念至关重要；其次，解说的方法步骤在书中第二章、第三章和第四章有详细叙述。最后，本书第四章、第五章、第六章总结的环境解说技巧对解说人员和解说设计人员都是难得的参考资料。

儿童的全面发展是社会进步的基础。本书颇具特色部分是对儿童解说内容的介绍，认为要了解儿童不同的发展阶段，针对儿童认知水平，帮助他们认识生活，了解生态，热爱生命。通过环境解说提升儿童的知识、品格及审美等方面的能力，达到人的真、善、美全面发展。

本书知识体系丰富，是解说人员的阅历、知识和专业水平全面的提升的必备手册。

赵金凌

2012 年 12 月

目 录

1
起源和动机

真正的诗歌因娱乐起，以智慧终。

——罗伯特·佛罗斯特（Robert Frost）

解说的起源

伊诺斯·米尔斯（1870—1922）

当年的自然导游与数以百计的探险者分享美国的荒野之美时，他们已成为现代环境解说系统发展的引路者。早期导游中最著名的当属伊诺斯·米尔斯（Enos A.Mills），自1889年起，他就将远足旅游活动引入落基山（Rocky Mountains），直至1922年他过世。他是环境解说这个职业的奠基者。

米尔斯在只有十几岁时就引导游客到4345米高的朗斯峰（Longs Peak）及位于科罗拉多州落基山脉（Colorado Rockies）的其他地方。在其后35年的时间，米尔斯以其多重身份：自然主义者、解说者、15本自然书籍的作者、演讲家、落基山国家公园之父、公园和保护区的开拓者、早期环境教育雏形——野外探索学校的创始人、解说者的导师而被众人所熟识。

伊诺斯·米尔斯，拍摄于科罗拉多州朗斯峰

米尔斯对大自然的永不满足的好奇心与极富感染力的热忱，使他成为理想的环境解说家。但是米尔斯没有就此停滞不前，他认真地研究向游客解说的方法，指出哪些方式

伊诺斯·米尔斯，拍摄于科罗拉多州朗斯峰

注：米尔斯的野外探索学校带领游客到落基山脉，并成为新手解说员的培训基地。

比较好，并尝试找出那些失败的原因。

他坚信一名导游的使命不只是引导游客安全穿越荒野。“自然导游不是通常意义上的导游，也不是老师，而应该始终与信息传达和某种形式的教育相关联。并且就我们理解，自然导游更多的是激发灵感，而不只是传递信息。”

“自然导游（解说员）是博物学家，能引导其他人探索自然之谜。导游没有必要成为一个会走路的百科全书，他不应该提供脱离实际的无味信息，而应该尽可能激起游客的兴趣。”

在森林中带领团队的技巧是什么？米尔斯提出了许多见解。“了解人性、机智且富有创造力的自然导游才有能力将兴趣各异的、分散的团队成员聚集起来。他还要懂得欣赏沉默的口才，熟练地控制、引导、转移团队队员的谈话，以免野外的美被破坏……他应该掌握提建议的艺术，是一名领队而不是老师。”

伊诺斯·米尔斯，拍摄于科罗拉多州朗斯峰

米尔斯将环境解说作为职业，并且教授他人解说的艺术和科学。他的野外探索学校引导游客到落基山脉，并且成为很多新手解说员的培训基地。按照他的导游手册，人们成为耐心的自然观察者和热情的荒野探险领队。1917 年，米尔斯最好的两个学生，埃丝特（Esther）和伊丽莎白·伯内尔（Elizabeth Burnell）被国家公园管理处授予在落基山国家公园进行导览旅游的资格。

在 1922 年米尔斯逝世前，他使环境解说职业系统化，推动了其原则、准则和技术体系的发展，奠定了现代环境解说职业的基石。

没有米尔斯的贡献，解说员这个新的职业还在摸索中发展。有时公园请来大学教授，他们对游客的讲解不带任何的自我发挥和激情，太过考虑科学的准确性往往忽略了启发灵感。

注：米尔斯是一个有耐心的自然观察者。他花费 7 年的时间获得了一头大角公羊的信任，用了 27 年研究海狸，最终于 1913 年写了《海狸的世界》一书。

到20世纪50年代，米尔斯关于导游职业的书籍已经不再出版。弗雷曼·蒂尔登（Freeman Tilden）出版的《解说我们的遗产》一书填补了空白。

弗雷曼·蒂尔登（1883—1980）

蒂尔登不是一个著名的自然主义者或者解说者，但是他作为一个报社记者、剧作家、散文家、敏锐的观察员和评论家却给人们留下了深刻的印象。在中年，蒂尔登渴望能做些不一样的事情。国家公园管理处邀请他到国家公园游览，写些文章介绍一下，并且分析环境解说职业的现状。蒂尔登接受了这个挑战。

蒂尔登旅行了多年，观察游人，与之交谈，通过专业的访谈了解游客。他记录了公众对不同风格和媒介的解说的不同反应。蒂尔登分析了环境解说职业的实践，亦如40年前米尔斯的工作。

在1957年，《解说我们的遗产》是第一本单纯用来描述环境解说职业的书籍，它没有描述如何带领旅游团队，或者列出环境解说的准备步骤。《解说我们的遗产》回答了这样的问题：为什么要进行环境解说？它建立了环境解说质量的目标和评价准则。读者可以从中探索环境解说的一种哲学、一种态度。

在这本书里，蒂尔登抓住了这门职业的精髓。该书得到了国家公园管理处，其他联邦机构，众多州、市的公园，博物馆以及学术界的认可。环境解说职业回到了米尔斯创建的道路上。

蒂尔登在接下来的20年时间里，教授环境解说的艺术和科学。他的准则仍然是最受认可的环境解说标准。

在《解说我们的遗产》中，蒂尔登将环境解说定义为“一项旨在通过使用实物和亲身经历，借助说明性媒介，而不只是简单的事实信息交流来揭示内涵和关系的教育活动”。

“环境解说是揭示出陈述事实背后隐藏的真理。”“环境解说应该捕捉到好奇心，以丰富人们的思想和精神。”这两个概念被认为是环境解说哲学的核心。

蒂尔登的环境解说准则

1. 任何解说系统如果不能在某种程度上将演示的或描述的事物与游客的个性或经历联系起来，都是徒劳无用的。
2. 传递信息并不是解说。解说是在传递信息的基础上展开的，但二者却完全不是一回事。然而，所有的环境解说包括信息的传递。
3. 环境解说是一门艺术，综合了很多艺术形式，无论解说材料是否具有科学性、历史性，或是符合建筑学，任何艺术形式都应具有可教授性。
4. 解说的主要目标不是指导，而是激发听众。
5. 环境解说应该以展示整体为目标，必须全程介绍给游客，而不是仅强调重点。
6. 对于12岁以下的儿童进行的解说，不应是成人解说的删节，而是应该遵循一种不同的途径。为了达到最好的效果，需要一套独立的程序体系。

蒂尔登视这六条准则为所有环境解说事件的基础，无论是个人还是团体。他的著作中大部分内容都致力于解释和演绎这些准则。

与米尔斯的直接和实用的解说方式相比，蒂尔登则显得更具有深刻的哲学色彩，需要一些相关阅读和个人的思考才能理解。两个伟大的环境解说创始人对于这门职业的表达和解释风格迥异。然而，他们都是今天环境解说者学习的典范。

上面所述均参考了以下书籍。将它们推荐给每位环境解说员。

Enos A. Mills，*The Adventures of a Nature Guide*, 1920, New Past Press, Inc., 2098 18th Ave., Friendship, WI 53934，该书于1990年重印，增加的章节来自米尔斯的其他书籍。

Freeman Tilden, *Interpreting Our Heritage*, 1957, the University of North Carolina Press, Chapel Hill, North Carolina.

注：一只灰鲸的大小用一种易于理解的方式展示出来。这个解说应用了两条准则，即联系游客的经历和通过游客可以理解的方式传递信息。

雷斯岬国家海岸

唐娜·齐默尔曼提供

解说的目标

当自然景观和文化遗产消失的时候，环境解说起到尤为重要的作用。今天，公众在土地管理决策中发挥了更加重要的作用。管理机构对于解说系统在公众支持和参与管理决策中起到的作用给予了很高的评价。

解说服务机构的目标是教育公众。解说项目能够引起人们对争议事件的注意，例如计划火烧或者鹿群减少。这些常被误解的行为其实有很好的生态效益。

环境解说引导游客负责任地使用景点。一位受过教育的、文明的游客不会乱丢垃圾，恶意破坏，或欠考虑地破坏景点。游客能够了解他们在预防火灾、保护沙丘、保护灰熊方面的作用。从更广泛的意义看，一个关心发展的游客可以成为景点的保护者，当发展存在威胁的时候，他们可以支持政府官员和管理者，共同应对。

更为重要的是，**解说服务于游客**。解说可以为游客打开另一扇窗看世界。

解说的目标

关于景点：

- 提倡合理的使用方式
- 逐渐培养景点保护者

关于管理机构：

- 加强管理机构形象
- 鼓励公众参与管理

关于旅游者：

- 提供娱乐
- 增强游客对自然和文化环境的感知与理解
- 激发并增加其对自身生活的洞察力

解说具有两个特征：解说是基于景点的，并且提供景点的第一手资料；环境解说服务于休闲游客，他们自由往来并且期望有一段愉快的经历。解说者的目标应该是**景点解说和游客参与**。

景点解说

解说者服务于游客和解说的景点。因此，他们必须具备其所在地区的全面的知识。

他们必须知晓自然和文化的历史，并且理解其内在联系。他们还需要扎实的自然和人类学基础。更为重要的是能够实地获得第一手信息。如果你要成为环境解说者，你必须知晓该环境有哪些是必须介绍的。

一些地方有着微妙的信息。例如，一个从来没有看到过海岸沼泽的旅游团，则可能需要一些引导来了解它。没有训练有素的博物学者的帮助，他们真的能了解高索草吗？他们是否能理解这种草可以固定富含有机物的泥土，并确保盐碱地上生长的其他草的存活？

没有接受环境解说的游客能完全理解大峡谷地质时代岩层蚀刻的故事吗？知识渊博的解说者可以为游客打开一扇领悟新领域的大门。

游客参与

解说的听众是特殊的。他们自愿来旅游，希望通过新的方式看待他们的世界。他们在度假，他们拥有完全属于自己的时间。他们不是寻求演讲或者是学校教育，而是渴望灵感与休闲。他们希望参与其中。

游客不是一个空的容器，积极等待注满新的环境知识。他们会将新的信息与过去的经验联系起来。所以在普遍意义上，解说者必须了解他们的背景、兴趣和经历。解说者必须知道他们如何看待环境，进而帮助他们扩展对此的理解能力。

拍摄于加利福尼亚蒙特里湾水族馆

注：在蒙特里湾水族馆参与触碰水池吸引了游客的好奇心。解说员回答问题并帮助游客了解湿地生命。

解说者很像走钢丝，在两个极端寻找平衡。一方面，是枯燥的科学事实；另一方面，是空洞的修辞，充满感性的"哦，啊"。优秀的解说者可以将思想和情感很好地融合。他们将分类学和通过合围测量树木融合起来。解说项目应该影响感觉，挑战智力，触动情感。他们应该在了解某方面知识的同时得到娱乐。

阿拉斯加楚加奇国家森林波蒂奇冰河的百极奇游客中心，美国农业部林业局提供

注：一位解说员正在向游客解释波蒂奇冰河是如何形成并移动的。小道具和角色扮演使得这些抽象概念变得更容易理解。

建立自己的解说风格

对有才华的、有能力的解说者肃然起敬是很自然的，因为他们能够通过超凡的魅力和广博的知识吸引听众。成为一名杰出的解说者没有捷径，需要有强烈的追求和奉献精神，最根本的是对人类的爱和对追求目标的热情。

你可以学习成功解说员的风格和他们共同的特征，但是每个人都是独一无二的。他们的风格源于他们本身的个性及生活阅历。

有四位解说员可以堪称楷模，他们是乔希·巴尔金（Josh Barkin）、丹尼斯·奥尔森（Dennis Olson）、沃伦·韦尔斯（Warren Wells）和伊丽莎白·韦尔斯（Elizabeth Wells）。

乔希·巴尔金

乔希·巴尔金，旧金山海湾地区博物学家，他具有无限的热情同观众分享。以前做过商人的乔希对他的新职业像孩子似的充满好奇，他用崭新的方式处理每一个新课题。乔希有一种天赋就是善于举例，使普通的事物也能带给人全新的感觉。

拍摄于加利福尼亚奥克兰东部湾地区公园管区

“一株草，一棵树，一条小溪，一株蕨，一只小鸟，一块岩石，一些惊喜与热情——这就是旅行！这些看似无关紧要的事物你必须知道。”

下段是巴尔金实地旅行的一段经典解说：

“蜘蛛——有太多种类的蜘蛛以至于会让人发晕！有8条腿，太棒了。蜘蛛抓住它的食物并且咬它……毒液的毒性不足以伤害人类，却能使飞行的生物慢下来，之后，蜘蛛用口水混合毒液一起做成‘汤’，然后开始小口喝汤。孩子们听了哈哈大笑。蜘蛛喜欢刺穿食物，你瞧，它们很喜欢！然后你可能说这很像我们用吸管喝饮料。这就是为什么你能看到在窗户角落的蜘蛛网上的飞行生物，完全脱水或者变得干枯，就是因为蜘蛛具有这样的能力，如果你是一只蜘蛛，你就能够证明这一点。此外，你仍然不知道它是哪种类型的蜘蛛。我正在谈论关于讲故事和跟随指示牌探险和刺激。好吧，我是一个蜘蛛，好吗？我有7卷绳子，因为这只“蜘蛛”有7个喷丝头（可能有6个，也可能有5个）。我带着两个篮子，装着胶水和刷子。取一卷沾满胶水的绳子绕过大树固定住，然后我把它拉紧，以最快的速度奔跑，到达之后将另一根绳子水平交叉，拉紧绳子，并全速奔跑。这就是蜘蛛工作的方式。我们已经揭示了蜘蛛的某些特点。在团队中的一个非常友好的小姑娘说，‘哦，看那个美丽的小蜂鸟，它不是很美吗，可蜘蛛……哼哼！’你可以说，‘女士，如果你喜欢蜂鸟，你一定得对蜘蛛感兴趣，因为没有蜘蛛，就没有蜂鸟的巢！蜂鸟筑巢不仅用到苔藓和其他材料，也用到蜘蛛丝来固定。’”

罗恩·齐默尔曼提供

运用绳子和胶水是乔希的惯用手法，他善于使用小道具和小创新，并用其激发听众。他用插入土地的镰刀（右上图）作为一种令人激动的工具向人们介绍振动、声音和美国的古老西部。

乔希乐于让听众打破常规。一棵树有什么好的？……“好吧，你可以凑近用鼻子闻一闻！”他沿着城市的排水沟行走，把垃圾讲解成人类文明遗弃的物品。乔希帮助人们通过全新的视角看这个苍白的世界。

丹尼斯·奥尔森

丹尼斯·奥尔森，美国密歇根州博物学家，他开发了一套关于解说的角色扮演。他的保留角色包括克日特曼（Critterman），死亡医生（Dr. Death），疯狂的草药医生（The Mad Herbalist），鲁纳斯的加文教授（Gavin Immer Professor of Loonacy），研究鸟粪肥料教授（Professor Avian Guano）。丹尼斯的特点是传播严谨的环境信息，每一种特性都与观众互动，让人们在受到环境教育的同时感到惊喜和娱乐。

研究鸟粪肥料的教授走入房间。长长的深色羽毛从他的手指伸出来，黄色的鸟嘴覆盖在鼻子上，他像一只超大的小鸡，晃动着脖子，大摇大摆地穿过台阶。

“因此……”他用浓重的德国口音说，“你想了解鸟类吗？我已经研究它们很长时间了，我很喜欢鸟。”教授开始用幻灯片介绍鸟类，幽默的趣闻，非凡的道具和一些不知情的“志愿者”。听众们开始抢答鸟类猜谜游戏。回答“错误”的惩罚是将一大坨剃须泡沫作为鸟屎放在头顶。

丹尼斯·奥尔森

丹尼斯的解说充满幽默感、戏剧性、观众参与性，还使用一些小道具，所有这些都是基于可靠的自然历史事实。

奥尔森说：“以我的经验，孩子和成人们都记得克日特曼、疯狂的草药医生、鸟粪肥料教授的表演。作为解说员，我们有两个职责：必须提供有用的信息并且使它‘容易被记住’。将概念和信息戏剧化，使听众既感觉轻松，又能够学习。情感的或感觉的经验可以被人们记住的时间更长。好的解说剧目应该使人能够理解，感到快乐或悲伤，包括对听众各种感官的刺激。解说作为一种连接听众和被解说环境的方式，还有很多工作要做。”

沃伦·韦尔斯和伊丽莎白·韦尔斯

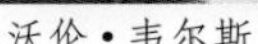

沃伦•韦尔斯　　大卫•因布罗尼奥提供　　伊丽莎白•韦尔斯

有很多成为解说博物学家的途径。沃伦·韦尔斯曾经是一名专业的捕猎手、机智的农夫、采矿者、勇敢的摩托车手、纹身艺术家、士兵、珠宝商、玉石雕刻者、动物园和博物馆雇员。他会说俄语和汉语普通话，曾任职于美国战略情报局，擅长在丛林和野外求生。他独特的经历，使他很容易联想起成百上千种的自然景色。

沃伦·韦尔斯和伊丽莎白·韦尔斯作为一个解说团队曾在俄亥俄汉米尔顿县（Hamilton County）公园部门工作过很多年。多年的共同奋斗，使他们建立了良好的合作关系。

大卫·因布罗尼奥曾经接受韦尔斯对其进行博物学解说训练，后来成为辛辛那提自然历史博物馆项目主任。他对于韦尔斯的风格有自己的看法：“韦尔斯风格”不止是教育，重在启发。少数人偶然接触他们，绝大多数人却是一次接一次地来学习。很多人开始让自然历史成为他们生活中重要的部分。作为博物学家，韦尔斯在工作中和上万人建立联系。或许有更为重要的生活影响，它们也激发很多人将环境领域的工作作为职业追求。我了解因为我也是他们中的一员。不用特别留意，我能想到至少 12 个还在工作的专业人士，他们是受到韦尔斯影响而从事这项职业的。我确定还有更多的人是这样的。沃伦和伊丽莎白对环境事业的贡献也会使得人数呈几何倍增长，就像那些跟随他们学习以坚持传统的人。他们的工作将世代相传。

沃伦把他的风格描述为护林员。其他人认为他是一个热爱人类的护林员，是那种使人感觉舒服的人。他开展各种远足探险，仿佛他在“带着一大群朋友上路”。就连回家的路上都会吸引一大群孩子跟随。他说话带着南加州口音，声音让人感到平静和放松，沃伦可能评论说“那个植物看起来很像芥菜……”。他经常轻描淡写地展开对这个神秘植物的丰富的知识分享，他确实非常博学。“芥菜的四个花瓣可以组成马耳他十字，这就是科学家把它称为十字花科的原因。种子发芽需要一个夏天的时间 ‘这里，尝尝吧。’他还谈到在英国人对芥菜的应用，或者在美国的热狗里也有芥菜。”同样，伊丽莎白在这种探险的途中更像“鸟类爱好者”。两位专家，将各自的天赋和学识融合起来，每天学习新的知识。沃伦说：“我从来没有遇到过陌生人，遇到的每个人身上都有值得我学习的地方。”

建立自己的风格

经验丰富的解说员能够启发初学者，通过观察，他们能学到很多。但是我们每个人必须发展一种适合自己的风格。试图模仿乔希·巴尔金的个性和背景都是徒劳的。像韦尔斯一样从容老练可以取悦听众，但是一个初级博物学家是无法模仿的。你可能永远不会成为乔希、沃伦、伊丽莎白或者丹尼斯，但是应该有自由地寻找自己风格的信念——做自己。

阿拉斯加楚加奇国家森林　　唐娜·齐默尔曼提供

2
解说设计

不闻不若闻之，闻之不若见之，见之不若知之，知之不若行之。学至于行而止矣。

——《荀子·儒效》

阿拉斯加楚加奇国家森林波蒂奇冰河的百极奇游客中心　　唐娜·齐默尔曼提供

百极奇游客中心的季节性雇工在准备夏季的工作。关于波蒂奇冰河和波蒂奇峡谷的主题对于游客非常重要。这里每个夏季接待近 50 万名游客，这是阿拉斯加游客接待量最大的景点。

选择主题

每个成功的解说性展示都有一个主题。主题为故事提供了情节。在设计演示时主题必须贯穿始终。

例如，你在思考关于鸟类的解说时，“鸟类”作为一个题目范畴太广，无法在一个节目里概括。你可以把主题缩小为“游隼——世界上最快的捕食动物。”这样你的例子就会具体而又生动。你能够“描绘”其高速俯冲的画面；你能够讲述它的巨爪如何在空中攫取其他动物；你可以向听众展示它用来拆散被击昏的鸟的脊椎骨的锯齿状的喙；你可以将许多生态主题与这些物种直接联系起来：杀虫剂与薄蛋壳，再次把它们比作摩天大楼与悬崖峭壁的关系，并且阐述保护计划是不能停留在政治讨论上。

确定主题的三个步骤

- 选择主题（题目）

  例如：鸟类。
- 缩小主题范围

  例如：游隼。
- 写出主题要点（具体的要点）

  例如：游隼特别擅长捕食其他鸟类。

  例如：用游隼打猎已经是多个世纪以来的一种贵族运动。

  例如：由于使用农药，游隼数量在全球范围内锐减。

（在 18 ～ 20 页还有更多的例子。）

选择主题时应当考虑的问题

- **我的主题是不是一个完整的句子？**如上面的例子，主题要点应读起来朗朗上口，“游隼特别擅长捕食其他鸟类。”牢记这个主题有助于明确研究目的。
- **我的主题是否讲述了一个关于本景点的重要故事，从而可以丰富听众的经历？**为什么这个景点被置之一旁了？它是否具有生态意义或者历史意义？
- **这是不是一个听众可以联想到的主题？**高技术含量的信息不一定适合于听众？来访者是否对于北美金翅（雀科）适应辐射的潜力感兴趣？更好的方式是做一个关于如何将“野生金丝雀”吸引到你的后院的节目。列举一些听众可以联想到的例子：一群金丝雀像过山车般波浪状飞翔着。它们展翅高歌，“啾啾，啾啾，……啾啾……”它们比其他几乎所有的鸣鸟筑巢都要晚，因为它们要等待蓟属植物的成熟。它们以蓟属植物的种子为食并把巢穴建筑在这些种子坠落的下方。
- **这个主题我自己很关心吗？我有研究的资源吗？**弗雷曼·蒂尔登说得最明确，“没有激情的解说会使听众感到无趣。”你自己必须很关心你所选择的解说主题，激情具有感染力。
- **如果询问听众我的解说讲的是什么，他们能够领会到我的主题吗？**你在别人面前练习解说时，记得问他们这个问题。如果他们不知道你的主题，那么应不断按照上述各条反复练习。

研究主题

头脑风暴激发了很多想法。现在开始酝酿这些想法，直到它们沸腾至一个你能够研究清晰的主题精华。

从图书馆开始研究。如同乔希曾经说过的："我在大学里没有学习到这些东西，你从图书馆把它挖掘出来——《杜威十进分类法》500.1 至 599.6——类似于快速阅读。"

结识资料管理员。使用"文学期刊读者指南""科教资源信息中心（ERIC）"以及其他索引系统。研读杂志、科学期刊、研究报告以及自然科学文献。

社会机构拥有丰富的信息资源。环保与自然资源部门，衍生机构，以及公共卫生组织散发了众多小册子，介绍从如何经营小林地到当地野生动物史各种知识。

向当地专家寻求当地信息。附近避难所的野生动物管理员可以告诉你小天鹅迁徙经过的时间；某区域土壤保护者可以向你提供当地土壤保护的统计数据。

你可以从社区历史学会、博物馆、图书馆档案室，或者那些热爱研究当地历史的邻居那里找到历史信息。储存在微缩胶片里的过期报纸提供了许多具有时代感的人物故事。

使你的主题深具魅力的唯一途径就是勤奋工作。你并非必须用上研究过程中学到的所有东西，但是渊博的知识将使你对于将研发的主题深具洞察力。

道格·穆尔（Doug Moore）提供

了解听众

对听众了解得越多，越有助于你准备节目。他们多大年纪？他们来自哪里？他们想要什么？不管存在多少差异，所有听众都有一些共同的喜好。

在一次华盛顿西北之旅野生动物公园举办的解说听众感受的研究中，山姆·哈姆（Sam Ham）发现听众喜欢右侧所列几点（以重要性为序）。

听众喜欢

- 感官介入
- 幽默
- 容易被理解的新信息
- 充满激情的解说员

听众不喜欢

- 枯燥的说教
- 啰嗦的解说员
- 过于技术性的演讲
- 冗长而又无激情的解说

发现共同的兴趣

尽己所能了解听众，你很快就会发现听众的共同兴趣所在。

与听众的经历联系起来。喜剧演员善于在普遍的经历中发现幽默。了解听众的共同点——教育背景、娱乐体验、文化英雄——将有助于为你的解说选择更好的素材。例如，将草原犬鼠的地下洞穴与城市地铁系统进行比较对于城市听众的意义胜过农村听众。

当解说员身披不带扣子的休闲“背心”并且大叫“快！三杯啤酒……”大学的鸟类课可以与一只绿胁绿霸鹟联系起来。

让听众参与进来。听众参加活动是为了获得有价值的体验。这种回报可以来自身体的、情感的以及智力的互动。这并不意味着你必须做个独自表演的喜剧演员或者娱乐者，而是说你的演讲内容应当能启人心智并且具有娱乐性。

特殊听众

不是所有解说都适合“大多数”的听众。每个听众都有独特的个性以及特殊的需求。一般类别的听众包括：

- 小孩
- 老人
- 外国人
- 少数民族
- 视觉受损者
- 听觉受损者
- 行动不便者
- 家庭群体

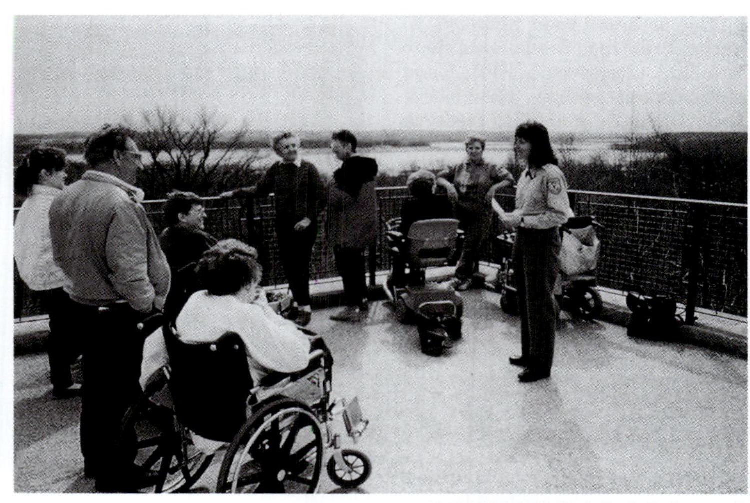

拍摄于国家野生动物避难所 MN 谷

注：无法进入避难所的来访者们参加在游客中心俯瞰台举行的讲座。

密歇根彩岩国家湖滨区　　沃伦·比伦贝格提供

注：要取得家庭解说的成功，就得让孩子们参与其中。

拍摄于威斯康星州斯科米克尔保护区

注：注意到老年人的局限性。在一次关于美国山鹬的步行解说中，很多老年人没有助听器的帮助就无法听到美国山鹬类似“品特”发音的鸣叫声。

特殊听众的需求			
听众	特征	特殊需求	解说要求
老年人	在美国国家公园里老年听众的比例是 25% ～ 35%；他们退休后有很多闲暇时间，体质（行动力、听力和视力）下降，拥有大量的阅历，更加无拘无束，以及更加善于交际	喜欢与同龄人群交流。常常是回头客。喜欢有深度和有跟进的活动。能够有更多的时间在公园或者游客中心	避免长期快速的步行。他们的视力、听力正在下降，所以需要深度理解和倾听的活动成为问题。可以依赖他们丰富的阅历并且鼓励他们互动和分享
外国人	本地语言基础薄弱，缺乏与解说内容相关的经验或者知识。总体是受过良好教育的年轻人	对于每个民族的礼仪十分敏感。要了解他们的语言能力	避免老生常谈。语速缓慢而又深思熟虑。多花点时间了解他们的特别兴趣。别想当然地认为“常识”不值得一谈
少数民族	很多少数民族团体不喜欢去过多展示民族传统的公园、自然保护区以及历史遗迹。在美国主要的少数民族包括美洲印第安人、美国黑人、西班牙人、中国人、日本人	解说员必须了解每个少数民族，并且学会在每个场所展示他们的价值观和传统	让少数民族讲解他们自己的文化，或者发现他们的特色以扩展解说内容
视力损伤者	指依靠眼镜看，以及只能依靠触摸和听来“看”的人群	与他们直接交流，而不是通过旁人“翻译”。对物体、风景进行描述。如果你不确定就问他们需要什么帮助	让他们接触解说对象
听力受损者	全部人口中约 4% 的人听力受损。一般而言，假设老年人会有听觉困难	需要看到解说员的面部表情。需要看到解说对象并且提供可视概要	解说时让手离开你的嘴巴，面对听众，重复要点和重要的问题，语速缓慢
行动障碍者	指需要借助轮椅、拐杖、支架、扶车和手杖移动的人	让他们能够平等进入	解说时的走动范围在可以进出的区间（避开陡坡或者崎岖的地形）
家庭群体	参加的解说主题范围广泛	很多时候需要家庭成员之间互动。共享时光比说教重要	让孩子参与其中是让全家互动的催化剂

头脑风暴

头脑风暴技巧能够帮助你激发深化主题的众多想法。

无论采用何种方式进行头脑风暴，独自或者团体，找一个注意力不易被打扰的环境，记录下全部未经过判断的想法。给予充足的时间进行冥思苦想，即使最可笑的想法也会产生独到的解说主题。头脑风暴应当是有趣的，参与者会很开心。

阿拉斯加楚加奇国家森林波蒂奇冰河的百极奇游客中心
唐娜·齐默尔曼提供

注：头脑风暴应在一个舒适，安静的环境中进行。一名成员客观地记录大家的观点。

关于比喻讨论会

比喻讨论会非常适合于较大的团体。讨论会过程中，一名讲解员充当团队调解员，同时另一名讲解员在黑板或者其他可以看得见的板块上记录下团队的想法。

讨论会开始时，在板子上写出一个与主题有关的关键词，让团队不假思索地大声喊出各种意象、隐喻、比拟。一个想法启发出另一个想法，想法层叠无穷。有时需要两个录音机来记录下各种奇思妙想。所有的比喻产生后，让团队将所有想法组织成为相关联的思想。

注意协同比较

头脑风暴需要找一个舒适、不受干扰的环境。一个成员不加判断地记录想法。

协同比较是另一种审视主题的方法。它是指将不相似的物体进行比较。你可以作出下列清单：

“蛇为什么看似像轮胎？”

“鸟为什么看似像飞机？

“水獭为什么看似像机动雪橇？”

“大树为什么看似像公寓大楼？”

“黄花属植物为什么看似像麦当劳图案？”

物体差别越大，比如，一个是自然产物而一个是人造的，相比就越有趣。努力移开我们日常看待事物的文化障碍。河狸为什么看似像打字机？使用这种协同比较法看看可以得到怎样的结果。你能否得到关于河狸解说的各种想法呢？

河狸为什么看似像打字机

- 两者的工作都使用木制品
- 两者都有韵律
- 两者都提出警告信号
- 两者都有牙齿
- 两者都有四肢
- 两者都短小精干
- 两者都有“眼睛”
- 两者都善于改变环境
- 两者都相当专业化
- 两者都“围绕”木质产品工作
- 两者所看到的都是黑白
- 两者都需要能量进行工作
- 两者都用工作使得环境“泛滥”——有时不是自己希望的
- 两者都是集合工作

思维聚类

思维聚类是独自进行头脑风暴的一种方法。把一个独立的主题写在纸中央并圈起来，然后及时记下你头脑中闪现的任何单词或者想法，关键的理念或者形式将自动形成你讲解的框架。

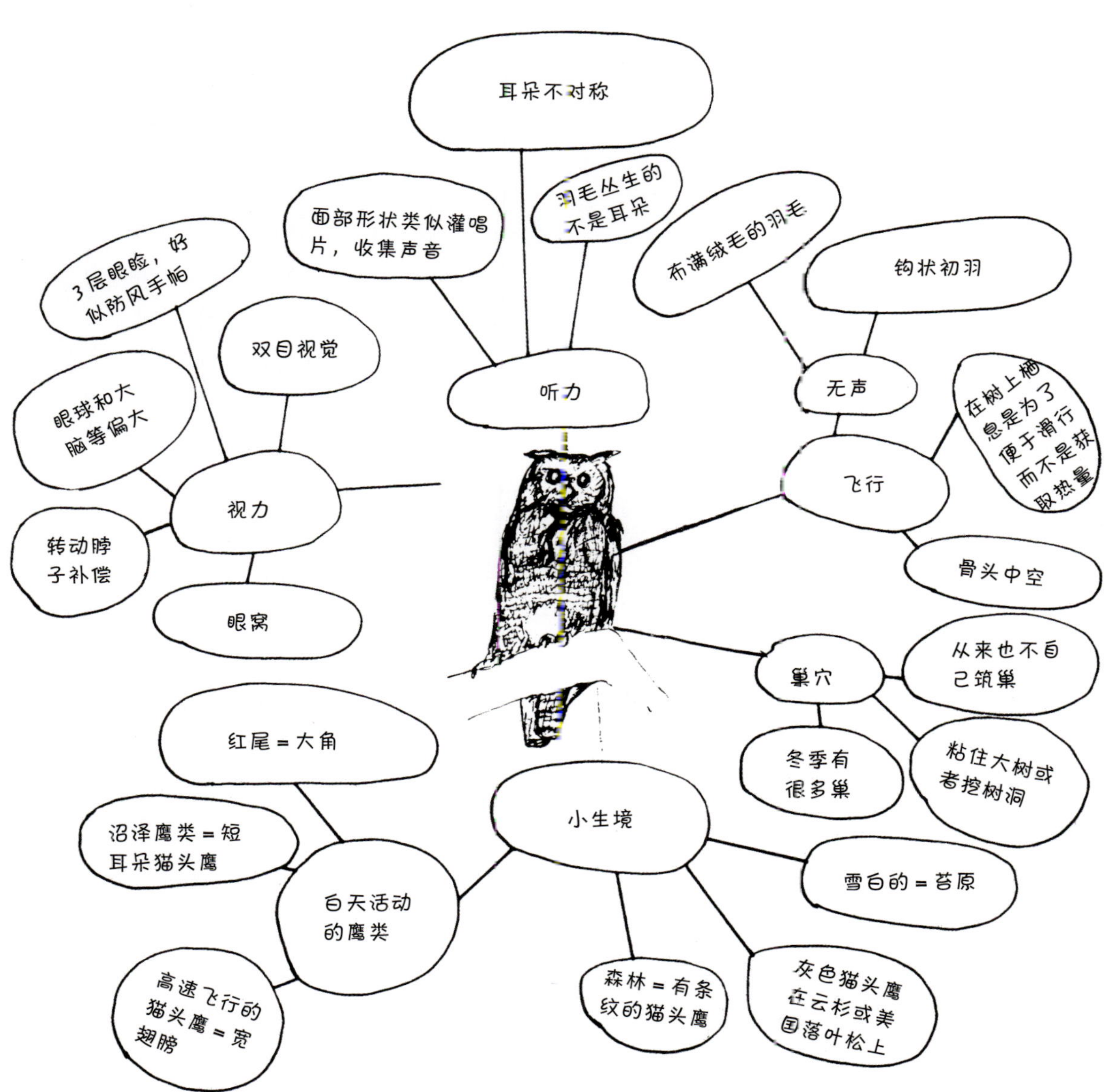

解说活动的设计步骤

例 1
点易洛魁灯塔之旅

点易洛魁灯塔，位于密歇根州海华沙国家森林公园　　迈克尔·格罗斯提供

选择主题	点易洛魁灯塔（Point Iroquois Lighthouse）之旅
将主题压缩为一个主要想法／主题	灯塔是家
用一句话表达主题	点易洛魁灯塔是三名守塔人员及其家人的家
研究主题	资料来源： 博明雷湾米尔（Brimley-Bay Mills）历史协会 点易洛魁灯塔守塔日志 与点易洛魁灯塔居民的访谈 苏圣玛丽公共图书馆关于灯塔的藏书 大湖灯塔协会 苏圣玛丽公共办公室，美国海岸自卫队 灯塔解说总体规划
确认听众	对解说人员进行采访 从当地商务所了解潜在的访客 对来访者进行观察与采访

头脑风暴解说选项	用居住在灯塔的家庭成员的照片剪贴成为解说道具 讲述居住者的悲喜剧（例如，孪生兄弟弗洛伊德·布莱德罗与洛伊德·布莱德罗于 1913 年 8 月在楼二的卧室出生，卒于 1913 年 11 月） 阐明灯塔内每个房间和建筑的目的，并且介绍一些与之相关的有趣的故事（例如，灯塔里的油房用于存放火油，防止其被雷击） 讲述守塔员小孩的故事，以及展示这些孩子听老师上课时的照片 展示一些物体，如修补队现场发现的玩具、夜间守塔时用来烤肉桂卷的老式烤箱、孩子们准备用来在砖木房子里取暖的一堆堆木头、将曾经居住在这个灯塔里的一个家庭的影集作为解说道具
开展解说性演示	详见第 3 ～ 7 章，解说的选项与步骤

例 2

关于“湿地之歌”的解说

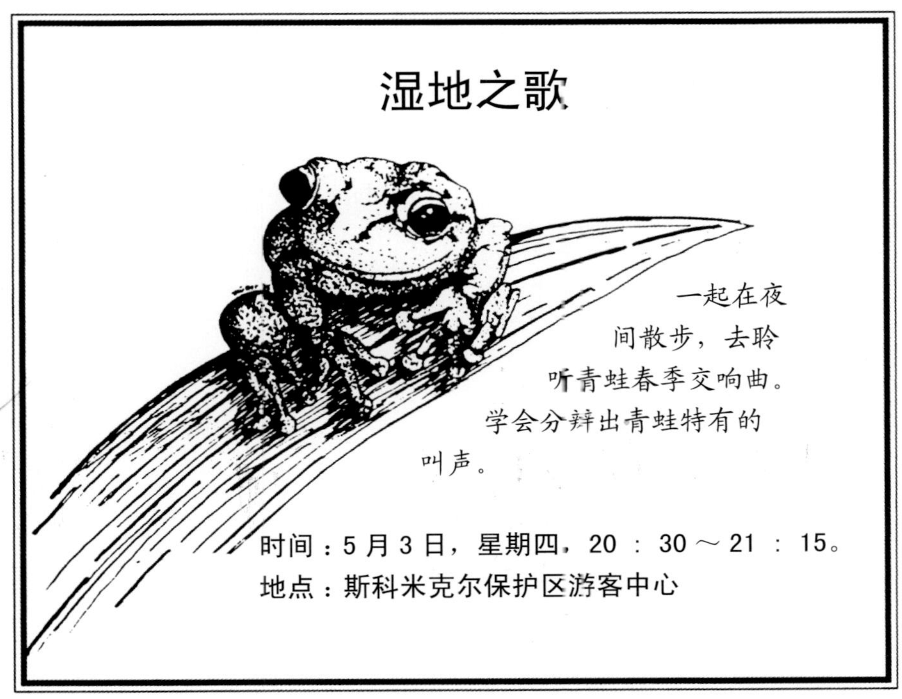

选择主题	斯科米克尔保护区的青蛙
将主题缩小为一个主要想法／主题	鼓励听众去欣赏斯科米克尔保护区湿地青蛙的早春求偶曲
用一句话表达主题	水温升高时，斯科米克尔保护区湿地的三种青蛙从冬眠中醒来，展开了积极的求偶行为
研究主题	资料来源： 亲身体验湿地环境 沃格特的《威斯康星的爬行类和两栖类》 来自斯科米克尔保护区文件和雷·安德森教授研究的季节性的记录和人口普查数据 野生生物协会威斯康星州立大学学生分会的威斯康星青蛙录音带 杂志文章，例如奥杜邦，国家野生动物，威斯康星自然资源杂志 自然论文，例如 Hal Borland，Loren Eisley 等
确认听众	查看过去斯科米克尔保护区活动的参加者（记录或其他工作人员的记录） 设定促销计划（图书馆传单、当地报纸上的社区活动），吸引家庭团体
头脑风暴解说选项	请大声喧哗者出来模仿各种青蛙叫声 有捕捉到活青蛙的水族馆 使用幻灯片并记录青蛙叫声 用图表解说繁殖季节和水温的关系 有大量装有水的容器，标记每种青蛙开始叫的温度 讨论青蛙作为健康生态系统指示物种的重要性
开展解说性演示	详见第 3 ～ 7 章，解说的选项与步骤

3
解说性演讲

让你的演讲好过沉默，否则请保持沉默。

——老狄俄尼索斯（Dionysus the Elder）

阿拉斯加楚加奇国家森林　　美国农业部林业局提供

注：在威尔沃野营地举办的营火会节目探索了这样一个主题："狼——是生机勃勃，还是充满邪恶？"

演讲是解说员最基本的技能。解说员像"忠实信徒"一样，在游客中心、营火会或者其他重要场合进行演讲。有些演讲是在这些场地之外的，如学校会议、服务俱乐部会议以及无线电或者电视节目。

演讲有很多种方式。解说员可以举办活动介绍节目，进行示范，举办声像节目，使用道具，进行特征描述，或者讲故事等。任何成功的演讲都具有两个关键要素：结构与实质。

组织演讲

听众对于那些没有明确目的、像无头苍蝇一样到处瞎扑腾似的演示或者演讲感到索然寡味。听众喜欢的演讲要如雄鸡般傲然屹立，清亮打鸣。他们希望被你的第一句言辞唤醒，就像一群鸡，为了不断啄食滔滔不绝的真知灼见而被你的演讲驱赶前行。

有许多途径可以完成上述想法，这里有一个简单的四步骤策略。

步骤一：开场白。用一个悬念式的开场白吸引听众的注意力。
步骤二：过渡。回答“为什么这样说”以及“对我来说意味着什么？”之类的问题。
步骤三：正文。用例子阐明节目的内涵。听者欣赏个性化的“比如”。
步骤四：结论。用总结或者行动号召结束你的演讲。回答“那又怎么样呢？”的问题。

开场白

开场白可以发挥两个作用：向你的听众承诺他将得到一项有所裨益的体验，同时介绍你的演讲主旨。

你的开场白可以是耸人听闻的、幽默的，也可以是一个反问句或者一个恰当的引证。你的目的是制造悬念。你需要用你的第一句言辞抓住听众的心。

比如，一个县域自然主义者在对地方猎手俱乐部谈论他们的形象时，为了激起猎手们的兴趣，他说：“猎手是一群努力展示阳刚之气的嗜血的饭桶。”紧接着他说：“那是我今天在一个动物保护时事通讯上看到的。”

阿拉斯加楚加奇国家森林　　美国农业部林业局提供

注：“护林熊”帮助解说者进行熊安全讲座。他的出现对于威尔沃营火会讲座来说是一个让人印象深刻的开场白。

开场白不必是一枚刺激的言辞炸弹。一个植物科普节目是这样开始的：一个带着头巾的修道士，在一个燃烧着的毛蕊花叶柄的照耀下，一步步走进漆黑的房间。“用这支‘女巫’的蜡烛，我将把你们带回到过去，那植物象征着神灵和恶魔，并且可以治愈我们的身体。”

除了吸引听众的注意力，开场白还需要介绍节目的主旨，并且给听众留下期望。

“为了生动有效，所提出的每个主要观点都应当用某种方式进行说明。”

过渡

过渡的作用是将开场白与演讲主体衔接起来，同时将其与听众的兴趣联系在一起。例如，在对猎手团体的演讲中，解说员开始建立过渡，说道：“那是我今天在动物保护时事通讯上看到的。我们猎手遇到一个形象的问题。如果我们不共同改变我们的形象，狩猎这个行业将会消失。”

过渡，应当回答这些问题：“好吧！你吸引了我们的注意力，但是你的目的是什么？我为什么要关注你所说的？”

阿拉斯加楚加奇森林公园波蒂奇冰河的百极奇游客中心

美国农业部林业局提供

注：一名解说员使用形象化的描述（上图）以及教具（下图）来解说冰川的形成过程。

演讲主体

主题是附加了主要思想的演讲构架。主体由使主题丰满的事实和例子组成。没有主题，你的演讲将会变得松散无力，对听众失去吸引力。

对于演讲中提出的观点要有数量限制。心理学研究者米勒（G. A. Miller）阐述过，人们理解与记忆新信息的最佳数量，每次应当控制在七种以下。

主要观点勾勒好后，你现在必须决定如何用图例来说明。为了生动有效，所提出的每个主要观点都应当用某种方式进行说明。可以使用直观教具，如道具、幻灯，或者某些声像设备，通过隐喻、类推法、引导性的比喻或者讲故事来建立意念形象，让听众真正参与进来。要确保让冷冰冰毫无生气的抽象概念生机盎然。

美国农业部林业局提供

结论

你的演讲结论应该让听众明确你已经完成演讲。结论可以是一个行动号召，也可以是对要点的总结；它可以是一段煽动性的引语，也可以是一个戏剧性的结局，以获得激动人心的效果。

在一次营火会演讲时，一名解说员在燃烧的蜡烛后面进行解说，制造出一种戏剧性的氛围。她谈论人们在深夜的恐惧，而后通过讲深夜里的动物的故事来安慰听众。最后，她吹灭蜡烛并邀请听众一起去进行一次夜晚散步，演讲由此结束。

如何演讲

设置场景

弗吉尼亚山南多国家公园的白瑞德游客中心　　沃伦·比伦贝格提供
注：一名解说员在演示“熊的事件”，她修饰得体，友善并且自信。

实际上在说出第一个字之前，你就开始对你的听众讲话了。整洁的仪表透露出你的可靠；姿态说明了你的能力；服饰彰显你作为该项议题专家的可信度。

穿着与修饰必须得体，并且姿态也要显得机灵自信。让你的外貌令听众相信你是有能力的，不要让他们产生猜疑。

做好接待宾客的主人。比听众提前到达，并准备器材、道具，检查是否万事齐备。

当第一批来访者到达之时你就应当准备好与尽量多的人结识。你的热情能够消除陌生人之间的隔阂。在谈话过程中注意观察你的听众。某自然主义者在做可食用野生食物的演讲时发现有一名听众是某毒物研究中心的医生，当展示有毒植物时请这名医生进行小型演讲使得这个节目大为增色。

听众中的许多成员会有一些东西可以展示，或者有一些事与解说主题相关。大牧场主对于大草原有独特的观点，语言老师对于植物名称的词根意思特别感兴趣。

有备而来。你应当对于议题了如指掌，以便能够完全专注于你的表述，并且随时回应听众。

开场白

加利福尼亚蒙特里湾水族馆　罗恩·齐默尔曼提供
注：潜水员在蒙特里湾水族馆讲解海洋生物。

前三十秒的演讲对于建立你与听众的关系至关重要。你需要显示你的热情、自信和能力。要做到这点，自己必须准备充分。你应当事先练习，从而演讲时可以娓娓道来。

不要在你与听众之间设置障碍，不要站在讲台或者讲桌后面，要站姿挺拔面带微笑注视听众。仪态可以自然不拘但不能邋遢马虎。站着或者坐着时不要把双手放在口袋里；不要双手背后，姿态木讷，言辞忧郁，过于拘谨。

笔记

不要把你的演讲写下来。笔记会变成一根拐杖妨碍你与听众的目光交流，并破坏你的姿势，最多在卡片上写个概要。如果你需要回到主题，不妨稍做停顿，看看卡片，然后继续。这个动作要做得自然。不要把卡片藏起来否则你看起来似乎在偷偷摸摸，这会使得演讲不流畅。

不要背演讲稿，这会影响你的即兴发挥。相反，可以在脑海中从头到尾回忆你的演讲。时刻谨记要点，那么你就会很容易记住需要阐明的例子。

蒙大拿小比格泊恩战场国家纪念碑　迈克尔·格罗斯提供

注：一名解说员身着骑兵军装演示前线战士的装备。一个印第安人通过手势、措辞和语调唤起人们的印象和情感，再现格瑞兹战役。

声音

用与一群朋友交谈式的语调进行讲解，因为你不是在发表科技论文。言语应自然流畅，并且直截了当。

你的声音是一种乐器，学会演奏它。贝多芬的月光奏鸣曲用变幻的音调、音量和节奏吸引我们，而莫扎特的无休止的单调，只能作为沉闷的背景。演讲的声音应像贝多芬的音乐一样，而不是莫扎特的。

利用声音的高低差别让你的解说和谐悦耳，充分展示你的声音；用一种缓慢的、刻意的节奏对解说的某些部分进行强调，对于其他部分可一带而过。

短暂的沉默可以用来引出你解说的要点。停顿好似路上的减速障碍：它让听众意识到重要的内容就要到了。

蒙大拿小比格泊恩战场国家纪念碑

迈克尔·格罗斯提供

使用的词语

得当的措辞制造出生动的印象。你在措辞上所花费的心血将得到听众的赏识。

做到具体明确。“人们射杀豪猪是因为它们毁坏树木”，这句话传达了一个模糊的印象。可以与下面这句话比较一下：“我认识一名波兰裔的伐木管理员，他每年炸死 12 只豪猪，因为豪猪会破坏他的白松树皮。”

为什么第二个陈述传达出了一个更加鲜明的印象？因为它提到了在某个具体的有豪猪树林里和某个具体的人（如果能说出他的名字就更好了）。他不仅射杀豪猪，还炸死它们。人称代词“我”告诉听众这是一个真实的故事。

为了使描述更加形象化，应多使用**主动动词，明确、具体的名词，常见的人物和地点，以及个性化的语言。**

避免不必要的冗余言辞。老生常谈、陈词滥调、冗长的言语，“啊”或者“嗯”以及模棱两可的言辞都属于冗余。受过科学研究培训的人最擅长使用“模棱两可的言辞”，或者免责声明如“根据约翰的说法”，以及“它将或许呈现……”要从解说词中去掉这些废话。

爱荷华州沃伦县　　保罗·雷尼尔提供

注：肢体语言与你的声音同等重要。

肢体语言

吉姆·哈丁提供

注：动物通过肢体运动进行交流。以犬为例，通过姿势、面部表情以及尾巴的位置释放出信息。

我们可以通过手臂、面部表情和姿势进行交流。如西格蒙德·弗洛伊德（Sigmund Freud）所说：“没人能保守秘密。即使嘴唇紧闭，指尖也会说话，每个毛孔都在泄密。”

通过面部表情交流。有些专家认为 55% 的信息理解来自于面部表情，而不是言辞。

在我们的文化里，眼睛尤其重要。时刻注视着你的听众，与他们进行友善的眼睛交流。

通过姿势交流。机灵的姿势传达自信。用肢体语言去强调观点。

避免使人分心的习惯。演讲前你会感到紧张吗？不只是你一个人这样。演员奥利维尔（Lawrence Olivier）每次演出前都会生病。像奥利维尔这样优秀的演员会捕捉这些紧张的情绪并利用它们，把不安转化为能量。但是，不要让紧张变成使人分心的习惯。防止下列现象的发生：

- 重心漂移
- 肢体摇摆不定
- 靠在桌子上
- 手臂晃动
- 袖手
- 玩弄衣服
- 拖脚行走

澳大利亚新南威尔士，库瑞盖蔡司国家公园　　唐娜·齐默尔曼提供

注：一名解说员正在描述一只刻在岩石上的鸸鹋。描述性的肢体语言能够传递热情，并能描绘形象。

通过手势交流。解说时用手势来强调和描述要点。使用自然非夸张的手势，优雅而又克制。好的手势不是孤芳自赏，它们契合于信息的内容并且加强观点的表达。

带有目的地走动。鸭子走路摇摇摆摆，鸵鸟走路大摇大摆，大象走路步履艰难，豹子走路蹑手蹑脚。你的走路方式传达出你的形象。设计好你的行为，每个动作应当有所目的，要么是为了吸引听众的注意力，要么是为了强调某个观点。

走向听众可以把听众的注意力集中到你要说的下一个观点上去。时机的选择非常关键，应该在你刚要开始陈述前行动。

完成流畅的动作需要练习。就像预演你的讲解一样预演好你的动作。

道具

人们总是关心自己好奇的东西。道具会激发人们的好奇心，特别是当道具被运用得撩人心扉的时候。

裱好的标本是非常有效的道具。一个红头啄木鸟标本能够告诉听众很多关于洞穴居住者的信息。人们能够看到特殊的脚趾构造，并能触摸到其尾巴上的羽毛。

道具能够给你带来可信性。像观测镜或者抛物线形的录音机这样的工具可以营造专业性的气氛。在讲述候鸽的故事时手持一支10号猎枪，会使你的故事更具真实感。用一本破损的、黄色的《沃伦·庞德》（*Walden Pond*）引出梭罗（Thoreau），更有助于制造气氛。

道具运用小贴士

- 人们对那些被创新使用的熟悉的东西反应灵敏。这些道具有助于人们将常见的事物和自然界进行类比。安装一只手电筒，电池和所有部件，清楚地显示出这种相互依赖的理念，表明不同的部分共同合作形成一个系统。
- 颜色吸引注意力。红色使人兴奋，绿色和蓝色缓解压力。颜色也具有文化内涵。你见到宝石红色的鞋子时会想到谁？那个来自堪萨斯的扎着辫子的女孩和她邋遢的狗淘淘。为什么不使用这样一个道具隐喻性地引导某个听众团体走在黄砖路上呢？
- 让道具引起不同感官的参与。气味与声响可以俘获听众的注意力。比如，猫头鹰的叫声可以吸引人也可以吸引猫头鹰。向听众讲述猫头鹰猎食臭鼬的例子的同时（迅速地）打开装有臭鼬气味的罐子。
- 让听众触摸道具。一名来访者触摸到猫头鹰柔软的羽毛时将会对它无声的飞行赞赏不已。如果他们手握一枚猫头鹰蛋，他们将永远记得蛋的形状和颜色。我们难以忘记我们的亲身经历。
- 人们钟情于历史遗迹。历史遗迹营造了已经逝去的年代的氛围。用大铁钩滚动一个大原木，或者触摸南方联邦战士穿过的夹克上的纽扣是不错的穿越时空的方式。

注：在黄石国家公园，熊是必讲的故事。熊头盖骨成为来访者与熊之间的联系体。手持熊头盖骨是令人难以忘怀的经历。单在建立此种联系方面，仅使用语言和事实不可能如此有效。

怀俄明州黄石国家公园

文化演示

印第安纳乔治·罗格·克拉克国家纪念碑　　沃伦·比伦贝格提供

注：一套美国独立战争时期的英国兵制服是这次演示的焦点。

在文化演示中道具与来访者的参与是关键因素。特定时代的服饰能够带来真实感。

沃伦·比伦贝格提供

弗吉尼亚山南多国家公园　沃伦·比伦贝格提供

注：一次“社会习俗”解说中展示了古老乐器,来访者被邀请“试一试”。

印第安纳州沙丘湖岸区　沃伦·比伦贝格提供

注：春天的融雪，烤饼，甜食使得制作枫糖浆的演示深受欢迎。

新泽西特拉华水峡休闲区

沃伦·比伦贝格提供

注：前辈们自给自足的聪明才智令我们着迷。

阿拉斯加州楚加奇国家森林　美国农业部林业局提供

注：黄金的诱惑依然吸引着当代勘探者参加淘金活动。

阿拉斯加迪纳利国家公园　唐娜·齐默尔曼提供

注：德纳利峰冬天用于巡逻的雪橇与狗，吸引了来自气候温暖地区的游客。

注：一个商业捕鱼项目利用直观的方法演示如何烟熏鲱鱼。

密歇根罗亚尔岛国家公园　　沃伦·比伦贝格提供

幽默

一个自然主义者结合自己亲身经历的关于猫头鹰的故事开始了他的夜expand解说：

与其他物种过分接近存在某种危险。这种危险可能是你被另一物种误解，或者，更多的是你的行为被你的同类误解。我个人经常遇到的是后者。

我在地下室养了只猫头鹰，恰巧它是独眼，名叫杰里。我们经常访问学校，所以需要用一个轻便式狗窝来运它。

杰里　　唐娜·齐默尔曼提供

由于其独立的天性，杰里有时会很不情愿进出狗窝。几周前就发生了这么件事。

几次没抓着杰里后，我自己四肢伏地靠在狗窝里，杰里跳到我的背上。经过深思熟虑后，我决定采取最便利的策略，就是爬到地下室另一边养它的笼子里。

当我们集中精力绕过一堆待洗的衣物时，我突然感到自己被人注视着。我十二岁的儿子把他的一个朋友带回了家，这是他朋友的第一次来访。他们四只眼睛盯着我们，我们三双眼睛相互对视着……刹那间我意识到与猫头鹰过分接近存在着社交危险。

请允许我与大家分享一下与猫头鹰的亲密接触，我带来了一些幻灯片……

运用幽默的小贴士

上述故事说明了运用幽默的几个要点。

- 幽默的故事要与解说的主题相关联。它强化了主题。即使没有人大声笑出来，它仍是这次夜晚解说的合适的开场白。采用幽默旨在说明要点。如果只是为了赢得笑声，则是不合适的。
- 要使用无恶意的或者听众可以认同的故事。从全新视角来看，一般事件也能够增加幽默的色彩，重要的是幽默需要高雅的品味，并且不让听众难堪。如果幽默需要攻击对象，把自己当做那个对象。
- 趣闻轶事应当不期而至。它来去要如同克拉克·肯特（Clark Kent）那样不引人瞩目，而不是像超人那样光彩四溢。
- 幽默需要时机恰当、言之有效。只有你对于这个幽默感到快慰并且胸有成竹才可使用它。

提问

很多解说员通过提问与听众互动。提问是非常有效的技巧，会令整个节目增色。

提问可以达到下列目的：

- 激发兴趣
- 有助于组织活动
- 鼓励创造性思维
- 强调要点
- 为来访者提供分享思想与感受的机会

密苏里州圣路易杰佛逊国土扩张纪念馆　　梅辛格提供

注：有目的的提问能激发对话，这个策略可以促进新层次的理解。

提问的类型

在解说过程中提出不同类型的问题，每个问题都要事先想好为了什么目的。然而，对于一个好的解说而言，问题的质量是关键而不是数量。

- 焦点提问，这是最基本的提问类型，寻求明确的答案。它们常常以“谁，什么，在哪里”开头。例如：

  “关于酸雨，你听说过什么？”

  “你从我们听到的蟋蟀合唱里观察到了什么？”

  “这条蛇摸起来感觉如何？”

  “你从这只被关起来的绝妙的夜间猎手猫头鹰身上观察到了什么？”

  “与这些雪松相比，那些白松散布在森林的何处？”

  焦点提问有助于组织节目并且引起互动。然而，它们不太能唤起创造性思维。

- 进程性提问比焦点提问能够得到更加广泛的回应。进程性提问要求听众将信息综合起来，而不是简单的记忆或者描述。

  进程性提问通常是“这是什么意思？如果……将会怎样？哪些经历支持……？为什么曾经……？”例如：

  “哪些证据表明酸雨正在影响这个湖泊？”

  “为什么蟋蟀会鸣叫？”

  “蛇是如何保持冷冰冰的体温的？”

  “为什么猫头鹰的眼部/面部周围呈盘状？”

  “为什么较低处雪松较多而较高处白松较多？”

- 评估性问题通常应对一些听众的价值、选择或者判断方面的问题。这些提问为团体成员提供表达他们感受的机会。评估性提问通常是“你认为怎样？你觉得……？”例如：

  “你觉得应该采取什么措施控制酸雨？”

  “如果蟋蟀不能鸣叫，它们将如何交流？”

  “为什么人们认为蛇是黏滑的、令人讨厌的动物？”

  “如果猫头鹰和猎物都在白天活动，那么猫头鹰将发生怎样的变化？”

  “为什么森林里树木种类多样化是很重要的？”

设问句

不是所有问题都需要听众给予答复。当不需要听众大声回答的问题可以使用设问句。

设问句的互动及戏剧性可以强调活动中的要点。例如："如果我们不解决空气污染，我们的东北森林将会如何？我们用来建房的松树和橡树将会怎么样？没有更多的枫树和枫糖浆来制作烤饼，我们怎么办？那些依赖这些树木获得食物、庇护所和保护的植物和动物们将怎么办？"这些问题不需要得到回应，但是确实能够牵动听众。

提问小贴士

- 向所有的而非某个听众提问。向所有听众提问是因为期望每个人都进行思考。
- 每次只提一个问题。
- 给予听众足够的时间来回答问题，即所谓的"等待时间"。研究表明，等待时间越长答案越完美。不要自己给出答案。如果没有得到任何答案，等待以后回答或者重新对问题进行解说。
- 不要使用"是否有人知道……"或者"能否告诉我……"这些言辞，这会让听众产生问题是否有答案的猜疑。
- 问题的难度不要超出听众的能力。
- 通用一系列问题来阐明观点和理念。逐步从焦点问题到进展性问题再到评估性问题，这就要求听众进行更深层次的思考。

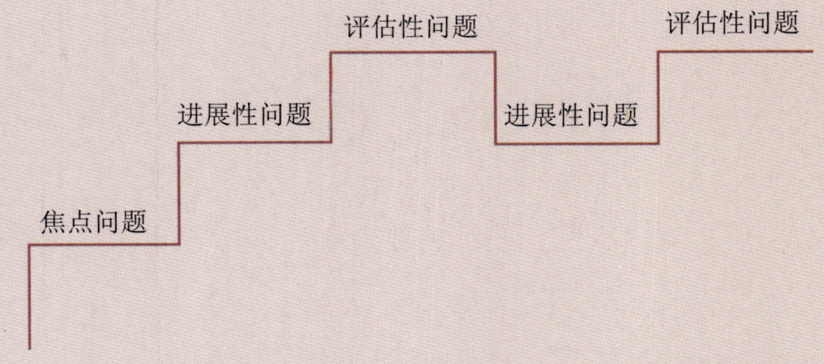

- 礼貌地对待所有的答案，即使答案是错误的。绝对不要让参与者觉得自己很愚蠢。
- 最后，绝对不要提问答案只是"是"或者"不是"的问题。

4
幻灯片演讲

文本和照片（除了另有说明）均由威斯康星大学史蒂文分校的自然资源媒体专家道格拉斯·L·摩尔提供。

幻灯片是一个解说员经常使用的有用媒介。解说员可在篝火晚会上、游客中心、户外会议服务俱乐部和社区会堂提供幻灯片演讲。

35 毫米幻灯片是一个可追溯到 20 世纪 30 年代的老技术。随着新照相机、放映机和计算机辅助技术的出现，幻灯片演讲成为了分享观点和讲述故事的有效途径。

幻灯片的优势

- 在没有灯光的房间里，它们可以吸引观众的注意力。
- 幻灯图片可以加强演讲者的语气，也可以不需要叙述就能随时关联信息。
- 幻灯片提供强烈的、生动的彩色图片，可以被用来展示于各种类型的听众或各种规模的会议厅。
- 内容可以方便地改动、编辑或者重新排版。
- 可以包含声音、模拟动作等特殊效果。
- 幻灯片演讲可以转换成视频，反之却很少见。
- 制作和投影图片的设备价格适中，且操作简单。
- 幻灯片的使用者容易给听众留下一个可靠、专业的印象。

创建幻灯片演讲

想象一下你最近看的一部好电影。它是怎么开始的？情节是什么？故事主线是怎么发展的？导演通过哪些场景的转换讲述了这个故事？结局如何？

你可以努力用幻灯片讲述一个故事。就像第 2 章所描述的，每个好的幻灯片演讲都有开头、中间和结尾（或者标题、过渡、正文、总结）。每个好的幻灯片演讲还会有情节（主题）、统一的图片顺序和描述，以深化主题。

应该从哪里开始呢？排除外界干扰，用笔和纸开始勾勒你的演讲。只从逻辑上处理提纲通常会做出单调、无趣的脚本。优秀的幻灯片演讲通常是一些富有创造性的步骤的产物。

创建幻灯片演讲的步骤

- 选择一个能最好地概括幻灯片的标题（例如：不常见的野生动物，风景的动态变化或过去的故事）。
- 精简你的标题并明确主题（参照第 2 章）。
- 研究你的标题直到你彻底地了解它；明确你的观众（参照第 2 章）。
- 像流程图一样把故事想象一下。
- 粗糙地写下脑子里想象的脚本。
- 把脚本编辑成串联的故事卡片。
- 选择幻灯片和特效来讲述这个故事。在灯光桌上编辑图片达到视觉上的连贯和震撼。
- 幻灯片转移至存储盘，加强练习。

构思一个幻灯片演讲

构思一个脚本可以将视觉形象、知觉印象、感觉整合在演讲中，这是一个简单而又有趣的过程，只要身体向后靠，像做白日梦一样构思你的幻灯片故事。想象图片有序地呈现，感受特写镜头与壮丽的远景，倾听声音，嗅着芬芳。

注：构思一个脚本。

注：自由写作。

自由写作

睁开眼睛，在纸上写下你所想到的。简单记下构思中的思想、感受、景象、声音和味道。让你的思想在纸上随意地流淌。

故事板

一旦丰富的幻灯片故事被构思出来，你就可以将幻灯片演讲整理到故事板上。

笔记卡片在串联故事情节时很有用。简单概述或描绘所要阐明的对象，写下与之相配的解说词。之后，可以用笔记卡片来练习演讲，也可以方便地做一些增补或删减。

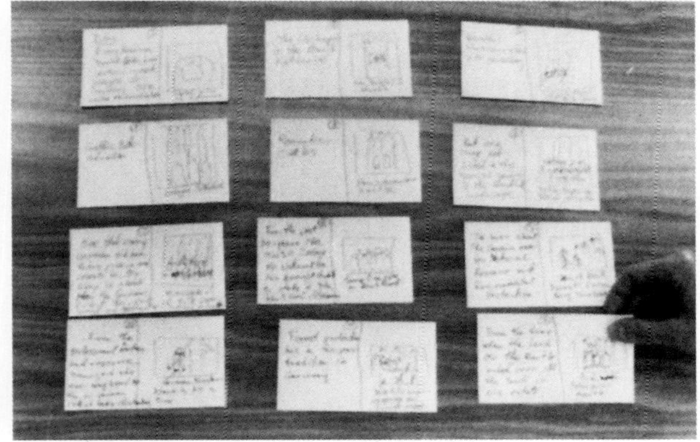

注：编辑脚本，记录在笔记卡上，制成故事板。

编辑故事板

- 把握住主题，限制演讲的范围。不要试图把所有的内容都囊括在演讲中。
- 尽可能地使演讲简明而有趣。在讲堂中演讲一般 30 分钟比较理想，很少超过 45 分钟。旅游场所的幻灯片演示应更简短，大概在 5 ～ 15 分钟。
- 围绕一个主题对幻灯片进行组织和排序。
- 排序时设计过渡方法将幻灯片连接起来。
- 开始和结尾时要生动有趣、快速地换张。铿锵有力地开头，推向高潮。
- 视觉流畅度剪辑。例如，首先出现一片广阔的风景场面，然后镜头渐渐拉近。前后因果要参照比对环境状况。
- 杜绝多余的内容。例如，虽然可以展示 3 张日落幻灯片，然而使用 1 张可能使观众印象更深刻。
- 使用音效渲染。一个安静的地质时钟的滴答声可以与冰川一同出现，然后转变成一个早期人类手持斧头有节奏的挥动声。
- 每张幻灯片的描述时间限制在 15 秒内。用不同的节奏连续地播放图片。

视觉连贯的例子

这些开放镜头从历史角度介绍了一个自然保护区。它们向我们展示原始森林从时钟的滴答声中切入。斧头的劈砍和伐木工的图片代替了这种声音。树桩对这个故事起到了很好的视觉过渡。

为幻灯片演讲加插图

理论上，故事板完成后你应该筛选或新建幻灯片。然而事实上，故事板通常是根据脑海中已有的幻灯片构思出来的。其实，你会发现在灯光桌上挑选幻灯片的过程有益于扩展你的故事板。

注：一个大灯光桌是收集、分类、筛选图片必不可少的。你可以在 2×4 英尺的荧光灯上放置一张半透明的白色丙烯酸薄板，从而制得一个工业规格、成本低廉的大灯光桌。

通过以下四种方法得到幻灯片：

- 从幻灯片组中挑选。
- 拍摄原创照片。
- 从摄影师和经销商中购买。
- 复制杂志或其他印刷品上的照片。

最后一种选择只有在得到出版商或摄影师的允许后才能使用，或者你只能在一次性的公益教学中使用（合理运用联邦版权法条例）。

制作和整理图片

一张照片可能会有极好的工艺（清晰、曝光良好），但缺少一种难以捉摸的“冲击力”品质。为了提高视觉交流的能力，在拍摄照片和设计幻灯片讲解时，可以考虑按照接下来几页中的指南进行。

特写

主题明显。不要让观看者猜测使用该照片的意图。在你按快门之前，你需要能口头说出这张照片所要传达的意思。强调主题最好的方法是特写。消除前景和背景的干扰，把焦点放在主题上，从细节中引出主题。光线也会使得主题聚焦。

构造动态平衡

非正式的平衡，即使用奇数个偏离中心的元素，被视作是动态的，可以更久地吸引观众的注意力。正式的平衡是静态对称的。非正式的平衡通常用“第三种法则”来表示。当你拍照片时，想象一下相框被分成井字形的板块，把主题放在四个交叉点的其中之一。

格式

在适当的地方用竖直式幻灯片。高大的物体通常最好竖直拍摄。竖直拍摄适合动态景像，反之水平拍摄适合静态景像。然而，竖直式幻灯片存在小屏幕、矮天花板的问题，还会叠化画面。对于重要对象可同时采用竖直和水平拍摄。

色彩

色彩影响感情。暖色调显得上进，冷色调显得衰退。色彩还可以强调和分离元素。想像一下一个冷色暗黑的背景衬托出一个暖色鲜明的主题的视觉效果。

深度

使用具有三维影像的图片。许多幻灯照片，特别是风景画和其他原野照片，显得“平淡”且遥远。你可以通过在前景使用突出的事物，或者使用侧光，或者将景色框起来，产生窗户效果，使得照片具有深度。

辅助（标题 / 图示）幻灯片

一个标题、图形、图表、绘图、地图或者图例都有助于说明观点，阐明结构，使演讲焕然一新。这些视觉形象要做得简洁明了。

注：此航海图在幻灯片中简化为右图所示。

注：用词要精练。不要简单地把原文整句整段搬来。使用符号、项目符号和意译的句子。

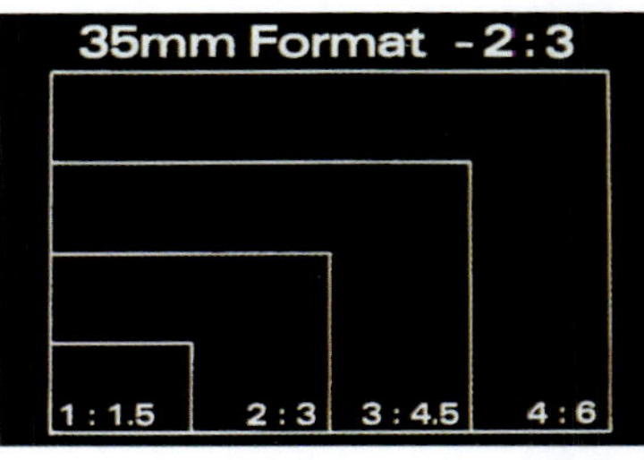

注：为了取得最大化尺寸和高清晰度，标题 / 图示幻灯片应当设计为 2∶3 格式。

LEGIBILITY

- Use 24 point or larger, boldface type
- 3 inch letters visible to 90 feet
- Fonts that work well:

Helvetica Frutiger Ultra Black
Franklin Gothic Heavy Bookman
Eurostile Bold Oblique Times
Clearface Black News Gothic Bold

注：使用简单的字体，大号的粗体字。

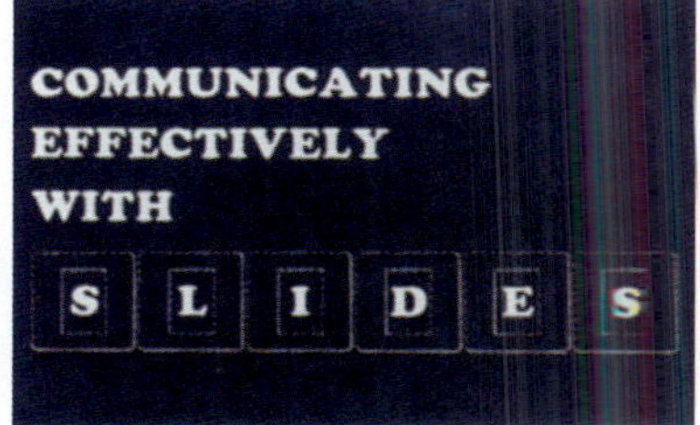

注：可以把辅助幻灯片想象成广告牌或者标语牌。文本缩小到 25 字以下。背景色彩对于清晰度影响很大。

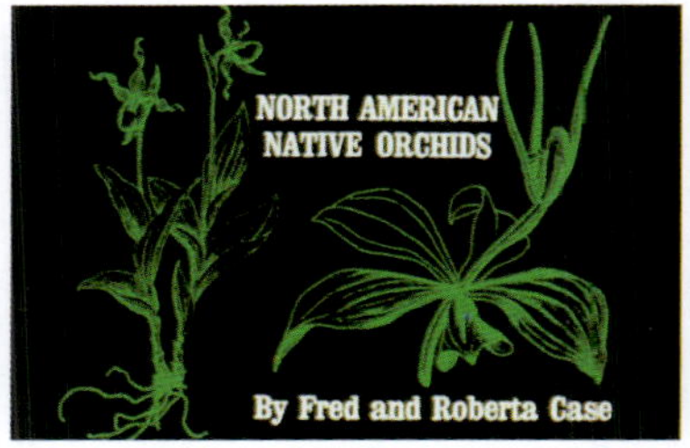

NORTH AMERICAN
NATIVE ORCHIDS
By Fred and Roberta Case

注：色彩可以增强视觉效果，强调重点并且将不同元素分割开来。因为眼睛总是被最亮的部分吸引，所以常常使用“反显文本”，即在暗黑的背景上设置鲜明的主题或者绘图。

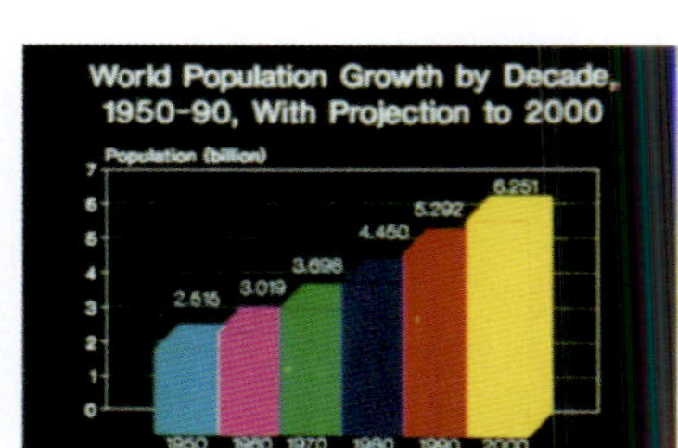

注：运用彩色监视器、合适的软件，以及胶片记录器，你可以在屏幕上创造出相当专业化的图标，然后把它们转移到 35mm 的彩色幻灯胶片上去。

注：“燃烧式”或者“叠层式”的幻灯片是将图示与画面背景结合在一起产生“双重”视觉效果。利用幻灯片复制器将两个图像融合到一起（罗伯特·科施供图）。

幻灯片演讲时，少往往比多好。只要能将所要表达的信息传递给听众，幻灯片数量尽量少，特别是标题 / 图示幻灯片。视觉辅助（包括幻灯片）是为了对现场解说进行强化或者补充说明，而不是取代解说。

幻灯片引起公众注意的技巧

你，作为解说员，比屏幕上的幻灯片重要很多。幻灯片仅仅能够辅助阐明你的思想、观念和情感，而你要营造热情、幽默和融洽的氛围。

好的幻灯演示在听众与解说员之间产生相互作用。它需要讲解员对于听众的情绪、兴趣以及反应做出及时的反馈。

应当事先做好排练，而不是要在演讲时去想下面需要讲什么内容，相反地，而是要考虑如何进行演讲。根据故事板进行排练。当你记住演讲的图像和内容时，应对某个听众（朋友或者家人）进行演讲以获得他们的评价反馈。

演讲技巧

站在房间前面，面对听众。演讲中不要因为回头看幻灯片而背对听众。

不要去描述每一张幻灯片。用幻灯片说明你的解说内容，比如不要说“这是一棵树”。

运用语调让听众保持兴趣。在暗黑的房间里手势作用不大。

口头提示幻灯片的切换。在讲解下一要点前不要用停顿作为切换的暗示。

大部分情况下，一张幻灯片演示停留时间不超过 10 ～ 15 秒。否则听众会停止听你的要点解说而去研究演示的画面。15 秒后画面上的瑕疵开始“具体化”。

永远不要为你的幻灯片或者节目道歉。这会使得听众感到不舒服并且降低你的可信度。

注意切换幻灯片的节奏，使之适合于故事情节和操作顺序。

绝对不要让屏幕空白造成听众“失明”。

冷静处理故障。如果投影仪灯泡坏了，打开房间电灯，迅速更换灯泡；如果幻灯片卡住导致投影仪不工作了，移开托盘，取走卡住的幻灯片，重新安放托盘并从中断的地方重新开始讲解。

当你站在听众前面时，安排专门人员控制房间灯光和调整投影焦距。

特殊效果

幻灯片是种具有争议的媒介。辅助设备以及充足的准备能够使你的解说具有特殊效果。

- 使用两个或者更多的投影机获得叠化效果。
- 两个或者更多屏幕，以及/或者全景效果。
- 音乐和声音效果。

制造特效费用高且耗时长。效果不好，反而会破坏演讲，因此准备时间要充足。

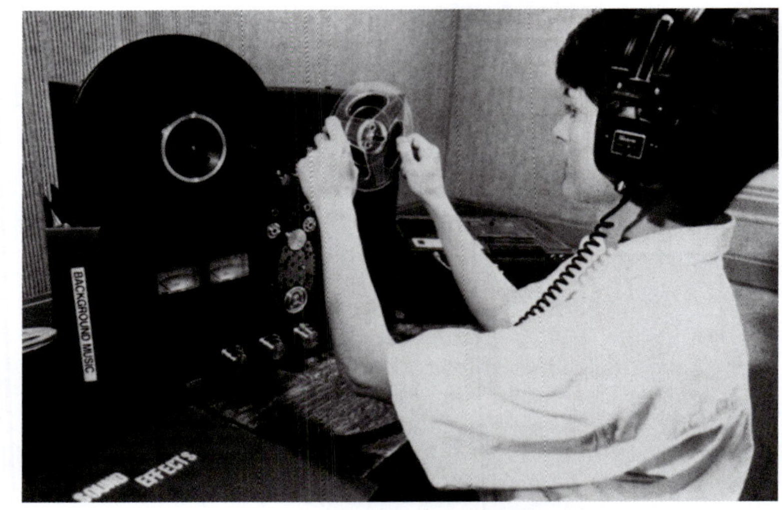

注：音乐声效是为了现场解说时使用而刻录到碟片中的。使用有版权的音乐需要得到授权，也有可能需要付费。你可以买到开放版权的音乐和音效，或者借助当地音乐家和现场声音，自己刻录音乐。

注：双投影机叠化设置。

注：叠化顺序可以模仿运动。

迈克尔•格罗斯提供

叠化设置从一个图案淡出进入另一个图案，便于观众观看。通过这个设置，你可以构造特效，展示更多幻灯画面使得你的解说焕然一新，并具有专业色彩。另一方面，由于投影机更多，托盘、电源板、电线以及连接器也更多，其机械性和逻辑性的准备也更为复杂。

很多现代叠化装置能产生其他特效。理想选择包括：

- 多种叠化画面速度，从“暂停”到 8 秒。
- 内置存储，可以构建、储存以及恢复复杂的叠化效果。
- 遥控操作。

设备

房间 / 设备检查

在第一个听众到达之前，你应该检查的内容如下：

- 会议室是否可以充分变暗？
- 是否所有听众可以清楚地看见屏幕？
- 屏幕是否对于所有听众来说都足够大？
- 地面电源插口是否可用？是否需要连接线？
- 投影机架高度与尺寸是否足够？
- 是否检查过投影机？是否需要备用灯泡？
- 音响设备与叠化装置是否可以正常工作？
- 幻灯片是否能正常工作？投影仪托盘是否有保护装置？
- 遥控线是否足够长，并能正常工作？（检查幻灯片倒带、前进、遥控对焦与自动对焦）
- 是否检查过有无倒置或者错序幻灯片？
- 投影仪水平、图像尺寸是否与屏幕一致？
- 考虑到投影机的噪声，房间音响能否让最后面的听众也听得到？
- 是否需要灯光讲台或者指示器？
- 电线是否用管道胶带固定在了地板上？
- 是否安装了灯光调节装置？

选择投影机

Kodak Carousel 和 Ektagraphic 投影机及其兼容产品是 35mm 幻灯片演示的最佳选择。Ektagraphic 投影机作为专业 / 教研 A-V 专用机，不适合在这里使用。所有 Kodak 投影机灯泡更换方便，光感好，遥控输出强，便于调节水平面。其他优点还包括：遥控、自动对焦、定时、光线控制面板、屏幕预览、使用变焦镜头，并且无须移动投影机便可以调整图像尺寸。

投影机托盘可以存放 80 ～ 100 张幻灯片。在大容量的托盘旦只可以使用塑封幻灯片，这是因为它们不会卷边；而纸质的会卷边，并且常常被卡住。

5
创新性技术

在无趣的种植园，植物学家也会感到索然无趣。平淡无奇的语言和枯燥无味的事实无法激发人们内心深处的情感。

——约翰·摩恩（John Muir）

注：船夫项目。

拍摄于国家岩石湖岸

新颖的、原创性的项目应是最成功的。解说员扮演成演员、故事讲述者、牧师或是导演，这些都为激发灵感提供了创造的源泉。

传递解说信息的有效方法包括：

个性化描述：使用历史上的名人或借用虚构的艺术形象使主题能更深刻被理解。

讲述故事：传承历史经久不衰的方法是将其蕴涵的价值观传递给更多的人。

引导想象：采用“精神层面的户外旅行”的方式，带领听众去一些遥不可及的或者是由于过于危险而无法身临其境的地方。

木偶表演：相比起直接运用有生命的生物，手指木偶，更能使解说内容涉及的抽象化概念变得易于理解，同时使得解说过程更加有趣。

运用活的动物：对于观众而言，活生生的动物站在他们面前，将会成为他们所有经历中记忆最深刻的一幕。但是，使用动物必须经过合理的安排和计划，否则可能会出现问题。

个性化描述

衣着演出服解说

解说活动项目背景决定了解说员是扮演成某种角色，还是保持原状、身着平时的服装。在许多历史遗迹，可扮演的角色是很有限的。解说员按照解说的目标场所和目标人物所涉及的历史人物的形貌，身着特定时代的服装，以这种形式带领游客参观古迹，观光游览，也许能更好地展示历史文化，有利于更好地为游客服务。扮演成为“第三人”，即扮演成某个历史遗迹中所涉及的人物，这种解说方式有许多优势：

- 以第三人形式进行解说，解说员可以仅仅回答那个时代的人所了解的问题。为了保持这一时代的特征，不得不隐藏起来自于当代的第一人的角色。
- 对于游客而言，这种第三人的解说方式，更具亲和力。
- 运用第三人的解说方式，服装作为一种道具，使呈现给游人的文化信息更加真实可信。
- 使用第一人的解说方式需要解说员展现戏剧表演的技能，能增强解说内容的可信度。
- 第一人的解说需要其他人“建立一种情境”，让游客接触到来自过去的人。

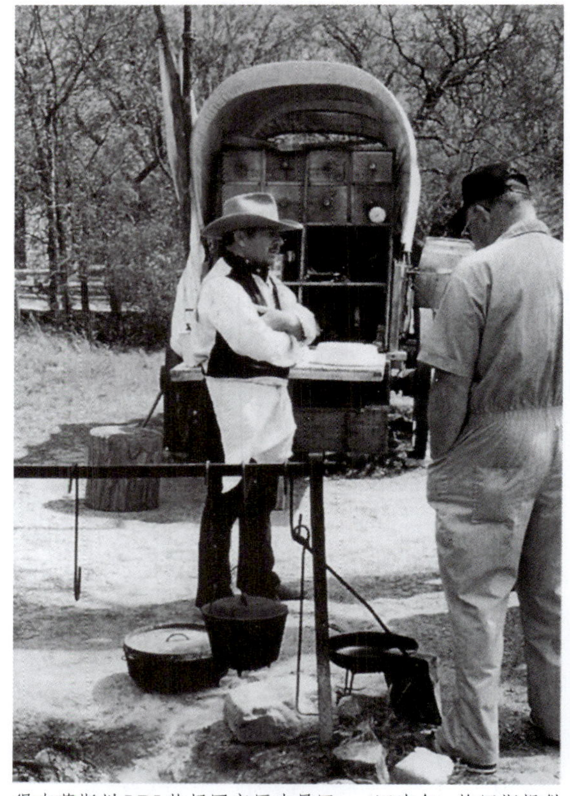

得克萨斯州 LBJ 牧场国家历史景区　　迈克尔·格罗斯提供

注：通过一架废弃的马车展示牧场的生活。游览者通常在该景点随意漫步，所以第三人的解说是最佳的选择。

然而，如果为游客做好准备，在特定的场景，角色可以将我们带入另一个时代。个性化角色可以加强想象，唤起一连串的情感——幽默、戏剧化、同情。个性化的描述是最佳选择。

特定角色赋予的事件和观众，对游客而言，更能感觉真实和富有个性。你并不需要一个莎士比亚的作品，仅仅是设置一种戏剧化的、煽情的场景，就能简明扼要地向游客进行解说。

撑筏工艾克·费瑞斯

现存有大量的大湖州北区伐木时期的统计资料。解说这一历史时期的内容本身并不十分有趣，甚至可能是非常枯燥的。因此，解说员面临着极大的挑战，即如何使解说内容变得有趣，活跃现场的气氛。

19 世纪，威斯康星河是进入“菠萝园”的一个主要走廊。每年冬季，狂风呼啸而过，吹落了

马里兰州米亨利堡垒　　沃伦•比伦贝格提供

注：一名1814年的士兵讲解他的步枪。如果用第一人说教性的解说，孩子们会有抵触情绪。而用第三人的解说方式，解说员身着1814年士兵的服装进行解说，孩子们参与其中，与解说员饶有兴趣地进行对话。

堪萨斯州斯科特堡垒　　沃伦•比伦贝格提供

注：一名解说员身着1842年军士长的服装，展现出当时军人的形象。与一个历史人物的短暂相遇使游客更加喜欢这个历史古迹。

林中白松的枝干。冬去春来，这些枝干随着洪水漂流到下游的逐渐繁荣的城镇和锯材场。这些白松的枝干，正是远在爱荷华州和内布拉斯加州的草原农夫们需要的。像艾克·费瑞斯（Ike Ferris）这样的人怀揣一腔热血，甘冒生命危险，撑着粗木板制作的简易木筏，往返于川流不息的威斯康星河。

艾克•费瑞斯，19世纪威斯康星河朗伯扛福特水域的撑筏工　　道格•穆尔提供

解说员扮演的角色正是艾克·费瑞斯——这名勇敢的撑筏工。游客们注视着解说员炯炯有神的双眼，仿佛乘坐时光机器，穿越回到那个古老时代，得以重生。仿佛看见艾克·费瑞斯向他们徐徐走来，同他们一起分享着他的梦想和经历。他膝盖以下全部湿透，双手布满老茧，身上带着浓重的烟草味，冒险精神在双眼中闪闪生辉。他用浑厚的嗓音，操持着属于那个时代和地方性的语言，慷慨激昂地讲述着有关河流的一切。

让观众与角色相遇

游客中心为了使他们的旅行团队分享威斯康星河的历史知识，事先准备好让游客偶遇当时的撑筏工艾克·费瑞斯。一天的游览项目通常由为游客介绍相关信息的说明会开始，然后是游客来到河边游览。解说员带领的大家穿过一个花岗岩峭壁，抵达森林边缘的湍急河流。全体团员坐在古代岩石上，沐浴着温暖的阳光，享受着湿润的气候，仰望天空。

19 世纪威斯康星河撑筏工的历史图片
注：角色制定的灵感来源于旧照片和旧文件。

"水和冰将这些已存在于此 50 亿年的岩石冲刷了数千年。仅仅是 125 年前，这里仍是令人畏惧的沙瑞特急流 (Shaurette Rapids)。来自城镇的市民排列在河岸边，他们相互鼓舞，正在等待着乘坐木筏，渡过这个变幻莫测的激流。许多年轻人为了几美元失去了生命。今时今日，当时的撑筏工已经都不在了，没人能为我们讲述当时渡过沙瑞特急流的工具是什么样子，实在是太可惜了！"

突然之间，有一个身影若隐若现，慢慢出现在我们站着的这块岩石上，阳光照在他的身后。"像公牛一样吼叫着的激流，"他吼叫道，"它没有带走艾克·费瑞斯的生命，我将会告诉你们乘坐何种工具通过威斯康星河的急流。"此人反应灵活，只见他从岩石上跃身而下，而就在此时，汹涌的流水冲向他刚刚所处的岩石。如此惊险的一幕过后，他开始气定神闲地仔细观察这个旅游团队。

只见河水已经没过他的膝盖，他将毡帽推向前额，点上烟斗，大拇指插入背带裤中，开始讲述有关威斯康星河的那段历史。

为你的观众做好准备

- 使观众感到舒适。如果在户外游览，请不要让游客遭受风吹日晒。
- 提供给观众有关解说场地的背景信息，这样一来，当特定的角色出现在观众面前时，他们不会觉得猝不及防，手足无措。
- 设置一个场景，使观众身临其境，能够自然而然地接纳这个角色。
- 当你观察解说的场所，选择合适的地点作为表演的"舞台"时，请仔细勘察一天中不同时间的光照条件。如果时间选择得当，太阳光照射的空地，就会变成一个有阳光点缀的大教堂。
- 运用现场声音和气味渲染观众的情绪。流水声给解说现场提供了一个令人愉悦的背景音，但一定要注意，音量调制恰当，不然会淹没解说员的讲话声。人工录制的声音在室内解说时效果明显，但在户外使用人造声音，显得矫揉造作，不够自然贴切。

舞台剧表演的开场

- 选择一个舞台，例如一个树桩，一座小山，一条小溪或者一个古老的农场。
- 演员的第一句话应该吸引住观众。
- 演员的外表应当夺人眼球。
- 演员的举止行为如同他的台词一样需要细致的构思，周密的安排。

创造真实可信的角色

对于扮演成像艾克·费瑞斯这样的筏夫，可运用的道具十分有限，例如一块镀金的手表，搭在臀部的链子，以及一位年轻男孩饲养的马。艾克的收入多寡取决于一天中他在威斯康星河上撑木筏的次数。艾克解释道："我骑着马奔驰到这条激流的源头。"他说这句话的含义其实是暗指他的马在上游浅滩处吃草。

真实的道具和工具，可以为任何一个角色增加戏剧效果。一把双刃斧能够将一位杂货店业务员瞬间变为樵夫；一块怀表可以将你带回一百年前；突然间，一块腕表又能使你回到现在。要展现时代的真实感。

道具对于游客是极具吸引力的。用打火石打出火花，铸钢煽出的火焰都是诱人的。当卷一支烟，用有缺口的瓷杯喝咖啡，一个古老的牧民角色将变得可信。**关注细节，对于塑造一个鲜活的角色是至关重要的。**

运用细腻而极富个性的笔触去描绘角色，将会给其贴上令人信赖的标签。一位伐木工人的双手必须是坚硬的、强壮的；一位垦荒妇人的双手必定是粗糙的，指甲是磨损的；一位卡车司机的手掌应该有皮革磨损的痕迹；一位撑船工人的衣服应该是湿过膝盖的；研究土壤的工作人员，虽然脸是干净的，但他们的脖子和手经常是脏的。除此之外，适当的汗水也能增加真实效果。

创造真实可信人物的方式

- 着装解说员穿着舒适的、有磨损痕迹的服装，同时衣服上有恰当的污物。着装不应该看出是为了演出而特别设计的，而应是平常穿着，就像他们在生活中和工作中一样。
- 化妆如果是必需的，应该画淡妆。通常情况下，观众能够近距离看到解说员，过于浓重的妆容会使其看起来过于矫揉造作。
- 声音和气味可增强整场解说的情境效果。陈啤、雪茄以及班卓音乐是"世纪之交"酒馆的一部分。一个圆形的炉子上煮着的新鲜咖啡将增加该酒馆的吸引力。
- 灯光是增强视觉效果的最重要选择，不要错过使用灯光的时机。煤油灯和蜡烛可以产生一个动人的故事。在室内，有变光开关的两三盏聚光灯使用得当，将会使演员变得光彩照人。一边采用冷光，另一边采用暖光，可以使解说员的面部变得深邃。运用准确的灯光效果，会增强观众对主题的关注，而并非关注灯光本身。

健全真实的角色

发展独特，而非刻板化的个体。刻画一个具有丰富经历和内在动机的角色个性应当经过深思熟虑，仔细考虑采用何种方式发展人物个性，将其与同类人物的个性区别开来。

例如，一个酒馆中酒保就可以体现出 19 世纪 70 年代的威斯康星州朗伯镇的生活。当然，你还可以与一个叫莱昂·格林斯科（Leo Glinsk）的酒保一起分享更多那个时代的故事，他是一位自 1857 年就开始从事酒保工作的波兰移民。

描述角色的经历是为了发展人物的个性。结合你自己的生活经历能与要塑造的角色形成心灵上的沟通。问你自己，为什么这个角色处于这种特定的状态下？他取悦大众是为了得到什么？

当你发展一个角色个性时，请问你自己以下这些问题：我是谁？我的家庭职责是什么？我的声音听起来怎么样？我有什么特殊习惯？我的背景是什么？我有什么样的气质？我的身体特征是什么？我对什么最感兴趣？我对这些听众喜欢或者是不喜欢的程度如何？

当设计你的角色时，思考你的动作而不是语言。一名负载皮毛重物的旅客呻吟咕噜着，气喘吁吁地拉紧重物，生怕皮毛从身上落下。这些很少在文章中提到，但可以极大地增强表演力。想象这些动作，然后记录下来。

选择那些了解那段历史时期概况的人物来解说。但请不要选择名人，如美国总统林肯、罗斯福等。由于游客对这些名人比较熟悉，所以会有先入为主的感觉。不如选择解说一些次要人物，比如林肯总统的车夫或罗斯福的秘书等。

艾克·费瑞斯在威斯康星河岸边的墓碑

迈克尔·格罗斯提供

注：威斯康星州的历史将河道撑伐工描述为威斯康星河流域朗伯镇值得炫耀的支柱。撑伐工们是二十或更多名筏夫的领导，这些人年复一年地在密西西比市场的一个木材厂做筏夫。撑伐工的描述应当表达一名领导者的信心。

一些令人难忘的角色

消防队员

观众就坐，等待着铃声的响起，这时一名解说人员戴着一项黄色帽子，手持一把熏黑的斧子进来了。

他也被烟灰染黑，黑色污迹使他的脸颊和手布满条纹。他蓬乱的衣服，散发着烟灰的味道。人群中很快有人认出他是消防员。只见他将松枝和灰色棍子铺在地板上。观众们紧张地看着他把煤油到在火种上。

在这样一个炎热的夏天，“火”作为话题，似乎出现的特别及时。解说员说道：“长期的干旱增加了出现不可控制的火灾的危险。”他接着又讲述了增加火灾危害的因素。

在整个讲话期间，解说员手持一个长长的正在燃烧的火柴。他一边说“一团火”，一边焦急不安地将橙色火焰朝向引火物，“像这样开始……”但是正在解说员点燃干松枝和灰色的小棍子之前，突然想起另一个值得与游客分享的要点。解说员总是在关键时刻将火焰移除。

解说员从不点燃引火物。在讲述他的火焰故事以后，他瞥了一眼手表。“好大的烟雾！”他大声尖叫，“我必须去帮助男孩们从东部出口出来。我本应该10分钟之前就在那里了。”消防队员拿起斧子，迅速逃离房间。

人们关注熟悉的人物——一名消防员。塑造出真实的场景有利于提高角色的可信度——一把被煤灰染黑的斧子以及散发着浓烟味道的衣服。悬疑和行动吸引注意力——他将火焰朝向引火物。人们注意到这些吸引他们的事情——正如一个炎炎夏日里大火的威胁。

夜间精灵

一群游客一边聊天一边在祈福的亮光指引下，沿着一条小路走进漆黑的森林，这条路通向一个户外的圆形露天剧场，一位解说员正在那里等候着游客。

解说员一开始先与游客探讨夜晚出现的生物。正在此时，第二位解说员突然从人群的后面出现了。只见她身披软毛皮，手里拿着点燃的火把，缓缓地走到游客正前方。这位奇怪的人做起了自我介绍，原来她是日落森林的夜间精灵。

突然，夜间精灵尖声问，“为什么你们这么吵啊？”接下来，她对游客们说，如果他们能安静一些，将会告诉他们一些她所了解的有趣的事情。有时，她还会临时从游客中选择一名志愿者，帮助她解释一些概念。

夜间精灵和游客们一起呆了大约 10 分钟。在与游客们分享了许多有趣的故事之后，她再一次消失在夜色中，正如同她的出现一样神秘。此时，森林中只留下最初那名解说员，他将继续与游客在夜晚的森林中漫步。

这种戏剧化的活动安排，即神秘的夜间精灵的出现，增强了夜晚解说的感染力。祈福的灯光使游客情绪稳定，感到安宁。解说员扮演的森林中的夜间精灵在游人行走的路线中突然出现，又神秘地离开。

玫瑰果

一名解说员凭借他的经验带领游客来搜寻野果，因此发展出一个充满想象力的玫瑰果的故事。这个故事讲述一位男子在一个寒冷的冬天饥饿难忍，不得不吃下了红色的水果，故而变成一个巨大的玫瑰果。

一个 6 英尺高的玫瑰果冲入房间，显得十分紧张，他气喘吁吁地低声对游客解释道，他刚从一个果酱公司逃出来，那个公司要把他做成罐头。他看见了这个房间门敞开着，就跑进去然后躲起来。

玫瑰果塑造的角色形象令游客大吃一惊，与他们原本期待看到的情景截然不同，大大出乎了观众的意料。这个角色的体格特征是身着红色紧身衣，躯干鼓胀。这些装扮令游人喜出望外。

严谨的勘探员

勘探员促进了北美地区的发展。当他们把大地隔成网格，仔细地记录大地的特征。通过勘探员的严谨观察，我们得以经历从荒原到都市的变迁过程。

勘探员罗布・纳瑞来自威斯康星，为每一个社区服务，需要当地的调研笔记而且记录这些笔记的人的个人信息。在凯霍加河峡谷国家休闲区，这名严谨的勘探员成为塞思・皮斯——与俄亥俄州的克利夫兰同名的勘探员莫斯・克利夫兰的助手。

严谨的勘探员　　道格・穆尔提供

讲述故事

“现如今，讲述故事的人扮演了一个社会上的古老角色：讲述故事，能够娱乐、教化、传递文化以及解说价值体系。我们都需要通过聆听和讲述故事，来了解世界文化以及分享人类感情。”

《遗产》，伯特与里奥·迈克凯瑞，1991

讲述故事是一种卓有成效的解说技能，它能唤起听众对历史与自然的情感和兴趣，使原本枯燥无味的主题变得富有人情味，并且为其注入真知灼见。举例来说，研究有关西部扩张那段沉闷岁月的历史事件，解说员可以扮演成一名无名无姓的议员，或者扮演那个年代在山区生活的人，如吉姆·布里基，向我们展示那段荒蛮年代的历史。

每一种文化都有通过讲故事传递价值、态度以及哲学的传统。这些文化见解通过人们的口口相传分享给听众时最易被接受和欣赏。

美国印第安人解说委员会

拍摄于S.W地区国家公园服务中心，鲍勃·勒勒斯提供

注：美国印第安人解说委员会（CAII）的标志，是一个故事讲述者的小塑像。描述的形象是年长的解说者，身边围绕着一群欣喜若狂的小孩子。

美国印第安人解说委员会（The Council for American Indian Interpretation，CAII）是国家解说协会的附属机构。多年以前，一些解说员认识到，通过传统的方式让人们分享印第安人的精神和世界观是很困难的。CAII致力于用传统的方式促进和发展解说文化。

讲故事是教育和娱乐的基本方法。“年轻人通过故事了解他们的出身以及学习历史。他们的语言变得优美和文雅。通过故事中的描述，了解他们的故乡、历史遗迹、圣坛以及发生历史事件的场所。为了解动物的生活习性，他们拍摄动物的行为方式。如果猎人懂得尊重动物的生活习性，猎捕它们会变得比较容易。”

威廉·E·布朗

12月，1990

讲述故事小贴士

- 首先，选择的故事对你而言应当是有意义的，而且愿意讲述的。其次，一个好的故事应与大多数听众平日的经历相关。最后，讲述故事时开场应先提出一个问题，引发听众思考并期待得到最终的答案，从而使观众对故事的内容和结果产生兴趣。
- 选择的故事主题应与你的解说目标相关联。举例来说，你的解说目标是希望观众了解与环境有关的信息，故而你要选择一则围绕该目标的故事。
- 研究故事所蕴涵的哲理和意义。你必须理解故事的主题，而不仅仅是通过口传的方式，达到娱乐观众的目的。举例来说，如果你要讲述一个有关郊狼(北美洲西部原野上的小狼)的故事，就应该理解印第安人古老的文化和宗教。
- 选择一个独特的视角。你能否以第三人或第一人的身份讲述一个脍炙人口的故事，讲得神采飞扬，绘声绘色，正如你亲身经历一般？通过选择一个全新的视角，重新进行演绎，则能为一个老掉牙的故事注入活力。比如三只小猪与一头狼的故事，就是经过重新编排，堪称经典的例证。
- 记住一则故事中所涉及的一系列的人物形象，而非死记硬背每个词语。

  ——大声朗读（如果是书面的资料）。

  ——在脑海中构思这个故事，将故事的情节想象成一系列的图片。将你愿意与大家分享的关键图像制作成图片。

  ——在关键点处做出标记，以起到提示的作用，唤起记忆。
- 当你讲故事时，使听众始终保持想象力，融入每一幅图像中。

  ——采用合适的语音语调，配合适当表演。

  ——使用手势渲染故事中的画面。

  ——创造戏剧化的音响效果。如门的“喀哒”声，蚊子停在某人鼻子上的“嗡嗡”声。

  ——创造不同的角色，并且让他们进行对话。慎用方言，滥用对其他人来说则可能是出言不逊的。
- 采用有规律的停顿的方式，给予听众空间，让其发挥想象力。避免连续讲述10～12个词语以上而不加停顿。然而，停顿时间没有绝对的规律性，有时候当游客陷入思考时，需要停顿，以免打扰游客，使其分心；有时候保持较长的停顿时间，目的在于创造一种悬念。
- 讲述故事时应与听众保持适当的距离，不要太过亲密。当你直接讲故事给他们听时，每个听众都会感受到，适当地与听众进行眼神的交流，注意每位听众的面部表情。
- 避免使用道具。形象化的描述是讲述故事者应当掌握的技能。如果一味采用道具，听众注意力将集中在道具，而非故事本身。
- 时刻注意讲述故事的关键点。避免过多的举例说明，以及介绍太多的细节。
- 要有自信。如果你的身体语言过于僵硬，而且缺乏自信，你的听众会感受到。享受讲故事的过程，自然、放松，听众也就更容易进入状态。

讲述故事的注意事项

- 切忌讲话时只用单音节。
- 切忌使用模仿的和感性化的嗓音。
- 切忌语速太快或者口语式的闲聊。
- 切忌做一瘸一拐的动作，或者重复性的手势。
- 切忌侮辱其他民族的文化。
- 切忌教授有关自然界的误导性信息。
- 切忌过多拟人化野生动物。
- 切忌讲述你不喜欢的故事。

爱荷华州北部讲述故事的聚会，埃尔卡德　　苏珊·葛克瑞斯提供

形形色色的故事为我们解释了事情发生的缘由始末。我们都喜欢一些与自己经历相关联，或者能够帮助我们更好地理解自己的世界的故事。

故事讲述者苏珊·葛克瑞斯推荐的一些故事的资料。

美国寓言故事和传说　由尼尔·格兰特复述，包括西部英雄、工程师和钢铁工人的故事，印第安人的神话和传说，水手们的旅行轶事以及渔父的故事，动物奇闻，西部荒蛮地区，奇怪的故事，像保罗·班扬这样的超级英雄，女巫与她所做的恶行。

地球起源的故事　由葛瑞琪·威尔·梅奥编写，包括有关地球发展中北美印第安人的故事。

地球的守护者　由迈克尔·J·凯督图和约瑟夫·布鲁切克编写，包括美国本土故事和教育儿童的有关环保的活动。主题涵盖创造力、火、地球、风和气候、水、天空、四季、植物和动物、生命、死亡、灵魂以及地球的和谐。

月球上的树林以及有关植物和森林的其他传说　由罗莎琳德·凯文编写，搜集了关于这个世界的11个故事。

为什么负鼠的尾巴光秃秃的和其他关于北美印第安人的自然故事　由詹姆士·E·康诺利搜集而来。这个短故事集包含从东部的树林，西方的平原到海岸的部落的故事。

野花的民间故事以及养殖花卉的民间故事　由劳拉·辛·马丁提供的有关特殊花种的简短的小故事，独具匠心，满足渴求精彩解说故事的人的需要。

引导想象

引导游客产生形象化思维，可使得人们穿越时空，一名解说员能够将一群游客带回葛底斯堡战役，或者是进入蜂窝深处。一旦游客产生形象化思维，可以通过想象力探索一些在真实生活中十分危险的地方，比如废弃的铜矿地下甬道。描述性的语言充当“幻想旅行”的起点，激发每个人的想象力。

在一个探索威斯康星河的专题讨论会上，一名解说员想要揭露过去人类与河流的关系。为了穿越时空，旅行团乘坐独木舟一路漂移抵达至下游。游客在一个小岛上停下来，偶遇来自于过去的一个人。此人身着类似耶稣会会士的“黑色长袍”，长相如伐木工人。他们还会看到野生人参和河中的水獭。此时，解说员面临的难题是如何帮助团队游客理解河流已经改变的事实。

引导游客产生形象化思维的经历似乎是分享有关河流变迁的最佳途径，有助于游客认识到河流不仅仅是流动的水，更是时间的河。

威斯康星河 罗恩•齐默尔曼提供

注：为“幻想之旅”选择一个观测点是非常重要的。如图所示，解说员选择的这个安静的地点，能够使游人完整地观看到蜿蜒的蓝色水面。这个案例中，团队在一个靠近河边的巨大的花岗岩上开始他们的旅程。

调查与撰写脚本

调查是开发一次“幻想之旅”的第一步。你有必要详细了解将为游客讲述的这个地方的历史。

当你开始撰写脚本时，想象一下调查时看到的那些风景，记录下你看到的和感受到的形象。创造出与我们的日常经历相关联的与众不同的形象。

开始旅行

通过邀请人们坐在舒适的地方，开始一段引发游客产生形象化思维的旅行，帮助他们放松并且不要分散注意力（例如，引导他们欣赏流动的水以及适时地沿着河流漂移）。

接下来的情节通常是有助于游客想象过去的威斯康星河流域的生命。此时，解说员扮演的牧师的角色人物成为这一阶段表演的中心。

有关威斯康星河的人类历史——引导想象

当你坐在这些古老的早已被冰和水冲刷得十分光滑的花岗岩上，凝视着深色的流水，此时仿佛回到一万年前。穿过河流，矗立着一面巨大无比，一眼望不到边际的冰墙，它比最高的树干还要高，且延伸数千英里，直至北极圈。河中流淌着奶绿色的水，掺和着从冰川处剥落的粉末状的岩石。

在冰川的边缘，只见有一群头发乌黑，身披动物毛皮的古人，包围着一只毛茸茸的酷似大象的动物。这群人正将长矛刺向它的下腹部。

这条河流过了数个世纪，气候变得温暖，巨大的冰川融化。河流中圆锥形的云杉树的倒影被秋天明亮火红的枫树的倒影取代。一群印第安的温尼贝戈族人搭建起小屋作为他们过冬粮食的储存地。

季节性的树木更替之后，早春来临。温尼贝戈族人用骨头制作的钻头在树干上钻出小孔，然后塞入漆树枝条。热烫的石头在引火线上嘶嘶作响，充满树叶的小洞散发出甜蜜的枫糖香味。孩子们吵闹地玩着雪蛇，削尖树枝，投入充满积雪的深沟内。他们用我们无法理解的语言欢快地交谈着。

突然，他们停下来，兴奋地跑向河边。河的远处，有一名身穿黑袍的男子坐在桦树皮制作的独木舟上顺流而下，另一个部落的男人们正在划桨（在这里，一个身着黑袍的牧师在独木舟上，出现于小岛的后面，用法语唱着歌。此次幻想之旅结束了，探索威斯康星河的剧目，还将继续）。

分享旅行

引导式想象之旅是一个相互交流、激发创造力思维的技能。它是一种安静的活动，其成功实施有赖于解说员与团队成员之间的相互信任。解说员提出一种特殊而准确的方式激发游客的想象力，即使每个人能够看到自己曾经经历的点点滴滴。

通过分享彼此的旅行经历，人们将会从中获得更多的洞察力去改变他们对自然资源的态度。除此之外，他们也能从其他人的思想中获得真知灼见。

提这样的问题：你想象中人们的衣服是怎样的？河流是如何变迁的？熬制树汁这件事当时是由男人做，还是由女人做？

引导式想象的秘诀

- 引导式想象能将人们带到他们无法到达的时空。
- 研究你的主题，创造准确的形象。
- 撰写的脚本内容应与故事形成的连续形象相关联（见“讲述故事的小贴士”）。
- 为你的听众安排合适的场所，有益于让他们展开想象。创造平静、相互信任的氛围。
- 运用良好的讲故事技能，通过经验引导团队。讲述故事时，多采用较长时间停顿，给予人们足够的时间将感受形象化。
- 让团队成员互相分享旅行的经历。

运用木偶进行解说

木偶会把人们带入一个一切皆有可能的梦幻世界中。在木偶世界中，树木会说话，精灵来到人间，人们可以和野生动物安全地近距离接触。

即使是成年人也很乐于尝试以一种全新的方式来观察他们所处的世界。木偶的用途很多，只要擅加运用，就可在你的操控下运用自如，起到极佳的解说效果。

注：（右图）这种回收垃圾的秃顶秃鹫，鼓励人们循环利用资源。当人们提倡用某种方法来回收废弃资源时，他就用嘴巴叼起这些垃圾，通过用力吸住这些废弃物来分辨哪些资源已经废弃了，周期性的手部摆动提醒这只迟钝的秃鹫，他通过闻观众身上的味道，判断他是否还活着。

北卡罗莱纳州的野生动物资源委员会的马蒂·凯恩提供

运用木偶的优势

- 他们掌控舞台，成为表演的核心。
- 他们与观众互动。可以最大程度地参与和双向沟通。
- 复杂和抽象的概念可以通过木偶表演，形象化地解释。
- 他们可以以一种幽默且安全的方式来提出一些有争议性的问题。
- 他们是三维的。他们既不需要电力发动，也不需要用昂贵的制作材料。户外解说时，解说员从背包中将其取出，就能自然而然地进行表演。
- 他们基本不需要特别细致的保养，即便受到外力也不易受损。
- 他们造价便宜且便于储存。
- 与活生生的动物不同，解说员可以操控他们的行为。除非人们希望他们这样，否则他们不会咬人，不会随处排泄粪便，甚至在你不需要他们的时候躲起来。

明尼苏达动物园以泡沫毯为材料的生物

感谢明尼苏达动物园“空中之路”展示区提供资料：文字部分由伊丽莎白·海登提供，照片由玛莎·奈蒂提供。

明尼苏达动物园“空中之路”展示区的博物学家发现可以利用泡沫毯制作道具。通常情况下，泡沫毯厚厚的海绵层能够制作各类物品，从戴着面具的麋鹿到80英尺高的怪物。

起初，泡沫毯由于制作成本低廉，制作步骤简易且有趣，所以广泛使用于剧场的表演。但渐渐地，管理人员发觉使用泡沫毯道具也存在缺陷，由于道具太大太醒目，藏于拥挤的动物园建筑物中或是从单轨索道车上经过时极易被观众发现，因而降低了新鲜感和惊喜度。

泡沫毯制作的道具包括：在植树节制作一棵会说话的树；在珊瑚暗礁展览会上，制作一枚海星；或者在万圣节，制作一只大大的棕色蝙蝠。为了迎合各种节日活动量身定制的道具，都能吸引眼球，引起观众的关注。明尼苏达动物园的使命是传播传统文化、教化引导观众了解大自然，同时带给人们乐趣。泡沫毯道具成为连接人们与地球之间的纽带。

泡沫毯制作的道具也包括缩小版的“空中之路”出租车、飞掠水面的蟑螂、一只双峰驼鹿、有着灵活的钩状爪子的沼泽怪物、有着精细羽毛的猫头鹰、荧光史前鱼、一只标准结构的淡水螯虾、水母、一只向高大的罐子讲述故事的铝合金罐子（督促人们注意循环使用资源）。

泡沫毯通常情况下像地毯一样成卷销售，建材店里有各种厚度的泡沫毯出售。事实证明，3/8 英寸的泡沫有着最广泛的用途。

注：身着泡沫毯制作的服装的人，装扮成“会说话的树”，在劳动节、地球日或传统节日进行教育展示。

不需要任何内部支撑物，泡沫毯足以保持它塑造的形状。然而，却可以使用剪刀进行剪切，如剪下边缘部分；或者在两个泡沫表层涂抹黏合剂，只需一分钟时间，即可将二者粘连。不管是边缘或者是表面都能达到永久性的粘连。泡沫毯可以在无需进行防护处理的情况下，在其表面刷上珐琅漆、橡胶或者水彩。

泡沫毯制作的道具分量很轻，可随意弯曲，因此穿在身上十分舒适。用完后能够将它们折叠起来储存，因此可以多次使用。

这些制作道具和服装的创意与方法来源于各式各样的资源，包括杂志封面，传统的缝纫方式，以及彼得森野外向导手册。

“空中之路”博物学家已经改进了有关泡沫毯道具制作的模式并制作了详细解释做法的录像。此外，在明尼苏达动物园有一家教授实际制作经验的工厂。如果你想获得更多信息，请打电话或者写信到：Elizabeth Heidorn，Education Department，Minnesota Zoo,13000 Zoo Blvd., Apple Valley, MN55124，电话（612）431-9222。

蒙特里湾水族馆

本部分的照片和文字由帕特·罗拓维斯基提供，拍摄于 1991 年蒙特里湾水族馆

蒙特里湾水族馆使用 300 加仑的真正流动的海水，模拟海底世界的生存环境系统。水族馆内除潮间带生物例如海星、海葵以及螃蟹之外，还有其他水生生物。工作人员采用服装、道具

注：这是一个布满吸盘的海星，正用其可扩张的胃，在珊瑚礁鲨鱼展览中，与访客一起探讨它的捕食行为。

注："空中之路"博物学家凭借一头用泡沫毯制作的雄性驼鹿，讲述如何管理动物以使它们适应生活的知识。

以及戏剧化的技巧和方法解说海洋的生存环境。

面对充满想象力的幼儿园小朋友和小学生，应采用道具和儿童剧来教导他们，让他们了解动物的生活习性。装饰着贝壳的园艺手套，画上腿成为一个螃蟹道具；短袜子钉上紫色的吸管整体像个海胆道具；覆盖着毛毯的泡沫变成一个海星道具，将它反转时观众就能看见海星的嘴和绢布制作的可伸缩的胃。

针对学校集体活动的讲解持续时间为 30 ～ 45 分钟，而针对一般公众的解说活动仅为 15 ～ 20 分钟。身着海洋生物服装的工作人员会邀请听众参与其中，许多动物人物会突然出现，引起旁边自由参观的行人的关注。

服装和道具能够简单有效地融入任何解说活动。泡沫毯材料并不昂贵，并且制作动物形状的服装技术也非常简单。

注：在"海岸的朋友"主题展馆，水族馆的工作人员弗瑞迪向学生们介绍潮间带生物。

注：在一次学校集体活动中，海徳塔特教授在两名分别身着珊瑚礁蟹以及沙蟹形状服装的学生热切协助下，认真解说每一种螃蟹的生活方式。

注：在“深海的故事”的解说中，工作人员扮演深海的生物——发光灯笼鱼和深海琵琶鱼，表演它们苏醒过来时的情形。

注：小朋友扮演成乌贼，在公演的小剧目“天空中的乌贼”中击败鲨鱼维达。

注：水族馆的一名工作人员身着鲸鱼的服装为台下的小朋友讲解有关动物迁移、哺乳动物和鱼类的区别、鲸鱼的历史等知识。鲸鱼服装制作得惟妙惟肖，有着鲸须、鲸鱼身上的虱子、呼吸孔，除了不能喷水柱之外，几乎可以以假乱真。

木偶表演的十个步骤

（改编自美国明尼苏达州动物园“空中之路”的工作计划）

- 明确解说的主题或概念。
- 明确展示创意的最佳情形（特殊事件，学校课堂的情况介绍，介绍现有的生物等）。
- 确定观众。怎样才能使他们和木偶表演有联系？什么才能使他们感兴趣？
- 描写一句话的主题或者是目标陈述，同时明确地阐释这个计划。
- 根据游客反应，确定目标。

  ——观众将从中学到什么？

  ——他们的感受会如何？

  ——你期待观众会有什么样的反应？
- 为木偶表演选择一个合适的场地，考虑这一场地对表演的影响。
- 列出所需的道具、时间表和任务。
- 开发脚本，制作或选择木偶。
- 对表演进行排练，对演出时间和脚本的内容进行微调。
- 评估“现场”表演，并调整以为日后表演做好准备。

尝试制作一些简易木偶

注：“大白鲨”是由包装仪器的泡沫和布制成的鲨鱼。

注：为了突出面部特征，“罗恩游侠”的头部是用胶合泡沫的混凝纸浆制成的。

注：三双袜子和围巾做的木偶讲述了一个蝴蝶的故事。将围巾系成蝴蝶的形状并把它套在你的拳头上，再放上茧（棕色）、毛毛虫（绿色）和卵（白色）。

道格•穆尔提供

使用布袋木偶的小贴士

圣克罗伊国家河道风景区提供

- 木偶在说话时要同步开合木偶的嘴。
- 当开始说话时打开木偶的嘴，千万不要忘记这个环节。每一个音节都要打开和关上木偶的嘴。表演之前对着镜子训练。
- 移动木偶下颌。不要眨眼，头部应该与下颌的移动保持水平。
- 始终处在角色中。不要破坏木偶是有生命的形象。
- 木偶应保持与观众的眼神接触。木偶的眼神应环视全场听众，偶尔停留在某个听众身上。
- 试图让木偶操控整场活动，不要使这个活动成为一个你手上攥着木偶的演讲。
- 赋予每一个木偶角色不同的个性和声音。木偶的声音和表演与你本人越不像，整体而言，你的表演越成功。
- 整场活动是简短而有生气的。“让听众有意犹未尽之感”，不要试图开展较长时间的活动。有一个完美的结局才是成功的表演。5 ～ 10 分钟的舞台表演通常来说就足以展示一个人物了。
- 讲话时看着你的木偶。当听众满怀期待时，你必须相信你手上的木偶是一个真实的人物，这时才能吸引当下观众的注意力。
- 发掘一个有趣的故事。

运用活的动物

采用活的动物进行解说，将是另一种令人难以忘怀的有效的方法。动物是有活力和难以预测的。人们喜欢近距离地观察它们，因为离得太远无法看清。活的动物是加深理解的催化剂，因为当你感受着动物的同时，它给你提供了了解它的机会。

特殊类型的动物相比一般动物而言更能应付一群游客观看时的场面。制订解说计划之前要先想好选择哪种动物进行解说。举例而言，通常说来横斑猫头鹰比大角猫头鹰更容易驯服；狐蛇比水蛇易于操控。动物保护机构、动物再适应机构以及动物园工作人员通过长期的研究和探索，总结了有关动物的习性和相关知识，能够给你提供可借鉴的操作性内容。同时，通过查阅一些专业书籍以及各类资源，你也将更为准确地照料圈养动物。

熟悉有关的法律法规。除非你从宠物商店购买一个动物，否则即使只是短暂的时间获得动物之前，通常需要获得拥有本地物种的许可。确保拥有适合的场所和营养丰富的食品，努力做到保持动物身体处于良好的

佛罗里达州大沼泽地国家公园　　迈克尔•格罗斯提供

注：南部佛罗里达公园的“活蛇”主题展示区。虽然蛇是一种较为普通的物种，但是游客对其生活的习性并不一定了解。通过解说可以进一步获悉形形色色的毒蛇和没有毒性的蛇的区别，它们在哪里被发现的，以及它们吃什么。最为重要的是，传递给游客一种信息，蛇并不是可怕的和令人憎恶的动物。

肯塔基州猛犸洞国家公园　　沃伦•比伦贝格提供

注：“猛禽”项目，带领游客近距离观察一些平时很少见的鸟类，这些鸟常常是令人产生误解的鸟类。了解它们的捕食行为有利于对其产生敬畏之情。

健康状态也是当务之急。应将它看做自然中心的客人，好生照看，这也意味着一个长期的承诺。虽然一只活生生的动物毫无疑问能成为最有价值的教育工具之一，但是动物存在的基本价值是它存在于自然界的一种角色。

设计运用动物的方案

一条7英尺长的牛蛇，或者一只充满力量的如同秃鹰那样的猛禽，将会是解说活动最强的兴奋剂。通常情况下，一旦活生生的动物出现在观众面前，它即刻会成为关注的焦点，引发观众的许多疑问。此时此刻，毋庸置疑，你将由于手持活动物而成功吸引观众的视线。

首先，你应提出一些与这只动物相关的问题，激发观众的好奇心。为了保持现场的一种沉着、平静的气氛，可以寻求全体团队的协助。柔和的声音，同时配以柔和的灯光，有利于动物感觉安全。

如果你试图在解说期间展示动物，确保在解说活动之前在有过类似表演经验的工作人员面前进行操作，以期获得正确的指导。带上特定的装备，比如一只蛇皮口袋、一副防止抓伤的厚手套，以及大小合适的手提式笼子等。你一边解说一边展示动物，通过这样的解说方式，游客能够从你的讲述中掌握一些关于动物的知识。

展示活的动物的小贴士

- 在动物来到表演现场之前，营造气氛，使观众产生期盼之情。同时应当尊重动物。
- 永远不要伤害动物的安全与健康。观众接触动物的机会应该是有限度的。解说员应该控制好现场，如果动物表现出紧张情绪，应立刻停止。
- 必须强调，野生动物并非一般意义上的宠物，它们需要特殊照顾。向游客解释将它们从野外移入公园进行展示的原因。
- 保护人们，防止其被动物伤害。
- 准备好突发事件的应对措施。
- 准备好讲述的内容，包括解说的主题、开场白、连接词、主要内容以及何时结尾，使讲解的内容有头有尾，完整清晰。
- 避免拟人化动物（例如使用宠物的名字），这将会使游客产生误解，忽视野生动物的本身角色。
- 展示和解释自然动物的习性。
- 虽然动物的有关生物学的事实很重要，但是更为重要的是要将动物的角色与整个生态系统关联起来。

解说“普通的”动物

爱荷华州沃伦县保护区　　　　凯瑟琳·雷尼尔提供

注：如果从没有与牧场动物和池塘生物相处的经历，这样接触活的动物的方式往往令观众觉得欣喜。这样的解说活动能够抓住人们的兴趣点，传授其生态知识，以及有关其食物来源的深刻见解。

即便是很普通的动物也是完美的。例如，长脚蜘蛛利用靠近前腿底部的散发恶臭的腺体保护自己，它们甚至能做俯卧撑。

为什么不展开一些“令人毛骨悚然”的活动呢？围绕小动物的主题，比如虱子、蚊子以及各种各样的容易得到的甲虫；围绕湿地主题，如淡水螯虾，青蛙等。

动物园的表演

本部分照片拍摄于加利福尼亚圣地亚哥野生动物园，由迈克尔·格罗斯提供

由于有很多可供游客游览和嬉戏的内容，动物园表演必须简短，节奏快，且有一定的娱乐性。

动物园解说项目绝不能展示夸张的拟人化的动物。而是应该表现动物的自然习性。增加叙述性的故事有助于帮助游客理解和尊重动物。

注：展示鸟的过程中，驯兽员诱导金雕展开翅膀。解说员解释这种行为现象，然后介绍鸟类发生的各种奇怪现象。

注：表演结束，紧随其后的是邀请游客参与“聊聊鹰”活动，可近距离地观看鸟类，并且获得提问的机会。

注：介绍北美普通的哺乳动物的特征。喂给浣熊的食物必须在池塘里洗过，解说员在解释这种行为现象的原因。

注：展示山猫身上的捕食“工具”。

季节性动物项目

了解你所在地区动物的季节性迁徙，可以为你提供撰写方案的思路。帝王蝶和美国小丘鹬是两种很常见的动物，因此很容易观察。你知道合唱蛙和春雨蛙什么时候在它们繁殖的池塘里鸣叫吗？

鸟类春季或秋季的迁徙计划可以提供给游客近距离观察它们的机会。如果你没有获得为鸟做标记的资格，可以在当地找一个有资格的人去执行。你可以制订一个讲授有关鸟类知识、鸟类生态学以及鸟类保护的计划。

注：在鸟腿上套标记环的正确操作。

阿拉斯加楚加奇国家森林提供

注：演示正确测量鸟类体重的方法，同时解释称重的目的。

注：在这只鸟被放生之前给予小朋友一次抚摸它的机会。对于这位年轻游客来讲，这将成为她人生中一次难忘的经历。

6
路径解说的技巧

旅游的本质是优雅的旅行，而不仅仅是为了到达目的地。

——伊诺斯·米尔斯

佛罗里达州大沼泽地国家公园　　迈克尔·格罗斯提供

上午 9：00，1 月份的温暖阳光，蒸发了清晨的甘露。解说员来到预定出发地点，观察着敞篷车内 75 位满怀期盼、游兴正浓的游客。鲨鱼谷缆车即将开始它当天开往佛罗里达州大沼泽地国家公园中心地带的第一次旅行。

“欢迎来到鲨鱼谷，你对我们的游船之旅准备好了吗？哦，你们之前不知道我们的旅行是在河面上。”

“嗯，这不同于你们见过的任何河流，世界上没有一个地方和这里一样。今天，我想与大家分享它如此特别的原因。”

讲解员离开自己的座位，走到一个大家都可以看到的覆盖着地毯的斜坡台面。

他拿起一桶水说道：“我把这桶水倒在台面上会发生什么？对！水会蔓延出去，然后慢慢地向南流。”

展示之后，他从背包里取出一张沼泽地的大地图。地图上可以看出鲨鱼河源头位于距此 60 英里的北部，流经此处，与奥基乔比湖河床交汇。

佛罗里达州大沼泽地国家公园　迈克尔•格罗斯提供

河水如同一幅50英里宽的床单蔓延开来。由于河床坡度和缓，因此河水需要耗费1年的时间，流经100英里，方能流入墨西哥湾。

“我知道大家来到这里是为了看到野生动物。让我们开始我们的水上之旅吧，看看今天早上能在河面上发现什么。”

在12英里环状的路面上，有轨电车缓缓地开动，大沼泽地之旅正式拉开了帷幕。游客们用双筒望远镜扫视公园美丽的风景，用照相机捕捉着车辆前方逐渐盘旋上升的苍鹭和朱鹭。解说员被游客的热情感染，也参与其中大声地介绍每一幅新的风景。

大约行驶了1英里，有轨电车停了下来。解说员跳下车然后迅速地跳入河中。“谁愿意跟我过来？我很愿意向你们介绍大沼泽地最重要的‘公民’。”他俯下身子然后从水中托起躺在石灰岩基层上暗淡的绿色物质。“请你们跟着我做，每个人慢慢蹲下，抓起一小撮。别看它们不起眼，但是如果没有它们，今天早上你们将无法看到苍鹭和朱鹭。这种物质称作水生固着生物，聚集了大多数的水藻，它是形成沼泽地的基础。”

解说员拿起背包，从中取出一些有关公园的宣传插图，“我需要一些志愿者，帮我将图片分发给大家。大家可以看看，图片上的每一种动物构成了沼泽地的生态系统。现在我们开始介绍进入沼泽地的食物链。食物链从这里开始（指向咧嘴笑着的志愿者手中的图片），它是我们刚刚看到的水生固着生物。什么吃水生固着生物？（蚊子、福寿螺）。什么又以福寿螺为食？（鸢）。什么以蚊子为食？（青蛙）。什么以青蛙和鱼为食？（更大的鱼、短吻鳄、鹭类）。这就是为什么我会说水生固着生物是沼泽地的基础。从食物链就能看出，它是整个循环的开始。”

有轨电车很快抵达在路面一侧的大水池。一条10英尺长的短吻鳄躺在水池的后半部。“谁愿意与这只鳄鱼搏斗？”一位年轻人笑着举起手。“首先，让我告诉你，鳄鱼将会对你做什么。”解说员抓住志愿者的脚，“鳄鱼会抓住你的腿，然后带着你转圈（伪装旋转的动作）之后将你拖进水中直到你淹死。接着，待你腐烂数天之后，它会回来把你一片片吃掉。你现在仍然愿意与他搏斗吗？”刚才自告奋勇的年轻人惊呼：“不愿意！”

“如果没有鳄鱼，大沼泽地的野生生物在干燥的季节存活下来会十分困难。鳄鱼推动池塘底部的泥土，钻出一个空洞。当整个冬天没有降雨时，仅仅依靠洞中之水，就能够使鱼、乌龟和青蛙活下来。你们有没有发现，有鱼类生存的地方，也一定能找到水獭和鹭。现在，鳄鱼将要开始收取服务费了，任何靠近鳄鱼洞的人或动物都有可能成为它的午餐。”

佛罗里达州大沼泽地国家公园　　迈克尔·格罗斯提供

注：当游客走入布满“水草”的河水中，邀请游客“挤出”水生固着生物。

环形路面的最远处有一处很高的塔台，站在上面可以远眺大沼泽的全景。30分钟的停留时间允许游客站在“绿草之河”上方向外观看，充分享受大沼泽的美景。同时，解说员为游客创造了一个喂养白尾鹿的机会。解说员鼓励团队中的每个人都时刻注意沼泽地上可能出现的野生动物。满怀期盼之情，想着随时可能出现的野生动物，游客们好奇地观察着周围发生的一切。

30分钟之后，游客返回路面，有轨电车继续行驶，不多久进入一个树木丛生的小岛。“听过流行音乐吗？欢迎来到南佛罗里达的山区。事实上，我们目前所处的位置仅海拔4英尺，但是小小的升高足以改变沼泽地内植物和动物的生存环境，俨然一个新的‘社区’。这个小岛被称为‘吊床’，意为‘花园之地’。这里是真正意义上的花园，充满棕榈树和桃花心木树，蕨类和兰花，树蜗牛以及蛇，甚至还有美洲豹。”

“当你们身处塔楼时，有没有发现这个小岛是泪珠形状的？为什么是这种形状？”（流水经过数个世纪才将小岛塑造成这个形状。）

有轨电车轰隆隆地经过，一群沼泽鸟类被惊起，最终回到原点。“在你们离开之前，有一个有关于国家公园服务中心的故事希望你们能够知道。大沼泽地国家公园是国家公园系统中受到威胁最大的公园之一。”

“流水不再清澈，也无法顺畅地从奥基乔比湖流动。虽然我们今天看到许多野生动物，但是与曾经这里的野生动物数量相比不可同日而语。除非人们都能关心爱护这个地方，否则我们将失去现在的这片土地。”

“希望你们能够支持佛罗里达南部的发展不受限制，帮助疏通奥基乔比湖上游的科斯密河，不使水流入迈阿密河大西洋海岸。没有你们的帮助，未来河草将不复存在。”

大沼泽有轨电车之旅展示了可以在沿途解说中加以运用的多种技能。

解说景点

这里有一个关于“绿草之河”的完整故事：奥基乔比湖的片流的独特性。食物链中所有的生物都是重要的。野生动物在干燥的季节能够适应。社区环境的变化是由难以捉摸的因素而引发的。最为重要的是，游客经历这些美丽和壮观的景点，没有任何人会忘记这里旦上温暖的阳光，见到大量野生动物的兴奋，以及未开发的美丽风景。

在所有游览路径解说中，解说员应该讲述有关这个景点的故事，这里有什么与众不同？解说员应非常熟悉它的特征，了解生活在这里的植物和动物，熟知不同物种的季节循环，了解这个景点的文化历史。

使游客沉浸其中

游客越能沉浸其中，越会对这次游览的经历难以忘怀。大沼泽地国家公园解说员采用许多方法使游客融入。他通过形象化的解说准确地表达抽象的概念。他提出问题，使游客亲身参与，融入其中。例如，让游客挤出水生固着生物，幽默和形象化地展示短吻鳄如何对待猎物。丰富的类比展示出佛罗里达州山地的地貌特征。

成为主人

记住你的主人翁责任：

比游客提前 15 分钟到。活动开始之前与游客会合，提供有关解说景点的背景资料，能够激发游客的游览兴趣，使游客做到心中有数，为稍后进行的游览活动做好充足的准备和铺垫。

热烈地欢迎你的观众。进行自我介绍，介绍沼泽游览的主题，以及此次旅行的范围和时间，使游客产生期待（注意：沼泽解说员所做的介绍性工作也包含在整个参观活动中）。

如果有迟到的游客，应稍作停顿，重复一下活动开场前的一些重点内容。接下来，你可以准时开始，但不论是在游览沿途还是在出发时，都应当允许团队游客有机会互相交流一下个人的经历。如果你无法制定一个环形的游览路线，切记提醒游客这条行走路线是需原路返回的。

游览节奏也是考虑的关键。考虑整个团队走路的节奏，评估游客的身体素质。根据行走最慢的人的速度来确定游览的节奏。

时刻让游客感到舒适。选择合适的角度，让刺眼的阳光射进你的眼中，让风吹在你的脸上，而不是游客。

波兰塔特拉山国家公园　　迈克尔·格罗斯提供

注：自然景区的向导服务历来是欧洲一项具有悠久历史的传统解说项目。解说员站在一块岩石上，将其当做解说的舞台，为游客讲述有关塔特拉山的故事。

设计有吸引力的停顿

当游览线路中出现解说的目标物，解说员应稍加停顿。通常情况下，停顿应有清晰明朗的目的性。游客乘坐有轨电车在大沼泽地国家公园游览途中，注意解说员安排的每一次停顿都在告诉人们这次展示的主要概念是什么，采用的解说方式和技巧是否能够有效地揭示主题。

沿途解说的完整过程好似一串珍珠项链，每一颗珍珠代表卓有见解的景点精华所在，通过统一的主题线索把观点串联起来，好似一根细绳串着每一颗珍珠，连成一串项链。你必须小心翼翼地准备每一个故事，然而，对于游客而言，感受到的是在整个旅途经历的所见所闻。

大多数停顿应该是简短的。典型的解说型游览大约持续 1 小时，整个游览进程应有大约 5 次的停顿。观赏风景或者观察野生动物可能需要停留相对较长的时间；自由活动和分享有趣的事物也应停顿一些时间。对于团队感兴趣的东西，解说员反应要十分敏锐。同时注意团队中对解说内容最不感兴趣的人和最饶有兴趣的人。在游客的兴趣消退之前应继续开始游览。

灵活机动

沿途解说是颇有挑战性的，因为常常有预料不到的事情发生。如果你原先的计划是在鳄鱼潭前停留，而一只水獭突然出现，这时你应改变初衷，将观看水獭纳入解说活动。面对游客的疑问和惊喜，充分利用这次可以使游客了解水獭的机会，自然而然地将此项目引入解说活动的主题。

并非所有始料未及的自然现象都是受欢迎的。游览过程中可能会变天，本来晴朗的天气一下子变得阴云密布。相信出现这样的情况，游客一定会相当扫兴。因此，在向游人推荐活动时一定要在宣传展板上说明此次活动“视天气情况而定。”“晴天”是活动顺利进行的关键。通过这样的方式使游客心理上有所准备。

掌控大型团队

有些特别的活动项目能够吸引大型团队的参与，这种大型团队人数可能达到 30 人甚至更多。维持大型团队游客的兴趣是一项需要不断练习的解说技巧。

显而易见，你应当成为团队中目标醒目的领队。团队的整体应类似于正在接受指令的加拿大鹅，编队飞行，而非城市公园随意成群结队的鸽子。大型团队需要十分自信的领队。

活动开始之前，导游提前在指定出发点等候，欢迎每位游客的到来。解说时，讲话声音要足够大，确保每个人都能够听到你的声音，看到你和解说对象。选择一个天然的舞台，站在上面，能够起到极佳的效果。一个解说员正在引导一个团队沿着小溪行走。两岸很狭窄，仅有很少的空间容纳团队。解说员走进溪流，确保游客都能清晰地看见和听见。在景点寻找“自

威斯康星州阿波斯尔群岛国家湖滨区　　迈克尔·格罗斯提供

注：“北部森林的生命”是这次解说型沿途游览的主题。解说员让游客停留在游径中合适的位置，以便能够看清感兴趣的目标。

然舞台”，解说时离开小路可以让游客看得更清楚，站在岩石上或者斜坡上讲话有同样的效果。

另一个带领大型团队的技巧是带领一半的游客先经过要解说的目标。当你们原路返回时，游客必然围成一圈观看刚才错过的目标物。

通常情况下，沿途解说包括事先计划和即兴发挥两部分。导游如果事先对解说中的景点有充分的了解和认识，并拥有极大的热情，一定能营造一个非常愉快的旅程。

完整性

沿途解说在主题上和地理上都应形成一个循环。通常，每一次解说型沿途游览的开始和结束应在同一点上。

沿途游览的过程，好比讲述一段话，应有开头、中间和结尾。开头和结尾应该相互呼应，使听众感觉整体完整性。停顿应呼应在开头就已建立的主题思想。

新墨西哥州台地国家公园　迈克尔·格罗斯提供

注：带领游客参观阿那萨齐族遗址，探索神秘文化遗留的线索。

噱头袋和小物件

阿拉斯加楚加奇国家森林

唐娜·齐默尔曼提供

注：“噱头袋”上面有许多口袋。手杖是沿途讲解有用的工具。

准备一些小物件，能使解说员的解说内容和主题更易理解。小物件将会引起游客的关注。

在鲨鱼峡谷游览时，解说员在有轨电车上使用了许多的小道具。当一桶水倒入倾斜的覆盖着地毯的台面，片流原理变得易于理解。地图有助于游客了解有关于大沼泽地国家公园的整体布局。双筒望远镜能帮助游客看到鲨鱼峡谷。

考虑采用道具的其他作用：一个简单的手杖能够变成教鞭，引起游客的注意。利用镜子反射原理，将阳光反射到需要游客观察的地方，也会引起关注。

博物学家乔希·巴尔金常常将小物件放在金矿盘内，成为他讲解使用的小舞台，同时放置一些小的目标物和微型演员。在一些场合，他使用动物饼干用于谈论快要绝种的物种。

噱头袋装满解说员讲解使用的道具，充分展开想象力去制作道具，可从当地的五金店、杂货店或者跳蚤市场获得灵感。解说员迈克·福里德（Mike Freed）和大卫·谢弗（David Shafer）拥有 140 个沿途解说使用的道具。

点易洛魁灯塔之旅中的游客参与

设计解说型游览的过程与其他解说活动项目颇为类似（见18页，讲述的关于设计点易洛魁灯塔之旅的步骤）。

道具、老照片、画像、身体接触以及提问式的语言参与都包含在参观点易洛魁的游览活动中。积极参与是提高旅行有效性的关键。

密歇根州海华沙国家森林公园点易洛魁灯塔　　迈克尔•格罗斯提供

注：船运通道中的自动灯光照亮废弃的灯塔遗址。导游邀请游客观看照片和阅读杂志。

注：邀请志愿者站在一座小建筑物的遗址上。请他思考：这里曾经是什么？游客随后了解到这里是储存照明燃料的库棚。因为闪电常常袭击灯塔，这里随时都有发生火灾的危险。

注：游客在阅读生动的航海日志。例如上面记录了在苏必利尔湖风暴发生的沉船事件中的海员救援行动。

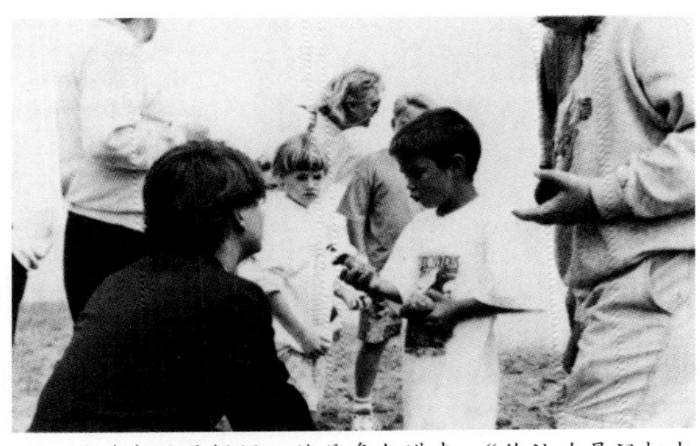

注：通过向孩子提问，使其参与进来："你认为是谁把木材劈开并堆放在这里的？""你愿意和学校老师住在一间房子里吗？"

沿途演讲的主题

不同景点的主题都应具有代表性。它们应该留给游客一种印象，让游客感觉到他们此次参观的地方是不同凡响的。避免游客觉得是在“自然公园里游览”。你的解说题目应当反映解说内容的主题以及预示着这次旅行将会是一次冒险经历。举例而言，“踩踏沼泽”活动承诺游客将会融入其中，同时了解与众不同的沼泽生态系统。

佛罗里达州大柏树国家自然保护区　迈克尔·格罗斯提供

注：“踩踏沼泽”预示着游客将融入其中，了解到有关落羽松沼泽的知识。

为了避免出现游客打哈欠，对此处参观内容缺乏兴趣，解说员应当寻找新鲜的主题，提出与众不同的观点。有时，你解说的目的地本身就能够成为一个令人心潮澎湃的主题：一片瀑布，一座山顶，一棵古老的大树。其他时刻，期待看见最令人兴奋的野生动物也将是整场旅途的高潮。徒步旅行至大角羊的牧草地，观看鲸鱼或是柳树中的驼鹿也都可以成为漫步中的主题。

照片由彩岩国家湖滨区提供

注：步行游览彩岩国家湖滨区的解说内容包含三个主题：脆弱和多变的沙丘是“高大沙丘中的植物社区”的主题（右上）；“沉船和灯塔”的主题是飓风和人类的活动（左）；“海滩沼泽”的主题是比较两块沼泽地的不同（左上）。

注：（右图）一个旅行团进入哈利 • S • 杜鲁门（美国总统）家的后门廊。没有建筑细节和房间家具的地方。人物构成一个真实的故事。走过历史人物的旧居可以将人物与他们历史联系起来。

（上图）步行经过杜鲁门家通往其社区的街道。

照片由密苏里州哈利 •S• 杜鲁门国家历史遗迹提供

注：途经埃菲吉墩时，激发游客的想象力。小熊的肖像是说明该地与古老印第安人有关联的确凿证据。

注：在着火点，想象土墩文化曾经在密西西比河流峡谷地区繁荣的场景。

照片由埃菲吉墩国家保护地提供

注：海狸在 voyageurs 国家公园具有重要的历史和生态学意义。有关海狸适应其环境的故事可以通过介绍其头颅引出。

明尼苏达州 voyageurs 国家公园　　沃伦·比伦贝格提供

印第安纳沙丘国家湖岸彻尔伯格农场　　沃伦·比伦贝格提供

注：一名解说员，身着农民的服装，与来自都市的游客分享他的生活。例如“来自农场，而非超市的食物”的主题，提供给游客可以将其作为礼物“带回家”的十分实用的信息。

密苏里州杰佛逊国家扩张纪念馆提供

注：博物馆参观应该从展示品中选择解说的主题。允许游客与文物仿制品亲密接触，并且回答游客的提问。

路径解说清单

- 提前到达。你应当至少提前 15 分钟抵达指定出发地点。第一次来此参观的游客需要确认这个地方正是出发的地点。
- 认识你的团队成员。行走中，非正式的谈话是联系你与听众之间的桥梁。
- 按时出发。你应当给予那些按时到达的游客以回报。
- 给游客设置期待。距离多远，他们将看见什么，以及游览的时间。
- 在还能看清始发点的位置时，安排队伍进行第一次停顿，让迟到的游客能够跟上团队。
- 成为领队。让游客感觉与你在一起比自己在小路上独自前行更加激动人心。
- 使游客舒适。尽量避免他们遭受风吹日晒。
- 经过要介绍的目标，然后返回到队伍中间去，确保所有人能看到你。这是大型团队有节奏游览的关键。
- 利用好讲授知识的时机。如果团队看到鱼鹰捕鱼的画面，及时停止讨论池塘荷花，开始聚焦于眼前这幕自然动物的举动。
- 大声讲话但是注意声调的变化。你的声音在露天环境下很难传远。
- 按时折返。无论何种情况，带游客回到出发点（地理上的和主题上的）。
- 带上噱头袋以及所有的装备，你可能需要借助它们“看清楚事物”。还有助于让潜在的“制造麻烦”的游客，忙于协助你展示物件，从而没有机会捣乱了。
- 让团队参与其中。

  ——行动比语言更有意义。

  ——融入感情。让游客闻闻马利筋的花香，不要总是在讲话。

  ——尽可能多地提问和讨论。
- 游览结束前，不要允许游客一个个单独离开。做好总结使行走紧扣主题，然后结束。
- 确保你们的活动不会破坏自然和人文资源。

7
自发性解说

每个人身上都有值得学习的地方。

——沃伦·韦尔斯（Warren Wells）

百极奇游客中心，位于阿拉斯加州楚加奇国家森林的波蒂奇冰河　　唐娜·齐默尔曼提供

解说的机会可能随时出现。自发性解说是与游客对话过程中一种自然延伸。它可能在信息站发生，也有可能在解说场地发生。

信息站

游客信息中心责任清单

- 表现专业
- 友好
- 反应迅速
- 关注游客
- 预料可能的问题并且准备好答案
- 解释规则
- 提醒游客“不能错过”的故事和特色

事实上公园信息站就是“服务站”。设想一下，你驾驶着私家车，行驶于州际公路，四处寻找服务站。你希望得到方向标，适当的休息，最为重要的是加油。当你看见一个没有注册商标的服务站，一名漫不经心的雇员，脚跷在收银台上，沾满汽油的手指翻看着杂志。脏兮兮的卫生间门上挂着“为了自己的安全，请锁门”的牌子。

你走近衣着凌乱的收银员，礼貌地问：“请问哪条高速公路是通往印第安诺拉的？”他头也不抬，点点墙上俨然已经褪色的地图。你拔腿离开，暗中发誓再也不来这了。

你的信息站和前文描述的情形相似吗？

请将“欢迎光临，随时为您效劳”指示牌挂在门口。信息站展示的招牌应该是清晰可见的。信息站内采光良好，使人感觉安全，易于接近。卫生间很干净，地图和手册摆在显眼的位置，随手可取。站内的背景音乐，让人听后，疲劳顿失。身穿制服的解说员时刻准备着回答游客的问题。

信息站的责任是给游客提供超出他们预期的帮助和服务。提供游客丰富的知识，丰富他们对这里的体验。你和游客在一起相处的时光，将会成为他们旅途快乐的回忆。你应当看起来是专业、友善和亲近的。你的衣着和修饰应该体现你所在工作机构的形象，而非你个人的时尚品位，要干净、朴素以及进行适当的修饰。

友好而又迅速地回答走进信息站的游客的提问。微笑，保持与游客的眼神接触，同时展现出令人感觉温暖的身体语言。避免与其他雇员的个人交谈，你的注意力要随时放在客人身上。

落基山国家公园小道岭游客中心　　迈克尔·格罗斯提供

注：国家公园服务中心的志愿者帮助游客制订在偏远地区徒步旅行的计划。

密歇根州缪尼辛森林服务游客中心国家公园服务站
彩岩国家湖滨区提供

注：游客在咨询关于苏必利尔湖地区的信息。

对于客人可能提出的有关这个地方的问题，要事先做好充足准备。但在回答时应力求简洁明了。

什么是这个地方"不能错过"的特色？人们曾经在哪里看见过北美洲灰熊？何时是拍摄大峡谷最佳的时刻？篝火晚会什么时候开始？在这里的四个小时我可以做什么？你无法预料所有的问题，但是你的经验告诉你哪些是你必须要知道的。

研究结果证明指示牌和出版物的沟通效果不好。最有效的方法是人与人直接接触，当面解释清楚，并且给予他们充分的理由。在丹奈利国家公园，禁止游客出于好玩而给地面上正在等候施舍的松鼠喂食。当解释啮齿类动物袭击灰熊的原因时，应使游客理解，而不是感到愤怒。理解比不满意的结果要好。

景点移动式解说

自然现象是变化多样的。很少有解说项目能够完整地解释变化无穷的环境现象。一名解说员通过仔细巡视一个景点，能提醒游客注意有吸引力但转瞬即逝的景色。

你不仅应当知道哪里会发生这些奇特的自然现象，而且应当知道哪些位置是最佳观测地点，即准确地定位这些自然现象。

移动式解说需预先知道自然事件发生的地点和相关背景知识。寻找精彩的背景故事，讲述出来与游客分享。准备好解说的全部内容，随时可在恰当的时刻用上。

在佛罗里达州奥杜邦螺旋沼泽鸟兽禁猎区，解说员在木板铺成的小路上进行移动式解说。他们时而找到休息点休息，时而俯身互相交谈。在林鹳巢穴形成的自然聚集点，可提供鸟类行为习性以及成功孵化小鸟的信息。

阿拉斯加水上公路的船上　　唐娜·齐默尔曼提供

注：楚加奇国家森林的解说员在阿拉斯加水上公路进行解说。乘客在甲板上能够看到冰川融化进入大海，驼背鲸在船边上跳跃，海狮跨越式地翻过岩石。这是移动式解说作用最为完美场景。你的最佳场景在哪里？

美国农业部林业局提供

注：解说员使用扩声 PA 系统设备提醒游客注意威廉王子湾的风景。

唐娜·齐默尔曼提供

在木板路上行走的另一个停留点，观察秧鹤的观测镜吸引了好奇的游客。游客观察它们是如何仅仅以福寿螺为食，用弯曲的喙将其从壳中扯出，并剪断充满毒汁的腺体的。

佛罗里达州奥杜邦螺旋沼泽鸟兽禁猎区　　迈克尔·格罗斯提供

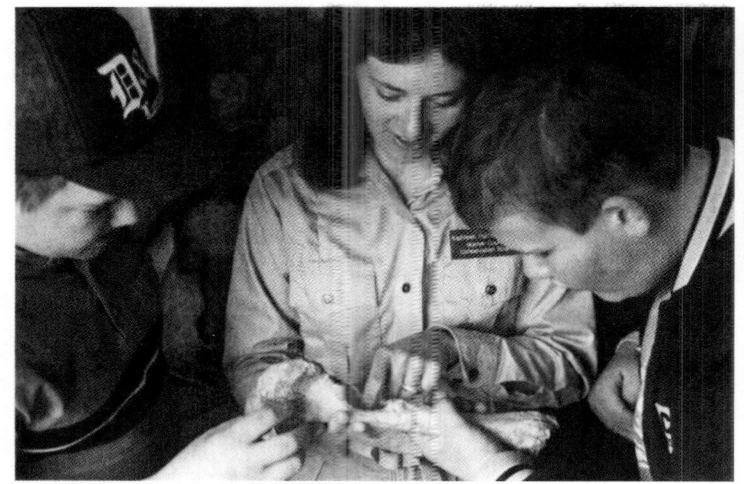

爱荷华州沃伦国家保护中心　　保罗·雷尼尔提供

注：通过一块被老鼠啃过的鹿腿骨告诉游客生态相互作用方面的知识。

保罗·雷尼尔提供

注：自然中心采用移动性解说的办法。游客手持观察对象，从博物学家那里了解知识。

一头猫头鹰的翅膀给游客上了一堂有关如何适应无声飞行的课。

注：解说员移动式解说有关于印第安纳阿那萨齐人的问题，他们居住在这些悬崖峭壁上已经超过5个世纪了。

墨西哥州弗德台地国家公园　　迈克尔·格罗斯提供

密苏里州哈利·S·杜鲁门国家历史遗迹

注：解说员在杜鲁门故居门口欢迎游客。历史故居和博物馆是进行移动式解说的理想场所，因为会给旅行增加人情味。

佐治亚州卡拉威花园　　迈克尔·格罗斯提供

注：装扮成历史人物的解说员欢迎游客来到先锋小木屋博物馆，她能随时回答游客感兴趣的问题。

沃伦·比伦贝格提供

注：游客在雷尼湖游船上得到特殊关照。

移动式解说的小贴士

- 了解这个地方。
- 了解当前正在发生的什么事情是游客感兴趣的。
- 了解你的游客，明白他们的需求。
- 讲话简明扼要。允许你的游客通过游览寻找他们个人的经历。
- 身着可以证明你身份的制服。
- 友好且平易近人。
- 充分利用（机会、活的动物、仿制文物）引起游客的注意和好奇心。
- 携带道具和工具（见附录“解说员的背包”）。

8
为儿童解说

要想学会飞翔，必须先学会站立、行走、跑步、攀登以及舞蹈。没有人能够直接飞翔。

——尼采《庄严的精神》

爱荷华州沃伦县保护区　　保罗•雷尼尔提供

儿童在游客中占到很大的比例。无论他们以何种组织形式来到这里，学校集体组织、青年组织或者是家庭组织的，儿童能够为解说活动注入热情和好奇心，这也是一个成功活动所必需的。

成人的生活是由童年时代认识的特殊的人、事以及经历塑造而成。一生的责任感和兴趣爱好很大程度上取决于童年时期的经历。为儿童解说能够为塑造他们的未来起到至关重要的作用。

解说员应了解儿童的发展

科学家蒂尔登的第五项原则是为儿童（至多为 12 岁）解说的基本原则。为儿童解说的内容绝不能比为成人解说的内容减少分毫，但应当采用不同的方式方法。

蒂尔登认为儿童的感知能力与成人不同。**了解不同年龄段的儿童有着不同的洞察力和才能是非常重要的。**

解说员需要理解儿童发展的理论，以保证给儿童提供适合的准确的解说内容。

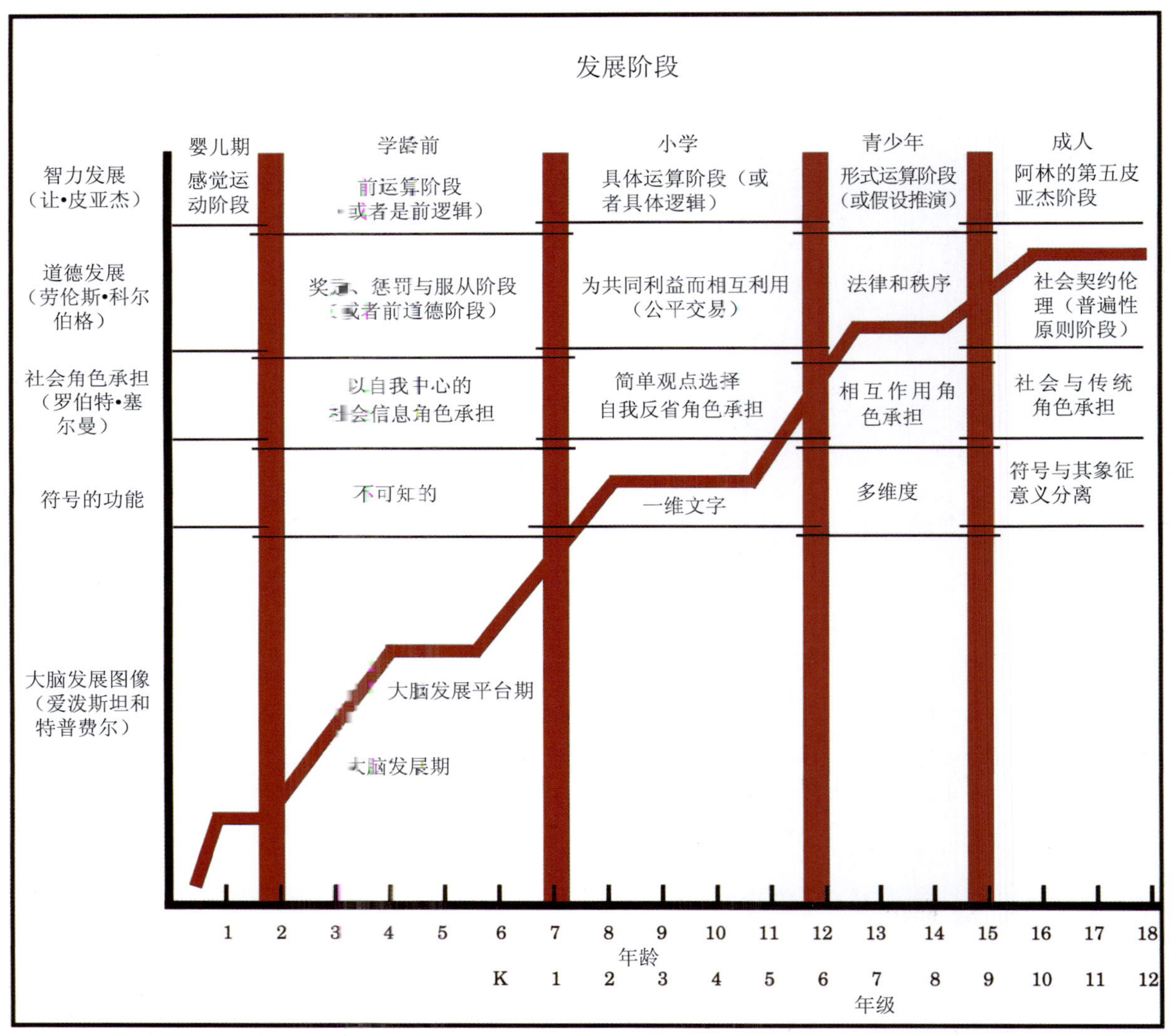

发展原理

60 多年前，让·皮亚杰观察并且记录了他的孩子们的智力发展。此后，在他的一生之中，他通过实验观察儿童扩充了相关理论。实验过程中，他向儿童提出一些简单问题，然后通过谈话，分析他们怎样解决这些问题。他的著名的儿童智力发展理论就是这些观察实验的结果。

最近几十年，不计其数的研究者证实和扩充了这些早期的理论。劳伦斯·科尔伯格考察了道德推论是如何演变的。罗伯特·塞尔曼关注于我们如何承担社会角色。发展心理学家与他们的研究伙伴提供给我们许多关于发展的原理。

- 儿童的发展（生理、认知、道德、社会）都是以一些显著变化为标志的，这些变化过程中也穿插着较为稳定的阶段。
- 儿童发展是按照一定次序的。比如，每一个儿童都将经历一系列不同的阶段，每一阶段都建立在前一阶段的基础之上。
- 从一个阶段移向另一个阶段是相当迅速，大多数儿童转变阶段几乎在相同的年龄。
- 从一个阶段移向另一个阶段是与大脑井喷式的生长发育相关联的。
- 由于各种各样的原因（经验的、生理的、社会的），某些儿童的发展处于较低阶段时就会停止。
- 教育（和解说）必须根据儿童发展的阶段进行设计。

为学龄前儿童解说

越来越多的解说员被要求为学龄前儿童提供解说活动。美国社会普遍存在的“三人核心家庭”的生活模式，使儿童缺少来自大家庭中特有的成长环境；许多父母工作狂式的作风，疏忽了儿童在成长过程中的教育；除此之外，离婚率升高，伴随而来的是越来越多的单亲家庭的出现。这些社会现象，都为许多机构设置针对儿童的教育活动项目提供了发展的契机。公园、自然中心、动物园，以及博物馆都为学龄前儿童提供了解说活动项目，这些活动将对于塑造儿童在最初年龄段的态度和价值观起到非常重要的作用。

学龄前儿童是可爱的，天真无邪的，对未知事物充满认知欲。为了理解这个发展阶段，不妨把这个阶段视为圣诞老人之年。圣诞老人，像一个快活的老顽童，由 8 只小驯鹿拉着从空中飞过，给世界各地小朋友送去礼物。孩子们 7 岁时会突然发现圣诞老人的故事是不合乎逻辑的。

哥哥姐姐比学龄前的弟弟和妹妹占优势。在糖果店，让孩子们在 5 美分和 10 美分硬币中选择一枚时，幼儿园的儿童会拿尺寸大的 5 美分，他们没有意识到价值与尺寸大小无关。

虽然学龄前儿童喜欢与其他儿童在一起，但是他们更倾向于独自玩耍。他们常常以自我为中心。所有的解说员曾经经历过这样的场面，在森林中，孩子举起手来，但并不表示他们有问题要提，而是毫无征兆地宣布：“我的叔叔有只宠物鸟。”

不超过 7 岁时，儿童看到世界的一切都是活的：太阳如同他们一样每天都会上床睡觉；木偶是真正的生命。

学龄前儿童的活动项目

学龄前儿童活动应当是梦幻而又感性的，活动项目以游戏和玩乐为主。如果组织儿童进行团队学习，则每次参与的人数必须有所限制，不能过多，否则解说员精力有限，无法照顾到每一个孩子。然而，如果无法做到小团队活动，表演木偶戏，讲故事，以及其他融入幻想情节的活动形式，同样能够吸引大型团队，使儿童长时间地对活动内容感兴趣。

有效的策略

- 玩游戏
- 木偶戏
- 唱歌
- 讲故事（讲述或者阅读）
- 感性的探索

爱荷华州沃伦县保护区

注：儿童通过捕捉和观察真实的昆虫，并且把某些昆虫形状的饰物戴在身上，以此探索昆虫世界。

凯瑟琳•雷尼尔提供

注：斯莫基熊是一个可爱的卡通人物，它带领儿童走上探索自然的道路。

讲故事的苏珊•吉尔克里斯特

注：学龄前儿童爱听故事。在幼儿园的课堂上，他们认真倾听苏珊·吉尔克里斯特讲故事。她是威斯康星自然资源部门的教育家。

爱荷华州杰斯帕县保护区　　迈克尔•格罗斯提供

注：使用彩纸，培养儿童对色彩的感知。儿童寻找自然界与他们手中颜色相同的物体。尝试用一盒 64 色的蜡笔做这样的游戏，这对孩子也是一种有趣的经历。

为小学生解说

小学生，尤其是那些五六年级的学生经常光顾自然中心、动物园和博物馆。因为他们仍然处于封闭的教室，所以把他们带出校园比带出高年级的更容易。小学的阶段是参与青年组织最多的阶段。

小学生已经有处理简单的逻辑问题的能力。然而，通过个人亲身经历来找到事物来龙去脉仍然占据主导，因此这一阶段称为“具体运算”阶段。

这一阶段的早期，他们对事物进行分类和排序的能力得到了发展。从理论上来说，这些儿童准备好使这个复杂的世界变得有序。时间的联系变得更加易于理解。过去的爬行动物恐龙，令他们着迷。理解性地区分动物、岩石、植物，或者人类，根据相似性和不同之处进行区分，也是他们最为感兴趣的方面。

这一阶段的晚期，儿童可以理解更加复杂的内容。一个人或者一头鹿可被视为相互作用的复杂环境中的成员。然而，理解各种各样的知识汇集形成的复杂事物仍然是困难的。例如，北坡石油争议导致的经济、生态以及社会问题完全超越了他们能够理解的范畴。简单来说，这个阶段的儿童无法操纵他们的意识中的复杂变量。

尽管如此，他们能够思考自己的行为，而且能够分辨是非黑白。简单的行为，比如循环利用，举例而言，如何做到“拯救地球”。虽然他们可能无法理解能源危机的全部复杂内容，但是他们会吵着让父母关灯，因为他们的老师告诉他们“这对于拯救地球非常重要”。掌握这一阶段的儿童的行为准则是非常重要的。

小学生活动项目

小学生活动可分为向大型团队表演或者提供个人体验。活动的关键部分是让他们融入其中，亲身参与，获取直观的经验。在大型团队活动中，解说员会为参与活动的团队成员准备一些问题，向他们提问，并请他们回答。身体上的参与接触，以及幽默的儿童剧的运用都是很重要的。

在马里兰州麦克亨利堡国家历史遗址，解说员通过“招募”儿童入伍让他们参与活动。他们必须用坚固的牙齿撕开步枪子弹的弹药纸。“招募”的儿童，在活动期间要穿上制服，学习如何使用各种各样的工具。

针对这个阶段的儿童，采用比喻的手段使他们理解复杂的过程是非常有用的。威斯康星中心环境站有一个活动被称为“树木公寓”，把树林比作公寓。“谁住在顶楼？炫耀的鹰和唐纳雀，就像它们开着‘红色奔驰’。我们能在地下室（落叶层以下）找到什么？哦，是管道！太

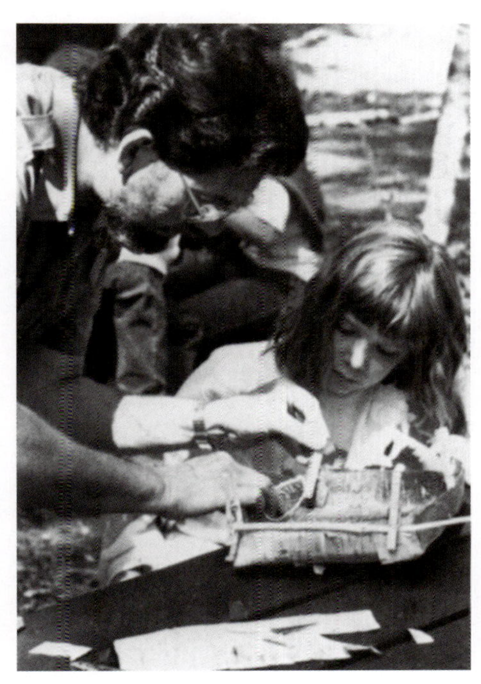

彩岩国家湖滨区

注：一个女童子军项目利用传统手工艺讲述奥吉布瓦文化。一名公园服务中心的解说员正帮助一个女童子军队员做桦树篮子。

酷了！哦，看这些飞虫！我已经在地下室找到飞虫了！”

儿童博物馆早已认识到让儿童亲身参与的重要性。操作计算机、按下按钮、控制物体，通过这些亲身参与性的活动教给儿童物理、生物以及社会学方面的知识。然而，这种活动经常需要大人帮助他们理解和思考展示的内容，而不仅仅是通过按钮让机器产生反应这些表面现象。

有效的策略

- 用活动和游戏来教授一些基本的概念性知识。
- 探索和发现。
- 分享和引起共鸣。
- 故事、木偶、小喜剧，以及卡通人物。
- 提问。
- 可以操控的装置。
- 身体和感官上的融入。
- 比喻。

爱荷华州沃伦县保护区

凯瑟琳•雷尼尔提供

注：捕捉和观察池塘中的小动物是区分池塘中生命，观察它们的行为，并且了解它们如何在池塘的环境中相互作用的最佳途径。

爱荷华州杰斯帕县保护区

迈克尔•格罗斯提供

注：通过收集种子，探索种子的传播，同时通过他们的传播机制加以区分。在田野里穿上羊毛袜子是粘住种子的很好的办法。儿童创造的小喜剧是表达各种各样的传播种子的方法。观众必须猜测这是哪种传播方法。

佛罗里达州大沼泽地国家公园

迈克尔•格罗斯提供

注：“生境圈坐”是了解自然界的独立生活的融入其中很好的方法。

杰佛逊国家扩张纪念馆

迈克尔•格罗斯提供

注：路易斯与克拉克远征的故事讲述了圣路易斯拱门（St.Louis Arch）的意义。

爱荷华州沃伦县保护区

凯瑟琳·雷尼尔提供

注：通过讲解故事，并且亲身穿上当时山人的服装，儿童了解了19世纪皮革贸易时代的历史。

爱荷华州沃伦县保护区 凯瑟琳·雷尼尔提供

注：学习如何制作禽舍教导儿童承担保护自然界生物的责任。

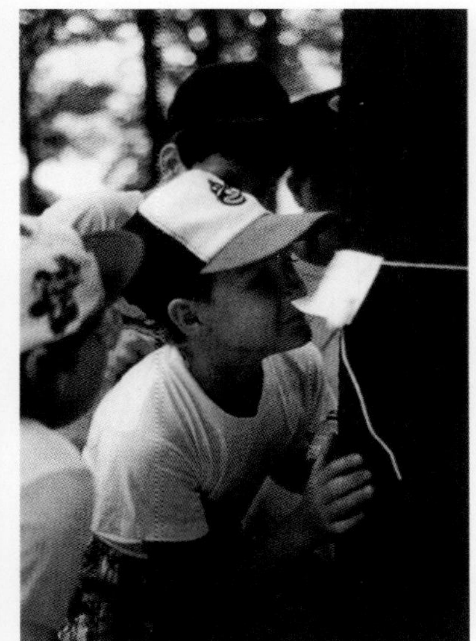

爱荷华州沃伦县保护区

凯瑟琳·雷尼尔提供

注："嗅探出一个线索"，利用自然界的芳香来展示自然界气味的意义。

爱荷华州杰斯帕县保护区 迈克尔·格罗斯提供

注：在"与一棵树交朋友"活动中，要求儿童"很好地认识一棵树，到哪里都能认出它"。先蒙上眼睛，再把蒙眼布移开之后，他们必须找到他们的树朋友。

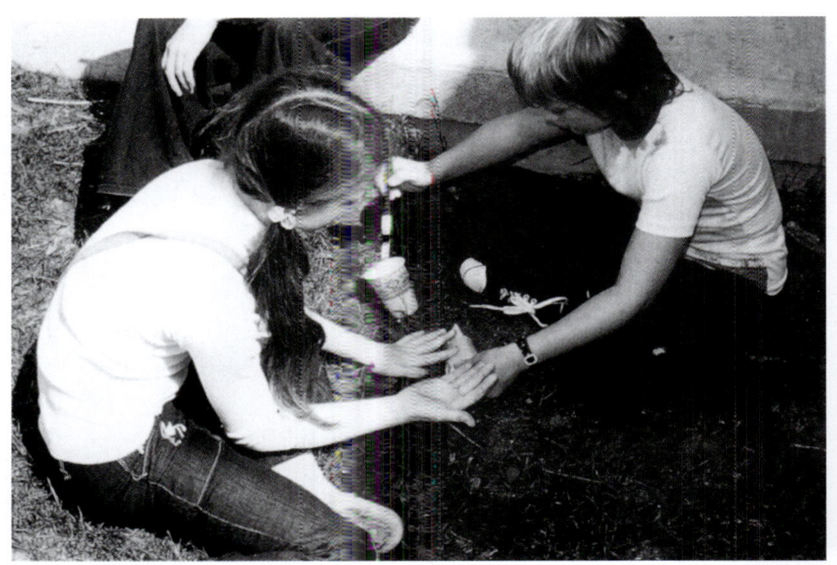

爱荷华州保护区教育中心　　迈克尔·格罗斯提供

注："发现一种动物"，寻找伪装动物的活动，来源于 OBIS（户外生物指导策略机构）。这个活动由劳伦斯科学馆为教授五六年级的儿童生态学而举办。

迈克尔·格罗斯提供

注：OBIS 的具体信息可从三角洲教育中心获取。地址：Box 915，Hudson，NH 03051，电话：1-800-258-1302。

为青少年解说

青少年拥有的能力与成人接近。即使在主题并未完全呈现的情况下，他们仍然能够掌控这件事的主旨。现如今的青少年能够理解许多世界上发生的事情。举例来说，他们开始对在阿拉斯加北坡进行石油勘探的行为进行利弊权衡。他们能够理性地对事件的结论进行捍卫，并且在广泛的社会背景中运用。他们思考的范围并不仅仅局限于今时今日，还会从过去和将来的角度考虑，他们能运用抽象和成熟的方式仔细地思考事件的道德层面。他们能够采纳其他人，如因纽特渔民、石油公司高管或者生物学家的观点。角色扮演是对他们的奖励。

这一阶段过程中，由于生理上的变化，青少年处于叛逆期，具有较强的自我意识。他们担心自己看起来奇怪或者是与众不同。奇怪的行为或者外表都要受到同伴的快速判断的影响。同伴的接纳是他们选择是否参与解说活动的主要考虑。

为青少年设计的活动

在这个年龄段的年轻人喜欢表达自我观点，同时乐于装扮成大人的角色。与其为他们阅读或者讲述故事，不如让他们自己看和讲；与其向他们呈现一个人物，不如让他们自己表现人物的形象与个性。

探索复杂事件和过程的模拟实验和游戏，为他们提供了采纳其他的观点并且开发新的想法的机会。例如模拟一个国会听证会，讨论是否应开发阿拉斯加北坡进行石油勘探，让他们从各种各样的角度，研究这一复杂的事件。从保护生态到公园管理，这些广泛的议题，都可以通过计算机模拟实现。

探索和发现是另一项参与式的策略。例如，探索溪流可以通过监测河流水质是否达标，以及提供给自然资源管理有用的信息来实现。监督性的考古挖掘是探索过去文化的很好方法。

有效的策略

- 讨论与辩论。
- 探索与发现。
- 模拟实验。
- 参与活动或者项目。

爱荷华州河流的上游　　迈克尔·格罗斯提供

注：探险有助于青少年了解团队合作，自力更生，以及提高野外生存的能力。

1

2

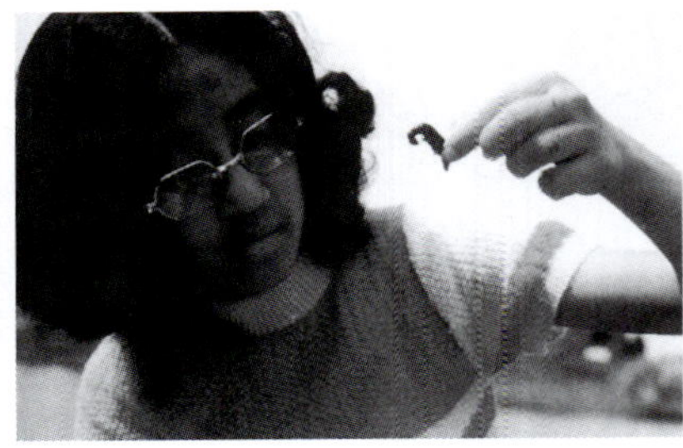
3

4

5

爱荷华州的杰斯帕县保护区很早就允许青少年参与与土壤和水保护事件相关的田野活动。在一天的活动中，一个七年级的班级观看分水岭，观察如何保护土壤，使其不易侵蚀（图1）。他们接着观看池塘中的生物（图2）（图3）以及测量其中含有的化学成分（图4）。他们得出结论并且撰写报告（图5），提出关于池塘的水质以及针对分水岭管理的建议。

照片提供：迈克尔·格罗斯

保持准确的行为

- 设置特殊行为的界限，并且在活动的开始制订目标。
- 给问题儿童安排一些任务（例如，负责道具）。
- 保持积极乐观的态度，不要气馁；气馁表明你已经失去了控制。
- 恳求老师、家长或者监护人协助管理儿童的问题。
- 站在问题儿童身边，把手搭在他的肩膀。
- 模拟准确的行为（例如，捡起废弃物）。
- 随时准备掌控现场；不要策划无法执行的带有危险性的活动。

与学校合作

如果你能提供必要的服务，学校安排在你的景点的野外旅行将更加成功。

- 与老师紧密地合作。
  ——让老师参与活动，给予他们活动中的自主权。
  ——老师能够告诉你在景点如何实施活动有助于提高课程质量（查阅各个年级的课程计划）。
  ——老师可以为教学策略提一定的建设性意见。
  ——直接将活动计划邮寄给老师，同时在教师会议上展示活动项目，是推广该活动的最佳途径。应聘请教学管理委员会作为活动顾问。请提前与管理员商量。
- 准备学生的访问。
  ——学校的儿童喜欢探索新的场所，同时期望能尽快适应新的环境。参观之前先观看有关景点的幻灯片或者录像，将会大大提高实地访问阶段的适应速度。
  ——参观之前介绍这个活动的“大概念”，有助于学生从有关景点的经历和活动中学习。
- 提供参与式的活动。
  ——如果可能的话，将班级分为 5 ～ 10 个小组。你可能需要志愿者。
  ——身体上和口头上的参与对孩子来说是最基本的。
  ——针对不同年级水平的孩子，使用不同的推荐策略。
  ——利用这个景点自身的资源和故事。
- 学校参观之后进行跟踪服务。
  ——协助老师利用此次的经历找到跟踪学习的方法。
  ——从老师和同学那里获得反馈。采纳他们提出的建议，提高活动质量。

9

获得反馈

如果解说是一门艺术，那么它就像戏剧和绘画一样，需要回味。

——威廉·J·路易斯

罗恩·齐默尔曼提供

你如何能够知道你策划的活动是成功的？我们大多数的人都拥有一种知道事情是否做好的直觉能力。通常情况下，项目成功的感觉，是复杂的激励以及反馈的结果，并不能够简单地进行质量上的评价。眼神的接触，热情的参与，或者相关的参与者都是这个活动感染力的评价标准。

这里提供的一些方法是直接且低成本的，通常情况下可以得到准确反馈。放心地使用这些方法，但是也不能完全依赖它们。从其他资源获得反馈同样可以起到很好的作用。总体而言，客观和科学地评价项目的优劣势常常需要付出高昂的代价，而且不易于获得。但是这里有一些方法可以重复地检查你的“直觉”。

一些评价的方法

- 填写一份自我评价的表格。
- 制作声频和视频，记录你的现场解说，稍后可以回看、用于自我评价或者倾听同事、“专家”的意见。
- 请一位同事观察你演讲的内容并且提出意见。
- 请一位“专家”观察分析你的演讲内容。
- 向观众请教。试着使用不记名意见征集箱，使用书面形式或者在问题明确的情况下，选择游客进行口头询问的形式。问问他们是否理解某个特别观测点，他们最喜欢哪一点等问题。

自我评价

为了了解解说是否成功，你必须有一个衡量“成功”的尺度。你必须设定努力实现的目标，并且知晓判断目标实现与否的方式方法。因此，在活动开始之前，就一些游客能够做到的事确定目标。例如“在步行游览之后，游客能够告诉你杰克松树林是否能够在火灾中生存。”显而易见，你无法在每次讲解结束之后都“测试”你的观众，确保他们能够回答你提出的问题。目标有助于你“保持在追求目标的轨道上”，并且能够表明是否你已触动了观众。

这里列出一份简单的项目计划和评价问卷供参考。

项目评价：

就你的观点，这个活动有多么的成功？

这个活动项目的优势是什么？

这次活动项目提高了什么？

公众的类型：

参考资料有哪些？

新科米科尔自然保护区活动项目工作表

团队名称 ______ 日期 ______

时间（访问时长）______ 团队人数 ______

解说员：______

地点：______ 天气：______

访问/活动的目的（团队的期望是什么？）

游览或者活动的主题是：

目标：活动期间，游客学到什么？

活动的要点？

解说顾问评价

好的评价者应当具备的素质

- 不出现意外。
- 突出活动项目的积极方面，并且使评价对象建立自信。
- 有充足的时间完整地关注活动项目，并且能够定期跟进。
- 做好准备提出建设性的意见和方案。
- 乐于助人、平易近人。
- 聆听解说员的主要观点，帮助他成为一个能更好地进行自我评价的人。
- 限制每一环节待解决问题的数量。
- 让解说员在评价过程中感觉良好，或者至少让他们看到还有进步和提高的空间。
- 解说完成后采用两种方式与解说员讨论。
- 成为解说教育职业的良好模范。

罗恩·齐默尔曼提供

指导方针

评价表格应该是客观公正的。如果正确使用，它应该属于顾问与解说员之间的对话。接下来的指导方针有助于你关注评价内容的优缺点。

1．运用蒂尔登原则

- 解说是否与观众的经历相关或者是否有让观众参与其中？
- 是否揭示主题的本质，而不仅仅是简单地提供信息？
- 是否唤起（刺激，鼓励）或者只是简单地指导？
- 是否引起参与者情感和智力上的参与？

2．组织

- 谈话或是游览是否有一个令人兴奋的开场白？
- 是否有一个良好而明确的主题？
- 是否有良好的起承转合（开场白—过渡—主体—结论）？

3．技巧

- 解说员是否运用了主动的语言？
- 是否使用清晰的、有感染力的、令人印象深刻的声音？
- 是否使观众放松并且在谈话或者行走间觉得非常的享受和值得？
- 是否有任何令人讨厌的习惯性动作？
- 是否站在观众前方，面对他们？
- 是否与观众保持目光接触？
- 是否在演讲开始前，使观众对主题感兴趣？
- 是否使观众参与进来？

4．努力程度

- 演讲者是否表现出热情并且准备好这次讲述和行走时运用的道具或创新的技术？
- 演讲时长是否准确合适？
- 是否认真研究了主题并且演讲是有成效的？

游客评价

一份附带回程地址，贴上邮票的明信片式的评价表格，比其他形式的游客评价拥有更多优势。

- 游客感觉有责任寄回。
- 游客一旦离开了活动，往往更容易直抒己见。
- 寄明信片不需要花费很多力气。

正面：

请您花几分钟填写以下表格，
帮助我们改进我们的活动！

邮 票

您参加这次活动的基本情况：

游览公园的日期：____________________

家庭或者团队的人数，谁参加了这个活动项目，

他们的名字及年龄：____________________

____

明信片

您的住址：城市________________

州________________

请您评价您参与的活动（见反面）

活动名称：____________________

活动日期：____________________

解说服务中心
伊诺斯·米尔斯纪念公园
伯韦尔·内布拉斯加
邮政编码：68823

反面：

活动评价

我从这次活动中学到很少的东西，或者说什么都没有学到。

（选择一项）非常赞同 赞同 中立 不赞同 非常不赞同

我从这次活动中学到很多。

（选择一项）非常赞同 赞同 中立 不赞同 非常不赞同

这次活动很有趣。

（选择一项）非常赞同 赞同 中立 不赞同 非常不赞同

这次活动很无聊。

（选择一项）非常赞同 赞同 中立 不赞同 非常不赞同

活动中我最喜欢的事情是____________________

____

活动中我最不喜欢的事情是____________________

____

参考资料

书籍

我们推荐这些书的原因是相比起这本解说手册，这些书籍涵盖了更为具体而翔实的内容，或者是呈现出截然不同的观点，值得大家进一步阅读。

根基和起源

The Adventures of a Nature Guide
Enos A. Mills
New Past Press, Inc., 2098 18th Ave., Friendship, WI 53934, 1920

Interpreting Our Heritage
Freeman Tilden
University of North Carolina Press, Chapel Hill, NC 27514, 1957

On Interpretation: Sociology for Interpreters of Natural and Cultural History
Gary E. Machlis and Donald R. Field
Oregon State University Press, Corvallis, OR, 1984

展示技能

The Good Guide: A Sourcebook for Interpreters, Docents and Tour Guides
Alison L. Grinder and E. Sue McCoy
Ironwood Publishing, Box 8464, Scottsdale, AZ 85252, 1985

Interpreting for Park Visitors
William J. Lewis
Eastern Acorn Press, Boulder, CO, 1980

Slide Showmanship: How to Put on a Terrific Slide Show
Elinor Stecker
Watson-Guptill Publications, 1515 Broadway, New York, NY 10036, 1987

Environmental Interpretation: A Practical Guide for People with Big Ideas and Small Budgets
Sam H. Ham, North American Press, Golden, CO, 1992

儿童解说

Conservation Seeds Activities Book
Sherri Griffen
Conservation Commission of the State of Missouri, 1984

Hands-On Nature
Jenepher Lingelbach
Vermont Institute of Natural Science, Woodstock, VT 05091, 1986

Hug a Tree
Robert E. Rockwell, Elizabeth A. Sherwood, and Rrobert A. Williams
Gryphon House, Inc., Mt. Rainier, MD 20822, 1983

Reaching for Connections, Vol. 1: Creative Ideas for Enhancing Interpretive and Education Programs
David W. Stokes, Schlitz Audubon Center, 1111 E. Brown Deer Rd., Milwaukee, WI 53217

Reaching for Connections, Vol. 2: Creative Exploration of Nature with Young Children
David W. Stokes, Schlitz Audubon Center, 1111 E. Brown Deer Rd., Milwaukee, WI 53217

Sharing Nature with Children
Joseph Cornell
Ananda Publications, 14618 Tyler Foote Rd., Nevada City, CA 95959, 1979

Sharing the Joy of Nature
Joseph Cornell
Dawn Publications, 14618 Tyler Foote Rd., Nevada City, CA 95959, 1989

Teaching Kids to Love the Earth
Marina Lachecki Herman, Joseph F. Passineau, Ann L. Schimpf, and Paul Treuer
Pfeifer-Hamilton Publishers, 1702 E. Jefferson St., Duluth, MN 55812, 1991

木偶

The Maher Studios, Box 420, Littleton, CO 80160
A wonderful source of puppet scripts, puppet patterns, puppets themselves and cassette tapes on the "how-to's" of puppetry

解说员的背包

接下来的文字选自《解说员》杂志，提供了有关解说工具的集锦，可以帮助解说自然和文化历史。第一部分由迈克·弗里德（Mike Freed）以及大卫·谢弗（David Shafer）整理，侧重解说自然历史。第二部分由比尔·克朗本恩（Bill Krumbein）整理，侧重解说文化历史。

Gimmicks and Gadgets . Mike Freed and David Shafer. The Interpreter , 13（3），1982.

野外出行的随身小型博物馆

噱头和小工具

每一个野外解说员需要一个解说工具包，包内物品由制造噱头的小工具和物件组成，有助于创造一种使人疑惑、惊讶、好奇的气氛，再由解说员揭露事物的实质，引导游人观察。不要忘记某些书、标本，或者工具会帮助你回答未预料到的问题，满足人们对自然界的好奇心。

使用下面列出的物件，可以为准备你个人解说背包提供参考。什么该放入你的背包取决于你的兴趣和你的目的地（水族馆还是沙漠，荒野还是都市，山区还是海边）。你要考虑一年中的不同季节，你的团队规模，以及你个人擅长的领域。总体而言，并非所有的这些工具都适合放在一个背包内。

基本的十项——通常在背包中应该存放的物件

1. 双筒望远镜或者一般望远镜——当你试图观察某个物体，一只鸟，一座远距离的山，一颗星星时，记住你的裸眼能看到天空中 12 万亿英里远的目标。你知道那是什么，在哪里寻找它吗？

2. 照相机，胶片，镜头以及其他的配件。为了创造性地表达另一种形式，为了记录，为了提升兴趣。如果解说员认为目标物体十分奇特，值得拍下来，可能这个目标物就值得探索。

3. 手持透镜和放大镜。20 倍的手持透镜是最佳的工具，用于做植物鉴定以及看见微小的目标。当然，放大镜、手持式放大镜以及照明式阅读眼镜也是提高视觉感官的工具。

4. 防水笔记本。记录好的想法、感想，以及制作示意图。

5. 野外指导以及描写当地特征的关键性材料。包括鸟类、哺乳动物、昆虫类、爬行动物、两栖动物、动物的足迹和迹象、野花、岩石和矿产、气候等。《黄金指南》丛书小巧、便宜，但是解说性很强。

6. 任务卡片。用于指导小团队的活动，以及发现更为具体和隐藏的美景。对掌控大规模团队也很实用。可从商业性机构成套购买——包括户外生物指导策略机构（OBIS），Sunship Earth,The Green Box 或其他机构。

7. 麻绳。用于模拟动物生命循环的游戏，制作地质时间表，测量太阳系中两个相关联的行星之间的距离，还有紧急修补的用途。

8. 小塑料袋和瓶子。用于将一些小发现带回家或者暂时展示水生动物的生活。

9. 大的装垃圾的塑料袋或者小包。做好环境保护的榜样或者在雷暴雨时避免游客淋湿。

10. 急救药箱和生存套件。安全是团队领队的第一职责，同时也用于解说生存常识。

从宏观到微观——用于改变观点，看到更多，认识更多，受到启迪

11. 书目卡片。用于探索感兴趣的东西。

12. 照片。历史照片，有关季节转换，空中特技，稀有的植物以及动物，近拍的、包括显微镜或电子扫描的照片，以及其他游客无法亲眼看见的事物。

13. 星图。游客将学到如何进行观测星星的知识。

14. 云图。了解天气的情况，是卷云还是层云；或者是天气晴朗，万里无云。

15. 潜水员氧气面罩或者玻璃底的水桶。用于观察溪流底部的涡流砂，看看池塘的潮汐。

16. 地图。地形图、地质图、植被图和历史地图。

17. 笔形电筒以及闪光灯。用于探测树洞和岩石洞，观察动物挖地洞或者夜间池塘中的生物。

18. 小镜子。用于反射一些阳光在你介绍的目标物体上。

19. 有放大镜的小瓶。用于观察许多种类的微小的标本。

用于陈列和收集

20. 瓶子、培养皿、纸杯子。用于通过可能被损害或者直接操作易受损的东西。

21. 白色的碗和布。对比强烈的背景，更容易看清楚许多小的目标物。

22. 干净的接触纸。覆盖标本，留待以后使用。

23. 烧针、橡皮筋以及图钉。用于固定标本，便于展示。

其他工具

24. 废弃的牙医工具。用于探测花朵和其他精细的物体。

25. 卷尺。测量和比较树木的周长。

26. 探木钻。用于探索和测量树龄以及找到影响树木生长的原因。

27. 土壤和水的温度计。湖水比外部流水温暖多少？煤屑隔绝土壤的效果如何？混合肥料的温度是多少？

28. 白布和炭笔。用于在墓碑、树皮、金属和木头上做上标记。

29. 测光表。用于比较不同环境中光线的强度，从而准确地获取仪表指示数。

30. 熟石膏和锡罐。用于制作动物足迹的浇注石膏，或者树叶印。

31. 标志带。临时记录感兴趣的事情。一只鳄鱼夹住物体的尾巴事件可以制作很棒的标志带。

32. 旧牙刷。用于刷洗玛瑙、清洁化石，或者梳洗骨头。

33. 小的岩石样本。当你们无法抵达山顶，你至少能够展示山顶上有什么。举起一片岩石，让它浮在水面上，用打火石敲打，对游客开玩笑说这是黄金。

34. 喷水壶。可以用于提高摄影的效果，也可以清扫蜘蛛网。

35. 铁丝网。用于拖动底部的溪流。

36. 磁带录音机。用于加强观众的听觉感受。回放当地鸟的歌声，看看会发生什么。记录你观察到的野外发生的趣事。

37. 数段的 100 英尺长的细绳。用于观察微观自然界的痕迹。再带上牙签和紫罗兰花，就能制作成一个微型的自导式生态足迹探索器。

38. 小铲子和刀。作为土壤和植物取样的工具。

39. 收集网。用于收集空中和水里的昆虫。

40. 红色玻璃纸。用于夜晚徒步旅行的手电筒，可以观察星星。还有利于观察潜在的夜间爬虫。

41. 抛物面反射器。用于记录野外动物的声响。

42. 锄头和榔头。用于敲击岩石，不能只从它的表面观察。

对于博物学家，还有更多的小工具和物件

43. 小刀。用于解剖虫子，撬开树皮，或者削东西。

44. 石蕊试纸或者土壤测试纸。用于比较不同环境的土壤和水的酸度。

45. 制作蘑菇印花布和保护网的材料，包括剃刀刀片，索引卡，喷雾定型液以及纸张。

46. 捕捉小动物的现场陷阱。

47. 制作陷阱的棒子和钩子。有利于抓起蛇或者翻转原木和石头。

48. 高度计。当你站在世界的高处，可确切地知道你所处位置的海拔高度。

49. 晴雨表。及时掌握气候变化。

50. 橡皮泥或者纸黏土。当游客不相信岩石能够弯曲，快速的模型展示能起到帮助。

51. 空的幻灯片框。用于制作好的图片。

52. 测量风力的工具。通过树叶和树干的摆动，烟囱冒烟，旗帜以及流水的波纹判断风速。

53. 水彩。墨汁，胶水以及尺寸为 4×6 的卡片，用于团队作诗，绘画以及自然拼贴。

54. 标本。运用一些动物标本活跃活动气氛。带上昆虫、鱼类、爬行动物或两栖动物、皮毛、鸟窝、卵、颅骨以及更多的标本。

55. 活的动物，是最有效的工具。试试看带上一条蛇，一只蟋蟀或者其他昆虫，也可以带一只老鼠。

56. 咖啡过滤纸。过滤池塘中的水。

57. 棉条和指甲油清洗水。捣碎玻璃器皿中的树叶或其他放置在瓶内的物体，将浸满清洗水的棉条泡在容器中，观看树叶的天然色素将棉条上染出不同颜色的痕迹。

58. 胶带。用于绑起螃蟹的钳子和松鼠的游戏，修补撑破的解说袋。

59. 采样圈(呼拉圈)。用于植物和土壤的研究。抛到地上——圈住的范围就是你的研究范围。

60. 彩色牙签。用于微观自然的足迹以及伪装的作用。

61. 姓名标签。当你与游客在一起，互相贴上姓名标签，可以更快互相认识。

62. 捕猎和捕鱼的背心。当解说袋已经装满各类工具时，背心上配备有许多的口袋，还可将经常使用的物品放于内，易于获得。

最后一分钟的你不应当忘记携带的东西

63. 水壶。为人们解渴，或者用水冲开土壤展示植物脆弱的根部。

64. 糖果和坚果。长时间的徒步行走耗费体能时，或者是在寒冷天气，吃糖果能迅速补充能量。

65. 手表。计算溪流的速度，保持行走的速度。记住，你应该准备有指南针的手表，可以知道时间和指引方向。

66. 抹布。如果团队成员观看大自然时，身上湿了或者脏了，可清理脏物。

可带的物品还有很多，是永远无法说尽的。我们的列表中还有许多，比以上列举的要多得多，但是它们并非都适合放在包里或者写进这篇文章。你是否在任何情况下都需要这些令人惊喜的东西？好的，也许仅需要下面这几样就可使游客感兴趣。鸡蛋包装盒，一块牛肉干，捕鱼的浮标，

卷纸管。你认为它们可以怎样使用？我们留下这些问题请你自己去猜测它们的使用方式？

A Gimmicks and Gadgets Potpourri. Bill Krumbein.The Interpreter,14(4),1983.

文化与历史的解说器物和小工具

下面中的许多物品作为一个博物学家可以使用，但是特别强调的项目历史学家、考古学家以及文化资源研究的专业人士在做研究时也可以采用。

1. 一本介绍印第安人传奇和神话的书籍。能够用于展示印第安人如何生活在这片土地，如何观察动植物，以及如何在今时今日，使他们的社会与我们的社会发生联系。

2. 印第安人的文物。例如箭头，烟斗或者其他的小物品，这些用于展示印第安人的文化。一个小的皮套作为可以携带的小物品，展示给观众，引起他们的好奇心。

3. 引用的资料。来自探索地区的杂志。

4. 日记。阅读这个地区居民和名人的日记。

5. 复印资料，包括这个地方的旧报纸，以及记载这个地方所发生事件的文章。

6. 历史性的图片。用塑料纸包好或者放进日记本，使人了解过去。可以不用原版，仅是复印版，就可以增加怀旧的气氛。

7. 记录声音的磁带，例如蒸汽机或者过去的古老机器的声音。

8. 过时的器物。许多年没使用的东西能够引起游客的兴趣。试试看，让你的游客猜测这些物品如何使用。

9. 历史地图。用于展示贸易，旅行，迁移线路以及古老的城镇。

10. 有凸起花纹的地形图。使游客熟悉这个地方主要风景的特征。

11. 口述的历史磁带与手稿。

12. 反映人们生活方式的歌曲。许多赞美歌，民谣以及进行曲讲述了过去生活的故事。

13. 木偶。手持木偶容易制作并且适合放在背包里。让观众中的儿童成为木偶故事的一个角色。

14. 开发玩具与游戏。你可能会奇怪观众中大多数都是成年人，为何还需制作廉价的玩具和游戏。当然，这是为观众中的儿童准备的，孩子们乐意了解一个新的翻绳游戏或考如何旋转按钮。

15. 历史书目。书本和文章的列表，那些游客希望知道更多的详细信息。准备好，不要打断他们的兴趣。

16. 服装。当你介绍当地的历史时为什么不扮作其组成部分？通过创造性地（并且是历史意义上准确的）采用传统而且仿制的衣服，解说员可以扮成矿工，学校老师或者内战中的士兵。

17. 食品的样本。给游客“尝尝”过去的味道。一小块压缩饼干就可以将过去带到现在。

18. 一卷细绳。用于制作历史时间轴。

19. 资料样本。原先，什么材料制作的交通工具将人们带到这里？是金，银，还是木？手上拿出一个样本。

20. 岩画素描。通过复制或者素描保护脆弱的资源。例如印第安人的岩画，允许游客仔细地观看一幅素描，弥补他们无法看到的真实世界中比较遥远的、脆弱的或者十分稀少的物体。

21. 儿童读物。孩子们的玩具和故事书可以给我们展现他们的生活方式。近来你是否看过《麦高菲读本》（*McGuffey's Reader*）？

22. 古老的宣传品，包括目录，标识以及报纸。想想那些一张电影票仅为10美分的日子？复印这些材料分给游客观看。

23. 艺术品。展示历史宣展绘画，木刻以及蚀刻画的复制品。

24. 印第安人编织的雪松树皮制作的垫子。如果你没有一套原始的服装或者篮子，也买不起一个质量上乘的纺织品，为什么不带上一张照片？

25. 政治运动的徽章。用于解说美国政治的场面。

26. 装饰不同头部类型的装饰指甲。讨论指甲的变化以及如何用它们推断出历史场所的年代。

27. 银元。用于解说早期在美国西部的银矿石。一个20美元的金币或者银币的仿制品可以用于解释金子的价值。

28. 古老的瓷器和玻璃瓶的碎片。讨论如何用这些物品测定考古遗址的年代，并且追踪这些场所展示的历史上的贸易模式。

29. 时间表。用于展示事件的相关性。当事情发生的时候，谁是美国的总统？谁是俄国沙皇或者谁是法国国王？

30. 有图片的活动挂图可使历史事件更加戏剧化。

31. 小刀。比较不同类型，以及解释文化或者职业通常使用的每一种类型。名为鲍伊的猎刀与45号钢刀一样有名。

32. 旧的信件、钥匙、火车票。考虑增加些别的物件。

33. 包肉的纸和木炭。用于制作墓碑和其他古老的标志物的拓片。拓片带回家对于游客来说很有价值。

34. 旧式相机，与现代相机进行比较。旧式相机是早期来到该景点的游客会使用的一种类型。

35. 旧式建筑的模型。制作它们不需要复杂的工艺，不必做得很花哨。

36. 法院的记录。能够解释出生、死亡、探矿权、田契以及更多情况的权威性文件。

37. 工具。金色的秤盘，刻木头的工具，以及制作完美的原木装置。给游客展示如何用木槌和劈板斧拆开桶板。

38. 乐器。仿制的古代乐器能够增加娱乐性。如果你无法弹奏，可能游客中有人可以。

39. 石灰浆和杵子。如果你没有原件，试着制作一个，可以使用它研磨粮食。

40. 搅拌的黄油。让每个人都来搅拌，最后尝尝搅动的成果。

41. 特定时期的书。在特定时代什么著作是最受欢迎的，以及采用什么印刷形式和技术。

42. 建筑平面图。使用它们的目的在于介绍这个景点，曾经在相同的位置矗立着哪些建筑物。

为博物学家准备的更多的噱头，小工具以及物品（历史学家，博物馆人员，教育家以及摄影家可能也喜欢这些）

43. 户外商品目录以及自然历史设备。

44. 小黑板。

45. 有关你要解说景点的书本或者是一系列地理名称。

46. 红外探测器。夜间使用或者观察夜间活动的动物。

47. 装备列表。当有人问你如何引导徒步旅行，告诉他们需要带羊毛袜，水壶等。

48. 鸟儿飞翔和散栖的剪影，作为彼得森的野外向导。

49. 条纹板——一小块正方形的无釉瓷片。条纹和矿石的颜色通常是鉴别它的重要方法。带上一块样本可以作为最佳的展示。

50. 测径器。用于比较树叶的厚度与一张纸的厚度。

51. 自然杂志。携带各类自然杂志，这样你的游客了解哪些类型的出版物是可读的。给他们一个索引卡让游客能够记录信息。

52. 磁铁。许多岩石和矿石有磁性，看看是否能够找到一些。将铁屑放在一块玻璃或者塑料上，如果磁铁经过下面，铁屑将展现出磁性。为什么不在沙地上进行磁性测试呢？一个指南针对于展示磁铁的原理通常也很有用。

53. 火柴。用于安全，观察，体验。

54. 高能量小吃食品。复合葡萄干，花生，樱桃干，巧克力豆以及格兰诺拉麦片。当你的团队需要迅速补充能量时，可以使用它。

55. 1加仑容量的玻璃罐。一个完美的容器盛放陆生或者水生动物，或者暂时存放一小段时间。

56. 可触摸的盒子。让游客猜测今天的神秘物件。盒子可由牛奶盒外裹厚布制作而成。接近盒子顶端开一个松紧口，当作进手孔。

57. 花生。你是否曾经尝试像松鼠一样不用拇指吃坚果？将你的大拇指绑在手掌上，试试看。

58. 彩色纸。用于展示特定两栖动物的伪装能力。

59. 图画用纸以及非气溶胶喷雾器。像保护艺术作品一样保护蜘蛛网。

60. 木槌、劈板斧和刮刀。就像在过去的日子里，这些工具可以使雪松摇动。

61. 树种。让游客协助你播种，栽种。

62. 压平镶嵌好的花朵。引导你的游客想象回到鲜花盛开的时候。

63. 捕鱼浮标。用于测量溪流的速度。

64. 塑料吸管。稍加练习，你将会掌握如何向精细的物体轻柔地吹气，例如花朵或者种子的头部。

65. 从植物中提取的产品。染料就是一个实例，荷荷芭油或者薄荷油也可。

66. 单边剃刀。用于拨开，切开或者拼接物体。例如，在地衣中找到海藻层。

67. 植物的特定颜色中有机组成部分是其活性成分。检查它的化学属性，带回样本。

68. 玛瑙和其他石头的截面。

69. 粉笔。如果你所站的地方旁边有个岩板。你可以将石板当作黑板，提醒你的游客记住今天的所见所闻。

70. 瓶装沙子。用于制作小型的岩石花园。

71. 一头雄鹿的鹿角——展示给你的游客它的“4 点”是什么？

72. 护目镜。一件保护安全的用品，尤其当你使用铁锤敲打岩石时。也能在突发沙尘暴，解说沙漠的适应性时使用，还能用于水下。

73. 雨量计。了解今天我们徒步旅行的湿度如何？

74. 泡沫板。将昆虫镶嵌在泡沫板上，向游客展示。

图书在版编目（CIP）数据

解说人员指导手册：环境解说设计和展示技巧/（美）雷尼尔（Regnier, K.），（美）格罗斯（Gross, M.），（美）齐默尔曼（Zimmerman, R.）著；赵金凌，张岚译.——北京：中国环境出版社，2013.5

（环境解说系列丛书）

ISBN 978-7-5111-0857-9

Ⅰ. ①解… Ⅱ. ①雷… ②格… ③齐… ④赵… ⑤张… Ⅲ. ①旅游区—讲解工作—手册 Ⅳ. ①F590.3-62

中国版本图书馆CIP数据核字(2012)第014366号

著作权合同登记号：图字 01-2011-2853号

出 版 人 王新程
责任编辑 孟亚莉 丁 枚
文字编辑 张维娣 赵亚娟 侯华华
责任校对 扣志红
排版制作 杨曙荣

出版发行 中国环境出版社
（100062 北京东城区广渠门内大街16号）
网 址：http://www.cesp.com.cn
联系电话：010-67112765（总编室）
发行热线：010-67125803，010-67113405（传真）
印 刷 北京盛通印刷股份有限公司
经 销 各地新华书店
版 次 2013年5月第1版
印 次 2013年5月第1次印刷
开 本 787×1092 1/16
印 张 7.5
字 数 130千字
定 价 40.00元
